Dokumentationsarchiv des österreichischen Widerstandes (Hg.)

Jahrbuch 2007

Jahrbuch des Dokumentationsarchivs des österreichischen Widerstandes

LIT

Dokumentationsarchiv des
österreichischen Widerstandes (Hg.)

JAHRBUCH 2007

Schwerpunkt:
Namentliche Erfassung von NS-Opfern

Redaktion: Christine Schindler

LIT

Layout: Christa Mehany-Mitterrutzner

Bibliografische Information der Deutschen Nationalbibliothek
Die Deutsche Nationalbibliothek verzeichnet diese Publikation in der Deutschen Nationalbibliografie; detaillierte bibliografische Daten sind im Internet über http://dnb.d-nb.de abrufbar.

ISBN 978-3-7000-0656-5 (Österreich)
ISBN 978-3-8258-0346-9 (Deutschland)

Krotenthallergasse 10/8
A-1080 Wien
Tel. +43 (0) 1 / 409 56 61
Fax +43 (0) 1 / 409 56 97
e-Mail: wien@lit-verlag.at
http://www.lit-verlag.at

LIT VERLAG Dr. W. Hopf
Berlin
Ziegelstr. 30
D-10117 Berlin

Auslieferung:
Österreich: Medienlogistik Pichler-ÖBZ GmbH & Co KG
IZ-NÖ, Süd, Straße 1, Objekt 34, A-2355 Wiener Neudorf
Tel. +43 (0) 2236/63 535 - 290, Fax +43 (0) 2236/63 535 - 243, e-Mail: mlo@medien-logistik.at
Deutschland: LIT Verlag Fresnostr. 2, D-48159 Münster
Tel. +49 (0) 2 51/620 32 - 22, Fax +49 (0) 2 51/922 60 99, e-Mail: lit@lit-verlag.de

Inhalt

Redaktionelle Vorbemerkung

„Ihnen allen errichte ich […] ein Denkmal, einen ewigen Namen gebe ich ihnen, der niemals ausgetilgt wird“ (Jesaja 56,5). Nach diesem Bibelvers benennt sich Yad Vashem – Yad: Denkmal, Shem: Name –, die israelische „Gedenkstätte für Holocaust und Heldentum“ in Jerusalem. Eine ihrer Aufgaben ist die Sammlung von Dokumenten, Fotos, Berichten, Zeugenaussagen, Büchern u. v. a. m., um den Holocaust zu dokumentieren. 1955 begann Yad Vashem mit dem Anlegen der so genannten Gedenkblätter, auf denen die Namen der Opfer und biographische Daten sowie die Todesumstände erfasst werden. Über 2,000.000 Gedenkblätter bilden eine der Quellen für die Datenbank der Shoahopfer. Bisher sind rund 3,000.000 Personen namentlich erfasst und auf http://www.yadvashem.org abrufbar. Diese Daten werden laufend ergänzt, auch wenn nie alle Opfer identifiziert werden können, wenn ganze Großfamilien ermordet und ganze Gemeinden vernichtet wurden.

Yad Vashem regte 1987 das Projekt der Namentlichen Erfassung der österreichischen Holocaustopfer an, das vom Dokumentationsarchiv des österreichischen Widerstandes von 1992 bis 2001 durchgeführt wurde. Über 62.000 österreichische Holocaustopfer von ingesamt mehr als 65.000 konnten bisher im Verlauf der Recherchen identifiziert werden, die Namen und Daten werden laufend ergänzt. Die Ergebnisse dieses Projekts sind auf der Homepage der 2005 neu gestalteten und eröffneten Dauerausstellung des DÖW http://www.doew.at/ausstellung zugänglich.

Auch zur Erfassung anderer Verfolgtengruppen – Roma und Sinti, Euthanasieopfer, Opfer politischer Verfolgung, KZ-Häftlinge, Zeugen Jehovas u. a. – wurden in den letzten Jahren Projekte gestartet resp. durchgeführt. Das vorliegende Jahrbuch ist diesen Projekten gewidmet, deren Hauptanliegen es ist, dem Vergessen entgegenzuwirken und damit auch das Vermächtnis von Verfolgten, die in den Lagern, Ghettos und im Untergrund unter Lebensgefahr Zeugnis für die Nachwelt ablegten und die Ereignisse dokumentierten, zu erfüllen. Sie holen die Ermordeten und Verfolgten aus einer anonymen Masse und geben ihnen neben dem Namen ein Gesicht und ein Schicksal auch vor der Verfolgung zurück. Schließlich sind die Ergebnisse namentlicher Erfassungen auch Denkmäler für diejenigen, an die keine Grabsteine erinnern.

Erfassungsprojekte, die auch die Basis weiterführender Forschungsarbeiten darstellen, stehen zahlreichen Hindernissen gegenüber, insbesondere einer schwierigen Quellenlage, komplexen Definitionsnotwendigkeiten und zu oft auch einer mangelnden Finanzierung. Sie basieren alle auf dem Engagement einzelner WissenschafterInnen und der Mithilfe von Angehörigen, Lager- und Glaubensgemeinschaften sowie der Bereitschaft öffentlicher Stellen und Subventionsgeber. Abseits sternschnuppenverglühender Gedenk-Inszenierungen bedeuten diese stillen Erfassungsprojekte mühevolle Kleinarbeit, zähe Recherchen, penible Erfassung und sensiblen Umgang mit den erhobenen Daten und permanente Reflexion über das Gedenkanliegen und den Forschungsanspruch.

Bis zu den großen namentlichen Erfassungsprojekten der letzten Jahre hat sich der Blick auf die österreichische Geschichte, auf Widerstand und (Mit-)Täterschaft mehrfach gewandelt. Anlässlich der Jahresversammlung des Dokumentationsarchivs des österreichischen Widerstandes im März 2006 thematisierte *Anton Pelinka*, Leiter des Instituts für Konfliktforschung, in seinem Festvortrag *Der österreichische Widerstand im Widerspruch der verschiedenen Narrative*, der im vorliegenden Jahrbuch abgedruckt ist, die verschiedenen Erzählungen über den österreichischen Widerstand. So wird in der zeitlichen Differenzierung der Widerstand bis 1955 gegenüber den Alliierten als der in der Moskauer Deklaration geforderte eigene Beitrag zur Befreiung betont, während die WiderstandskämpferInnen innenpolitisch marginalisiert wurden. Die Opfertheorie, mittels derer sich Österreich über Jahrzehnte aus der Mitverantwortung zu nehmen versuchte, wurde von einer neuen Generation von HistorikerInnen und SozialwissenschafterInnen in den 1970er und 80er Jahren demontiert und ist derzeit weitgehend obsolet. Während das sozialdemokratische Narrativ mit den Februarkämpfen 1934 beginnt, setzt das katholisch-konservative bei Dollfuß als Kämpfer gegen den Nationalsozialismus an. Pelinka unterzieht beide Zugangsweisen einer kritischen Analyse und thematisiert ebenso die kommunistischen und deutschnationalen Erzählungen. Jedoch, bedauert Pelinka, ist die Erinnerung an den Widerstand bis heute kein gesamtgesellschaftliches Anliegen, das zu sein das Gedenken an den Widerstand in all seiner Differenziertheit über politisches Lagerdenken hinaus verdient.

Mit den Erfahrungen aus der Erfassung der österreichischen Holocaustopfer und im Anschluss an diese Arbeiten wurde das Projekt *Namentliche Erfassung der Opfer politischer Verfolgung in Österreich von 11. März 1938 bis 8. Mai 1945. Ein Projekt des Dokumentationsarchivs des österreichischen Widerstandes (DÖW) und des Karl von Vogelsang-Instituts (KvVI)* begonnen. Dieses Projekt setzt sich neben dem Gedenken auch die Benennung von Größenordnungen von Verfolgung und Widerstand zum Ziel, mit denen das Verhalten der Österreicher und Österreicherinnen im Nationalsozialismus auf der Basis gesicherter Fakten und Zahlen erhellt werden kann. Recherchiert werden alle ÖsterreicherInnen, die aufgrund ihrer politischen Überzeugung, religiösen Zugehörigkeit, nationalen Herkunft oder aus anderen aus der NS-Ideologie resultierenden Gründen verfolgt und ermordet wurden. *Gerhard Ungar* geht im Jahrbuchartikel auf die *Erhebung, Erfassung und Bearbeitung der Quellen* ein, während *Brigitte Bailer*, wissenschaftliche Leiterin des DÖW, die Geschichte der Verbände und Organisationen ehemaliger WiderstandskämpferInnen und Verfolgter insbesondere in den ersten Nachkriegsjahren detailliert nachzeichnet: *Der KZ-Verband. Informationen zu einer wesentlichen Quelle des Projektes der Namentlichen Erfassung der Opfer der politischen Verfolgung.*

Dass die verschiedenen Erfassungsprojekte, die an unterschiedlichen Institutionen und von vielen WissenschafterInnen durchgeführt werden, sich nicht konkurrenzieren, sondern kooperieren, zieht für alle Beteiligten Synergieeffekte nach sich. Neben der Vermeidung thematischer Überschneidungen bzw. zusätzlich zur gegenseitigen Übermittlung von Daten werden auch Erfahrungen hinsichtlich der technischen Verarbeitung ausgetauscht. Hiezu findet zweimal jährlich eine internationale Konferenz zu diesbezüglichen EDV-relevanten Fragen statt, an der auch das DÖW aktiv teilnimmt.

Rund 200.000 Häftlinge waren in Mauthausen, Gusen und Außenlagern inhaftiert, von denen annähernd die Hälfte dort ums Leben kam. *Christian Dürr*, der in seinem Artikel über *Die Häftlinge des KZ Mauthausen. Ein Erfassungsprojekt des Archivs der KZ-Gedenkstätte Mauthausen* schreibt, ist gemeinsam mit Ralf Lechner verantwortlich für das Projekt zur Erfassung ehemaliger Häftlinge des KZ-Mauthausen. Der Artikel geht auf die Entwicklung und Struktur der „alten" Datenbank ebenso ein wie auf die zugrunde liegenden Quellen. Derzeit sind im Archiv der KZ-Gedenkstätte Mauthausen die Daten von 160.000–170.000 Mauthausen-Häftlingen dokumentiert, davon 136.000 in der Datenbank erfasst. Seit Sommer 2006 wird unter Beiziehung von IT-Experten an einer umfassenden Neukonzeption der Datenbank gearbeitet, deren Aufbau und Möglichkeiten Dürr informativ beschreibt.

Helga Amesberger und *Brigitte Halbmayr* führen derzeit das Projekt *Namentliche Erfassung der ehemals inhaftierten ÖsterreicherInnen im Konzentrationslager Ravensbrück* durch. In Ravensbrück, das von Mai

1939 bis Mai 1945 bestand, waren 120.000–130.000 Frauen inhaftiert, 20.000–30.000 davon kamen dort zu Tode. 20.000 Männer waren ebenfalls in Ravensbrück gefangen. Über die Zahl der inhaftierten ÖsterreicherInnen können derzeit nur Schätzungen abgegeben werden. Diese österreichischen Häftlinge des KZ Ravensbrück namentlich zu erfassen und ihre Schicksale zu erforschen ist Ziel des gegenständlichen Projektes, wobei alle Häftlinge ungeachtet des „Grundes" ihrer Inhaftierung einbezogen werden. Basis der Erfassung war der Sonderbestand Ravensbrück im DÖW, der von der kürzlich verstorbenen Widerstandskämpferin Antonia Bruha aufgebaut und betreut wurde; recherchiert wird aber auch in zahlreichen anderen Archiven und Beständen.

Eine der prominentesten Häftlinge des KZ Ravensbrück war Dr.^{in} Käthe Leichter, die bis 1934 das Frauenreferat der Wiener Arbeiterkammer leitete und danach im sozialistischen Widerstand aktiv war. Sie wurde bereits im Mai 1938 von der Gestapo festgenommen und war 1940–42 in Ravensbrück inhaftiert. *Jonny Moser*, Vorstandsmitglied des DÖW, schreibt über ihre Situation in *Ein Bericht über Käthe Leichters Schicksal und Leben im KZ Ravensbrück aus dem Jahre 1940*. Ein Mithäftling Leichters in Ravensbrück, Rosa Triger, war im August 1940 aus dem Lager entlassen worden und konnte in die USA flüchten. Dort setzte sie sich für ihre inhaftierten Kameradinnen ein und informierte deren Angehörige. Auch Käthe Leichters Mann Otto erhielt Berichte von Rosa Triger – zwei Briefe werden in diesem Artikel wiedergegeben, in denen Triger Otto Leichter informieren, wohl aber auch beruhigen wollte.

Käthe Leichter wurde aufgrund ihrer jüdischen Abstammung 1942 im Zuge der Aktion „14f13" – der Tötung missliebiger und arbeitsunfähiger KZ-Häftlinge – in der „Euthanasie"-Anstalt Bernburg/Saale ermordet. Wie Bernburg gehörte auch Schloss Hartheim bei Linz zu den 6 großen „Euthanasie"-Mordstätten im „Dritten Reich". *Florian Schwanninger* von der Dokumentationsstelle Hartheim beziffert in seinem Artikel *„Meine Aufgabe in Hartheim bestand lediglich darin, Akten zu vernichten." Das Projekt „Gedenkbuch Hartheim" als Beitrag zur Rekonstruktion der NS-Euthanasieverbrechen im Schloss Hartheim 1940–1944* die Gesamtzahl der im Schloss Hartheim Ermordeten mit bis zu 30.000 Personen: Rund 18.000 InsassInnen aus psychiatrischen Kliniken, Pflege- und Altersheimen wurden im Zuge der „Aktion T4" 1940/41 in Hartheim ermordet, hinzu kamen bis Ende 1944 Tausende KZ-Häftlinge aus Dachau, Gusen und Mauthausen, die in Hartheim vergast wurden. Schwanninger skizziert die Forschungslage zur NS-Euthanasie in Österreich, die auch einen der Forschungsschwerpunkte des DÖW darstellt. 2003 wurde der „Lern- und Gedenkort Schloss Hartheim" (siehe http://www.schloss-hartheim.at) eingerichtet, dessen Dokumentationsstelle 2002 das 1998 initiierte Projekt „Gedenkbuch Hartheim" übernahm. Derzeit sind 24.000 Opfer erfasst, wobei Hartheim und die anderen Gedenkstätten in den Tötungsanstalten der „Aktion T4" ihre Daten in einer gemeinsamen Opferdatenbank zusammengeführt haben, die laufend aktualisiert wird.

Auch die Flucht und Vertreibung von über 130.000 ÖsterreicherInnen ist ein Forschungsinteresse des DÖW, das u. a. in die Dokumentationsreihe „Österreicher im Exil" mündete: Erschienen sind bisher Bände über Frankreich, Spanien, Belgien, Großbritannien, USA, Sowjetunion und Mexiko. *Oliver Kühschelm*, Regula Nigg und Philipp Mettauer führten das Projekt über das österreichische Exil in den La-Plata-Staaten Argentinien, Uruguay und Paraguay 1934–45 durch, dessen Ergebnisse in der Exil-Reihe des DÖW erscheinen werden. Kühschelm behandelt in seinem Jahrbuchbeitrag *Die soziale Herkunft der österreichischen EmigrantInnen in Uruguay* insbesondere die von ihm verwendete Methodik und die erstellte Datenbank, die nicht als Suchinstrument für ForscherInnen konzipiert ist, sondern die der Autor für eine Analyse des sozialen Profils der Flüchtlinge verwendet. 770 Personen sind als österreichische – fast ausschließlich jüdische – Flüchtlinge in Uruguay in der Datenbank erfasst, wovon die Daten von 545 Personen für die im Artikel dargestellte Forschungsfrage ausgewertet wurden.

Eine umfassende Beschreibung der einschlägigen Forschungsprojekte – auch namentlicher Erfassungsprojekte –, Tagungen, Ausstellungen u. Ä. ist der Artikel *Jehovas Zeugen unter dem NS-Regime. Würdigung und Rehabilitierung einer Opfergruppe* von *Heide Gsell*, die sich seit Jahren um die Aufarbeitung der Geschichte der Zeugen Jehovas bemüht. Gerade im letzten Jahrzehnt hat die Glaubensgemeinschaft mit ihren Geschichtsarchiven nicht nur die wissenschaftliche Forschung zu Widerstand und Verfolgung der ZeugInnen Jehovas im NS-Regime unterstützt, sondern auch selbst aktiv zur Aufarbeitung dieser Geschichte beigetragen. Eine besondere Würdigung verdient das Ausmaß der Resistenz dieser Gemeinschaft, insbesondere der zahlreichen hingerichteten Wehrdienstverweigerer aus Gewissensgründen. Das österreichische Geschichtsarchiv der Zeugen Jehovas verfügt derzeit Material zu über 1000 österreichischen ZeugInnen Jehovas, die von den Nationalsozialisten verfolgt wurden.

Zur rechtswissenschaftlichen und zeitgeschichtlichen Aufarbeitung der NS-Justiz in Österreich haben die Institute für Kriminalwissenschaften und Politikwissenschaft der Philipps-Universität Marburg und das DÖW 1998 ihre Zusammenarbeit aufgenommen, die bereits in wichtige Projekte und Publikationen mündete, wie *Wolfgang Form* von der Philipps-Universität Marburg, *Wolfgang Neugebauer* (DÖW) und *Ursula Schwarz* (DÖW) in ihrem Beitrag *Die Kooperationsprojekte der Universität Marburg und des DÖW zur NS-Justiz* ausführen. Abgeschlossen sind die Projekte „Hochverrat – Landesverrat – Wehrkraftzersetzung. Politische NS-Strafjustiz in Österreich 1938–1945" und „Zur Nazifizierung der österreichischen Justiz 1938–1945. Die Einführung deutschen Rechts in Österreich, unter besonderer Berücksichtigung des NS-Strafrechts, und die Personalpolitik bei Richtern und Staatsanwälten". Der Artikel beschreibt Quellenbasis, Struktur und Methodik der Projekte, die sowohl personen-, urteils- als auch verfahrensbezogene Informationen in einer Datenbank erfassten und auswerteten. Als wichtiger Beitrag zur Täterforschung wurden die NS-Justizjuristen erfasst, die personenbezogenen Daten der Angeklagten wurden separat dokumentiert. Somit liefern auch diese Projekte einen wichtigen Beitrag zur Bewertung des Verhaltens der ÖsterreicherInnen während der NS-Zeit – der Widerständigen ebenso wie der Mittäter –, und zwar auf Basis von Prozessunterlagen, die oft als einzige Quelle erhalten geblieben sind. Eine Kollektivbiographie der insgesamt 1620 ermittelten NS-Justizjuristen ist derzeit in Arbeit.

Gemeinsam mit dem KvVI erfasste das DÖW die 169 Todesopfer und Hunderten Verletzten des NS-Terrors in Österreich 1933–38, die meisten davon kamen – wie Kanzler Dollfuß – im Zuge des nationalsozialistischen Umsturzversuches von 25. bis 28. Juli 1934 ums Leben. *Hans Schafranek*, freier Mitarbeiter des DÖW, zeichnet in seinem Artikel *Der NS-Putsch im Juli 1934: Vorgeschichte in Salzburg* minutiös die Vorgänge in der Salzburger Region nach, insbesondere in Bezug auf die organisatorischen und personellen Strukturen der illegalen NSDAP resp. SA.

Rund 250 ÖsterreicherInnen konnten nach dem „Anschluss" 1938 nach Indien flüchten, andere wurden dort von den Ereignissen überrascht. *Margit Franz* von der Universität Graz geht im Beitrag *„Passage to India": Österreichisches Exil in Britisch-Indien 1938–1945* den Spuren der Flüchtlinge nach und zeichnet ein lebendiges Bild des damaligen Britisch-Indien, seiner Kultur und Lebensart, seiner politischen Verhältnise und insbesondere der Bedingungen als Exilland.

Christine Schindler

ANTON PELINKA

DER ÖSTERREICHISCHE WIDERSTAND IM WIDERSPRUCH DER VERSCHIEDENEN NARRATIVE[1]

Der österreichische Widerstand gegen die NS-Herrschaft wird in verschiedenen Narrativen wiedergegeben, also erzählt. Diese Narrative prägen das Verständnis vom Widerstand, das Wissen um den Widerstand. Damit verbunden sind verschiedene, sich auf die Wissenschaft berufende Interpretationen und Interpretationsmuster dieses Widerstandes.

Für ein Gesamtbild des österreichischen Widerstandes ist eine Differenzierung dieser Interpretationsmuster sinnvoll und notwendig. Im Folgenden werden Differenzierungen nach drei Gesichtspunkten vorgenommen:

- eine zeitliche Differenzierung nach Perioden
- eine horizontale Differenzierung nach politisch-weltanschaulichen Lagern, das heißt auch Parteien
- eine vertikale Differenzierung nach gesellschaftlichen Gruppen und Schichten

Differenzierung nach Perioden

Bei der Differenzierung nach Perioden ist zunächst die unmittelbare Nachkriegszeit hervorzuheben. 1945 und danach, jedenfalls bis 1955, gab es eine regierungsoffizielle Sichtweise des österreichischen Widerstandes. Dieser wurde, in Übereinstimmung mit der Intention der Moskauer Deklaration vom 1. November 1943, als Stützung der Opfertheorie interpretiert und betont.

Dass österreichische Frauen und Männer zwischen März 1938 und Mai 1945 in höchst unterschiedlicher Form, getragen von höchst unterschiedlichen Motiven, mit höchst unterschiedlichen Ergebnissen der NS-Gewaltherrschaft

[1] Festvortrag anlässlich der Jahresversammlung des DÖW, Wien, 13. März 2006. Mit Einverständnis des Autors wurde der Vortrag von der Redaktion mit erklärenden Fußnoten ergänzt.

erkennbar entgegengetreten sind, das ist sicherlich ein ganz wesentlicher Beitrag zu der durch den Sieg der Alliierten ermöglichten Wiederherstellung Österreichs gewesen.

Der österreichische Widerstand wurde daher zu Recht vom offiziellen Österreich der unmittelbaren Nachkriegszeit betont und hervorgehoben – hervorgehoben allerdings, wie schon bald zu erkennen war, mehr gegenüber den Alliierten als gegenüber der österreichischen Gesellschaft. Der Widerstand sah sich daher, bis und vor allem 1955, zu einem Instrument österreichischer Außenpolitik reduziert – er wurde ge- und benutzt, um die Mitverantwortungsklausel in der Präambel des Staatsvertrages zu streichen.

Das 1946 publizierte „Rot-Weiß-Rot-Buch“[2] war so etwas wie die Quintessenz der Verflechtung von Opfertheorie und Widerstand. Mit der deutlichen Orientierung an der internationalen Debatte wurde alles aufgelistet, was Österreich eine heroische Widerstandsrolle zuteilen konnte.

Wie sehr aber die außen- und die innenpolitische Funktion der Erinnerung an den Widerstand auseinanderklafften, zeigte sich unmittelbar nach Abschluss des Staatsvertrages:

- am Beispiel Kärnten, wo die Wahrnehmung und Bewertung des spezifischen Widerstandes der slowenischen PartisanInnen die Regierungen unterschiedlicher politischer Zusammensetzung nicht nur nicht daran hinderten, sondern geradezu veranlassten, die Zweisprachigkeit im Schulwesen zurückzudrängen und die volle Umsetzung des Art. 7 des Staatsvertrages[3] fünf Jahrzehnte hindurch zu verhindern

---

2 Rot Weiss Rot Buch. Gerechtigkeit für Österreich! Darstellungen, Dokumente und Nachweise zur Vorgeschichte und Geschichte der Okkupation Österreichs (nach amtlichen Quellen). Erster Teil, Wien 1946. (Weitere Teile sind nicht erschienen.)

3 Staatsvertrag – Artikel 7. BGBl. Nr. 152/1955:
„Rechte der slowenischen und kroatischen Minderheiten
1. Österreichische Staatsangehörige der slowenischen und kroatischen Minderheit in Kärnten, Burgenland und Steiermark genießen dieselben Rechte auf Grund gleicher Bedingungen wie alle anderen österreichischen Staatsangehörigen einschließlich des Rechts auf ihre eigenen Organisationen, Versammlungen und Presse in eigener Sprache.
2. Sie haben Anspruch auf Elementarunterricht in slowenischer und kroatischer Sprache und auf eine verhältnismäßige Zahl eigener Mittelschulen; in diesem Zusammenhang werden Schullehrpläne überprüft und eine Abteilung der Schulaufsichtsbehörde wird für slowenische und kroatische Schulen errichtet werden.
3. In den Verwaltungs- und Gerichtsbezirken Kärntens, des Burgenlandes und der Steiermark mit slowenischer, kroatischer oder gemischter Bevölkerung wird die slowenische

- am Beispiel der Verfolgung von NS-Gewaltverbrechern, wo skandalöse Freisprüche (Murer[4] u. a.) eine innen- und gesellschaftspolitische Wahrnehmung des NS-Regimes ausdrückten, die nicht die des Widerstandes und auch nicht die der Opfertheorie war. Dass diese Freisprüche von Geschworenengerichten kamen, macht die Problematik nur noch deutlicher: Es war sehr leicht, sich mit den NS-Tätern zu identifizieren; offenbar leichter als mit den GegnerInnen des Regimes
- am Beispiel der unterschiedlichen Behandlung der Wehrmachtsdeserteure und der anderen Wehrmachtsangehörigen. Die jahrzehntelange Diskriminierung der Deserteure gegenüber denen, die – aus welchen Gründen auch immer – in der falschen Uniform ihre „Pflicht“ getan haben, widersprach jedenfalls massiv der regierungsoffiziellen Opfertheorie und damit einer a priori positiven Wertung des Widerstandes

Spätestens ab 1949 wurde die Spaltung zwischen einem außenpolitisch und einem innenpolitisch funktionalisierten Narrativ deutlich: Gegenüber den Alliierten waren die Frauen und Männer des Widerstandes diejenigen, die das eigentliche Österreich verkörperten; gegenüber den Wählerinnen und Wählern hingegen waren Heimkehrer und Bombenopfer diejenigen, die Österreich repräsentierten.

Diese Spaltung der Narrative macht deutlich, dass der Widerstand die Sache einer relativ kleinen Minderheit war. Doch das allein reicht nicht, um diese Spaltung zu erklären: Auch der Widerstand in Frankreich oder den Nie-

---

oder kroatische Sprache zusätzlich zum Deutschen als Amtssprache zugelassen. In solchen Bezirken werden die Bezeichnungen und Aufschriften topographischer Natur sowohl in slowenischer oder kroatischer Sprache wie in Deutsch verfasst.

4. Österreichische Staatsangehörige der slowenischen und kroatischen Minderheiten in Kärnten, Burgenland und Steiermark nehmen an den kulturellen, Verwaltungs- und Gerichtseinrichtungen in diesen Gebieten auf Grund gleicher Bedingungen wie andere österreichische Staatsangehörige teil.

5. Die Tätigkeit von Organisationen, die darauf abzielen, der kroatischen oder slowenischen Bevölkerung ihre Eigenschaft und ihre Rechte als Minderheit zu nehmen, ist zu verbieten.“

4 Franz Murer wurde vorgeworfen, als leitender Angehöriger des Gebietskommissariats Wilna sowjetische Juden und Jüdinnen misshandelt und getötet zu haben. Ein Geschworenengericht am Landesgericht Graz sprach Murer am 19. Juni 1963 frei; nach Aufhebung dieses Urteils durch den Obersten Gerichtshof am 22. April 1964 wurde das Verfahren am 24. Juli 1974 durch das LG Graz eingestellt. *Siehe http://www.nachkriegsjustiz.at*

derlanden war die Angelegenheit einer Minderheit; auch in anderen europäischen Staaten war die Mehrheit der Bevölkerung aus zumeist nachvollziehbaren Gründen nicht aktiv gegen die NS-Herrschaft engagiert.

Doch anders als in anderen europäischen Staaten war die österreichische Gesellschaft in das System des privilegierenden totalitären Wohlfahrtsstaates eingebunden, nahmen die zwangsweise eingezogenen Österreicher als voll in die Wehrmacht integrierte Deutsche aktiv teil am NS-Angriffskrieg. Anders als in Frankreich und den Niederlanden, anders als in Polen und Griechenland übte der Totalitarismus seine korrumpierende Anziehungskraft auf die große Mehrheit der österreichischen Gesellschaft aus – nicht auf diejenigen, die kraft ihrer Geburt ausgeschlossen blieben und zur Vernichtung freigegeben waren, aber doch auf alle, die nicht den Schritt zum aktiven Widerstand zu machen in der Lage waren.

Das Problem der spätestens ab 1949 einsetzenden Spaltung der Narrative war also nicht, dass nur eine Minderheit im Widerstand war; das Problem war, dass die Mehrheit ihr eigenes Narrativ entwickelt hatte, in dem der Widerstand keinen Platz hatte, und dass dieses Narrativ der Anpassung an die Diktatur vom Narrativ des Widerstandes herausgefordert, ja gefährdet erschien.

Von dort her ist es erklärbar, dass zwar überall in Frankreich kleine Gedenkstätten an diejenigen erinnern, die aktiv Widerstand leisteten, dass jedoch in Österreich überall in intellektuell widersprüchlichen und historisch fragwürdigen Gedenkstätten derer gedacht wird, die – nur zu oft „Helden" genannt – in der Uniform des Unrechtsregimes in dem von diesem losgebrochenen Vernichtungskrieg sterben mussten.

Diese stille Korrumpiertheit der österreichischen Gesellschaft erklärt auch, dass reale Opfer des NS-Regimes – wie Alfred Maleta[5], Alfons Gorbach[6] oder Alfred Migsch[7] – sich bei ihrem Bemühen um die Stimmen der „Ehemaligen" offenkundig nicht auf ihre KZ-Vergangenheit beriefen und

---

5 Dr. Alfred Maleta (1906–1990) war 1938–1941 in den KZ Dachau und Flossenbürg inhaftiert. Maleta, 1945 Mitbegründer der ÖVP, war 1945–1975 Abgeordneter zum Nationalrat.

6 Dr. Alfons Gorbach (1898–1972) war 1938–1942 im KZ Dachau und 1944–45 im KZ Flossenbürg inhaftiert. Gorbach, 1945–1970 Abgeordneter zum Nationalrat (ÖVP), war 1961–64 Bundeskanzler.

7 Dr. Alfred Migsch (1901–1975) war 1944–45 im KZ Mauthausen inhaftiert. Migsch, 1945–66 Abgeordneter zum Nationalrat (SPÖ), war 1947–49 Bundesminister für Elektrifizierung und Energiewirtschaft.

dass reale NS-Opfer, wie Heinrich Gleißner[8] und Ernst Koref[9], sich mit Aktivitäten für den zum „letzten österreichischen Kriegsgefangenen" stilisierten Kriegsverbrecher Walter Reder[10] hervortaten.

Das außenpolitisch motivierte Narrativ des Widerstandes schien 1955 seine Funktion erfüllt zu haben. Innenpolitisch wurde nun der Widerstand weitgehend zu einem Nischenthema. Als solches überlebte der österreichische Widerstand auch dank des Dokumentationsarchivs des österreichischen Widerstandes, dem dabei eine entscheidende Rolle zukam.

Das außenpolitisch motivierte Narrativ des Widerstandes wurde aus der Vergessenheit hervorgeholt, als die NS-Vergangenheit wieder zu einem bestimmenden Thema wurde – 1975, als Bundeskanzler Bruno Kreisky nicht Friedrich Peter[11], sondern dessen Kritiker Simon Wiesenthal attackierte; 1986, als Kurt Waldheim als personifizierter Widerspruch zur Opfertheorie eine breite Diskussion auslöste.

Die mit 1975 bzw.1986 einsetzende neue Periode war durch eine wachsende und bald hegemoniale Kritik an der Opfertheorie bestimmt. Eine neue Generation von HistorikerInnen und SozialwissenschafterInnen begann sich an den Deutungsmustern zu reiben, die von einer älteren Generation formuliert worden waren. Die Widersprüchlichkeit der Opfertheorie und der politisch willkürliche Umgang mit dieser, vor allem auch die erkennbare politische Funktionalisierung des Umgangs mit dem österreichischen Widerstand, sorgten für leicht angreifbare Punkte.

Die Angriffe auf die Opfertheorie tendierten dazu, den österreichischen Widerstand als eher vereinzeltes und jedenfalls nicht repräsentatives Phänomen in den Hintergrund zu rücken. Das regierungsoffizielle Narrativ der Nachkriegszeit wurde (und wird) als opportunistische Interpretation gesehen, die verzerrend und verfälschend die kollaborationistische Wirklichkeit der siebenjährigen NS-Herrschaft zudecken sollte.

---

8 Dr. Heinrich Gleißner (1893–1984) war 1939–40 in den KZ Dachau und Buchenwald inhaftiert, von 1945–71 war Gleißner Landeshauptmann von Oberösterreich (ÖVP).

9 Dr. Ernst Koref (1891–1988), 1934 und 1944 inhaftiert, 1945–62 Bürgermeister von Linz, Abgeordneter zum Nationalrat 1945–58 (SPÖ).

10 Der ehemalige SS-Obersturmbannführer Walter Reder war u. a. verantwortlich für ein Massaker an über 1800 ZivilistInnen in Marzabotto bei Bologna im September 1944. Reder wurde 1951 in Bologna zu lebenslänglicher Haft verurteilt, 1985 aus dem Gefängnis entlassen und starb 1991 in Wien.

11 Friedrich Peter (1921–2005), ehemaliges Mitglied der Waffen-SS, Bundesparteiobmann der FPÖ 1958–78, Abgeordneter zum Nationalrat 1966–86.

Die Interpretation, die sich so kritisch mit der Opfertheorie auseinandersetzte, musste freilich auch nicht unbedingt erwünschte Verbündete akzeptieren. Als der Abgeordnete des US-Repräsentantenhauses Tom Lantos im Jahr 2000 Österreich besuchte und meinte, er könnte mit dem Hinweis auf die Verlogenheit der Opfertheorie noch irgendjemanden provozieren, musste er feststellen, dass ihm am stärksten Zuspruch von der Freiheitlichen Partei entgegenschlug. In deren Narrativ war die Opfertheorie immer schon eine Umdeutung der Wirklichkeit gewesen, die – in der Sicht der deutschnationalen Tradition – 1938 nicht „Finis Austriae", sondern Befreiung bedeutet hatte.

Horizontale Differenzierung nach Lagern

Radomír Lužas Arbeit über den österreichischen Widerstand, die auf den nationalsozialistischen Gerichtsakten beruhte, stellte ein im Kern wohl unbestrittenes und unbestreitbares Ungleichgewicht des Widerstandes fest.[12] Zwei politische Gruppen waren besonders aktiv im Widerstand und hatten daher auch die mit Abstand meisten Opfer zu beklagen – und zwar in einer quantitativ abgesicherten Rangfolge:

- erstens, die KommunistInnen
- zweitens, die MonarchistInnen

Dieser Befund steht in eindeutigem Widerspruch zu dem, was dann die zweite Republik bestimmen sollte: Die Rolle der KommunistInnen blieb letztendlich ebenso marginal wie die der MonarchistInnen. Diejenigen, deren Repräsentantinnen und Repräsentanten die Zweite Republik prägen sollten – das katholisch-konservative und das sozialistische Lager – waren im aktiven Widerstand nur am Rande und vor allem nur in ganz bestimmten Phasen tätig, etwa in der Phase kurz vor der Befreiung durch die Alliierten.

Doch es waren und sind die Narrative dieser beiden großen politisch-weltanschaulichen Lager, die ganz wesentlich die Sichtweise des österreichischen Widerstandes auch heute prägen.

---

12 Radomír Luža, Der Widerstand in Österreich 1938–1945, übersetzt aus dem Amerikanischen v. Helga Zoglmann, Wien 1983.

Das sozialdemokratische Narrativ ist dadurch bestimmt, dass es den Widerstand nicht 1938, sondern 1934 beginnen lässt. Diese Sichtweise ist mehrfach gut begründet – aber ebenso mehrfach kritisierbar:

- Sie ist gut begründet, weil die demokratische Republik nicht erst im März 1938, sondern schon im Februar 1934 zerstört wurde; auch, weil der sozialdemokratische Widerstand zwischen 1934 und 1938 – vor allem durch die Revolutionären Sozialisten – eine Bedeutung hatte, die er zwischen 1938 und 1945 nie erzielen konnte.
- Diese Sichtweise ist aber auch kritisierbar, weil es die Differenz zwischen der Repressionsintensität eines autoritären und eines totalitären Systems zu verwischen droht; auch, weil es die Anziehungskraft zuzudecken vermag, die das NS-Regime gerade auch auf die sozialdemokratische Kernklientel auszuüben verstand.

Diese begründbare und kritisierbare Tendenz des sozialdemokratischen Narrativs liefert auch den Hintergrund dafür, dass insgesamt fünf Minister des Kabinetts Kreisky I ehemalige NSDAP-Mitglieder waren; und dass die Sozialdemokratie 1975 auf die Kritik Simon Wiesenthals so reagierte, wie eine Partei eben reagiert, wenn ein für sie bis dahin wesentliches Tabu verletzt wird. Dass in der SPÖ-Regierung zwar ehemalige Nationalsozialisten und Vertreter des Widerstandes gegen den autoritären Staat saßen, aber nur ausnahmsweise Vertreter des Widerstandes gegen den Nationalsozialismus – das reflektiert eine Wirklichkeit, die auch das sozialdemokratische Narrativ erklären hilft.

Das katholisch-konservative Narrativ sieht den Beginn des österreichischen Widerstandes im Widerstand des Dollfuss-Schuschnigg-Regimes gegen das nationalsozialistische Deutschland. Die Arbeiten von Ludwig Reichhold[13] und Gottfried-Karl Kindermann[14] liefern auch tatsächlich eine Fülle von Evidenz für die grundsätzliche Berechtigung dieses Zuganges.

---

13 Siehe u. a. Ludwig Reichhold, Geschichte der ÖVP, Graz 1975; ders., Kampf um Österreich: die Vaterländische Front und ihr Widerstand gegen den Anschluss 1933–1938. Eine Dokumentation, Wien 1984.

14 Siehe u. a. Gottfried-Karl Kindermann, Österreich gegen Hitler: Europas erste Abwehrfront 1933–1938, München 2003.

Allerdings tendiert dieser Zugang zu verzerrenden Vereinfachungen. Übersehen wird dabei tendenziell,

- dass der in der katholisch-konservativen Tradition virulente Antisemitismus den Widerstand dieses Lagers schwächte und für viele – z. B. für Taras Borodajkewycz[15] – ein Arrangement mit und eine Integration in den Nationalsozialismus ermöglichte;
- dass die von Dollfuss und Schuschnigg geprägte Politik mindestens ebenso als „Widerstand“ gegen die Linke wie als Widerstand gegen den Nationalsozialismus zu verstehen ist, was die gegen den Nationalsozialismus gerichtete Energie wesentlich relativieren musste.

Eine analoge Ambivalenz zeigt die Katholische Kirche. Nach 1945 wurde, etwa durch das Buch Jakob Frieds[16], die Kirche als ein Hort des Widerstandes hingestellt, wurden Karl Roman Scholz[17] und der Götzener Pfarrer Neururer[18] als Zeugen für diese Rolle angeführt. Die Haltung des österreichischen Kurien-Bischofs Alois Hudal[19] hingegen, die sicherlich viel repräsentativer war als etwa die Haltung Irene Harands[20], blieb dabei zugedeckt.

Den beiden Narrativen der zwei Lager ist eine deutliche Selektivität gemeinsam: Tabus werden verteidigt, und je nach Adressatenkreis wird eine bestimmte Teilrealität des Widerstandes hervorgekehrt. Die Anpassungsleis-

---

15 Der 1955–1965 an der Wiener Hochschule für Welthandel tätige Univ.-Prof. Taras Borodajkewycz (1902–1984) löste 1965 mit seinen antisemitischen und neonazistischen Äußerungen Demonstrationen und politische Unruhen aus, die ein Todesopfer (Ernst Kirchweger) forderten.

16 Jakob Fried, Nationalsozialismus und katholische Kirche in Österreich, Wien 1947.

17 Der Augustiner-Chorherr und Theologieprofessor Dr. Roman Karl Scholz (1912–1944) organisierte eine Gruppierung der „Österreichischen Freiheitsbewegung“. Er wurde 1944 hingerichtet.

18 Pfarrer Otto Neururer wurde 1940 im KZ Buchenwald ermordet.

19 Bischof Dr. Alois Hudal (1885–1963) intendierte einen Brückenschlag zwischen Nationalsozialismus und Katholizismus. Er verhalf nach 1945 zahlreichen Kriegsverbrechern zur Flucht. Siehe auch: Alois Hudal, Die Grundlagen des Nationalsozialismus, Leipzig–Wien 1936.

20 Irene Harand (1900–1975) kämpfte bereits in den 30er Jahren aktiv gegen Antisemitismus und Nationalsozialismus. Sie überlebte im amerikanischen Exil. Siehe auch: Irene Harand, „Sein Kampf“ – Antwort auf Hitler, Wien 1935, neu hrsg. v. Franz Richard Reiter, Wien 2005.

tungen Karl Renners und Theodor Innitzers[21] werden gleichsam aufgerechnet – und der Opfertod Einzelner, wie der Käthe Leichters[22] oder der Johann Stauds[23], wird hervorgehoben.

Diese Widersprüchlichkeit liegt in der Realgeschichte der Lager begründet; letztlich darin, dass die Mehrheitsströmungen dieser Lager sich nicht für den Widerstand, sondern für ein teilweise kollaborationistisches Adaptieren entschieden hatten. Daraus aber lässt sich keine heroische Geschichte machen.

Das kommunistische Narrativ hat es da leichter: KommunistInnen waren weit überproportional im Widerstand aktiv, wurden weit überproportional in Konzentrationslager eingewiesen, vor den Volksgerichtshof gestellt und hingerichtet. Die Geschichte des kommunistischen Widerstandes eignet sich noch am ehesten für eine ungebrochene Heroengeschichte.

Allerdings kennt auch das kommunistische Narrativ Problemzonen. Dazu zählt der Umgang mit dem Hitler-Stalin-Pakt 1939 und die Parole vom „imperialistischen Krieg“, an der die Komintern zwischen 1939 und 1941 festhielt; dazu zählt auch insbesondere, dass lange Zeit hindurch negiert wurde, wie eng der sowjetische und der nationalsozialistische Terrorapparat kooperierten – einschließlich der Auslieferung von Kommunisten aus der Sowjetunion an das NS-Regime.

Leichter hat es, was die innere Konsistenz betrifft, auch das Narrativ des deutschnationalen Lagers. Für dieses war

- 1938 keine Katastrophe, sondern die Erfüllung des 1918 geforderten Anschlusses;
- 1945 keine Befreiung, sondern eine Niederlage – oder, aktuell zitierbar, der Beginn einer „brutalen Naziverfolgung“[24];

---

21 Die österreichischen Bischöfe unter Kardinal Innitzer und der sozialdemokratische Politiker Dr. Karl Renner traten 1938 öffentlich für den „Anschluss“ Österreichs an Hitlerdeutschland ein.

22 Dr. Käthe Leichter war bis 1934 Leiterin des Frauenreferats der Wiener Arbeiterkammer und danach Aktivistin der Revolutionären Sozialisten. Als Häftling des KZ Ravensbrück wurde sie aufgrund ihrer jüdischen Abstammung im Zuge der Aktion „14f13“ 1942 in der Euthanasie-Anstalt Bernburg/Saale ermordet.

23 Der christliche Gewerkschafter Johann Staud wurde 1939 im KZ Flossenbürg ermordet.

24 Der BZÖ-Bundesrat Siegfried Kampl behauptete im April 2005 eine „brutale Naziverfolgung“ in Österreich nach dem Zweiten Weltkrieg und bezeichnete Wehrmachtsdeserteure als „Kameradenmörder“.

- 1955 das Jahr der Freiheit – auch für die vielen, die nun den Status der „schwer belasteten" Nationalsozialisten endlich hinter sich lassen konnten.

Für dieses Narrativ war und ist der Widerstand „fremd" – eine Bedrohung z. B. durch slowenische Partisanen, „kommunistisch" – Stichwort „Tito-Kommunisten", und „kriminell" – wiederum aktuell zitierbar am Beispiel des Wortes von den „Kameradenmördern"[25].

Vertikale Differenzierung

Die Beschäftigung mit dem Widerstand ist – jedenfalls seit dem Generationenwechsel der 70er und 80er Jahre – eine Angelegenheit einer Bildungsschicht. In Seminar- und Diplomarbeiten, in Dissertationen und anderen wissenschaftlichen Projekten ist der österreichische Widerstand zum Gegenstand einer relevanten wissenschaftlichen Debatte geworden.

Aber diese Debatte hat die österreichische Gesellschaft in ihrer Gesamtheit kaum erfasst. Wer problematisiert Kriegerdenkmäler, in denen der kollektiven Erinnerung der Angehörigen der Deutschen Wehrmacht Ausdruck verliehen wird? Wer problematisiert Straßen- und andere Namen, die an Nationalsozialisten und deren Vorboten erinnern? Wir können sicher sein: Im Zweifel sind es eher jüngere Menschen mit einem höheren Bildungsgrad. Wer erinnert an Jägerstätter[26] und Harand, an Langbein[27], an Primocic[28] und Jochmann[29]?

In das kollektive Alltagsbewusstsein ist die Erinnerung an die Frauen und Männer des Widerstandes nicht wirklich eingedrungen. Es gibt keinen

---

[25] Siehe Fußnote 24.

[26] Als gläubiger Katholik verweigerte Franz Jägerstätter den Dienst in der Deutschen Wehrmacht. Er wurde 1943 hingerichtet.

[27] Der kommunistische Widerstandskämpfer und Spanienkämpfer Hermann Langbein (1912–1995) war unter anderen in den KZ Dachau und Auschwitz inhaftiert.

[28] Die Kommunistin Agnes Primocic kämpfte gegen den „Ständestaat" und den Nationalsozialismus.

[29] Die führende sozialistische Funktionärin und Widerstandskämpferin Rosa Jochmann war von 1940 bis Kriegsende im KZ Ravensbrück inhaftiert.

österreichischen Jean Moulin[30] – obwohl es für diese Rolle, für eine solche Identifikationsfigur, durchaus analoge österreichische Schicksale gäbe.

Der Diskurs im Jahr 2005 hat dafür einiges an Aufschluss geliefert. Da wurde vom Kriegsende geredet – und nicht von der Befreiung. Da wurde der Bombenopfer gedacht – und damit unterstrichen, dass sich mit diesen und den Heimkehrern mehr Identifizierung herstellen lässt als mit den Frauen und Männern des Widerstandes.

Der österreichische Widerstand als Stück der nationalen Erinnerung ist bis heute elitär geblieben – obwohl er es verdiente, wie der französische oder auch der polnische oder auch der griechische Widerstand Teil eines nationalen, eines alle Differenzen umfassenden Narrativs zu werden.

Zu der vertikalen Differenzierung der Narrative zählt auch die Definitionsmacht der politischen Häftlinge ab 1945. Sie konnten festlegen, was Widerstand war. Damit blieb aber die Bedeutung bestimmter Widerstands- und Opfergruppen – Homosexuelle, „Asoziale", „Bibelforscher", vor allem aber Juden sowie Roma und Sinti – im Hintergrund, bzw. wurde überhaupt verdrängt.

Zur vertikalen Differenzierung zählt auch, dass politisch Aktive, die nach der NS-Terminologie Juden waren, diese ihre jüdische Identität als sekundär, ja fast als lästig ansahen: Obwohl doch keine Gruppe mit einer ähnlichen Vehemenz und Totalität verfolgt wurde als eben Juden und Jüdinnen. Die Memoiren Bruno Kreiskys und Otto Binders geben Aufschluss über diese Tendenz.

Versuch eines Resümees

Der österreichische Widerstand war keine Bewegung. Der österreichische Widerstand hatte kein eigenes Programm. Der Widerstand war fragmentiert: KommunistInnen verfolgten ganz andere Ziele als MonarchistInnen, und die Gegner im Bürgerkrieg des 12. Februar 1934 waren erst gegen Ende der NS-Zeit halbwegs auf das Ziel des Wiederbeginns einer demokratischen Republik festgelegt.

Allen Strömungen aber, aus denen sich der aktive Widerstand rekrutierte, waren sich in einem negativen Ziel einig: Die nationalsozialistische Terrorherrschaft sollte überwunden werden.

---

30 Jean Moulin (1899–1943) war einer der führenden Kämpfer in der französischen Résistance, deren verschiedene Gruppen er zu vereinen suchte.

Dieses Ziel ist für sich allein etwas, was gar nicht hoch genug bewertet werden kann. Denn dadurch wird unterstrichen, dass der Widerstand mit einer letztlich doch allen Strömungen gemeinsamen Einschätzung beginnt: mit der allen gemeinsamen, unbedingt negativen Einschätzung des Nationalsozialismus, des für den Holocaust und damit für den großen Zivilisationsbruch des 20. Jahrhunderts verantwortlichen Regimes.

Damit stellt sich freilich die Einschätzung des Widerstandes in eine komparative Perspektive. Widerstand ist nicht gleich Widerstand.

Der Widerstand in Österreich nach 1934 und der Widerstand in Österreich nach 1938 haben einiges gemeinsam – aber sie sind nicht identisch: Der eine galt dem die demokratische Republik zerstörenden Semifaschismus eines autoritären Staates; der andere dem seinem Wesen nach massenmörderischen totalitären Regime Adolf Hitlers. Beiden ist aber gemeinsam, dass sie den Monopolgewalt beanspruchenden Einparteienstaat bekämpften.

Der antinazistische Widerstand in Österreich und der in Deutschland haben einiges gemeinsam – sie sind aber nicht identisch. Der eine hatte auch, jedenfalls ab 1943, eine nationale Unabhängigkeitsperspektive – die dem anderen fehlte. Beiden war freilich gemeinsam, dass sie sich in einem Umfeld privilegierter und daher tendenziell korrumpierter Menschen – „Volksgenossen“ – organisieren mussten.

Dem österreichischen Widerstand fehlte das Element eines Austro-Gaullismus: eine von allen wesentlichen Strömungen anerkannte Exilregierung, die sich auch als einheitliche Dachorganisation des Widerstandes etablieren konnte. Das ist, gerade auch im internationalen Vergleich, ein wichtiger Aspekt des österreichischen Widerstands.

Die Diskussion über den österreichischen Widerstand und die Erinnerung an ihn kann und soll aus dem Bereich eines elitären Nischendiskurses herausgeholt und in einen nationalen Mainstream-Diskurs umgesetzt werden. Das ist z. B. in Frankreich gelungen: Unbeschadet dessen, dass auch in Frankreich der Widerstand gegen die deutsche Okkupation und gegen die Kollaboration des Vichy-Regimes eine Angelegenheit einer Minderheit war, ist dieser Widerstand heute Bestandteil eines nationalen Bewusstseins. Auch die Kritik an der Wahrnehmung dieses Widerstandes – etwa die Kritik an der Unterschätzung der Kollaborationsneigung der französischen Gesellschaft – kann und will daran nichts ändern: Das Frankreich der Gegenwart sieht sich, ungeachtet der auch in Frankreich festzustellenden vertikalen und horizontalen Differenzierung, auch und wesentlich als Produkt des Widerstandes einer Minderheit gegen ein Unrechtsregime.

Im Mozartjahr und im Jahre eins nach dem Gedenk- und Bedenkjahr: Was kann und soll die Erinnerung an den österreichischen Widerstand bringen? Es ist die Erinnerung an den heute wohl herzeigbarsten Aspekt der österreichischen Geschichte des 20. Jahrhunderts. Auf wen können wir stolz sein? Doch nicht auf die Vertriebenen, die – als Juden und Jüdinnen – auch 1945 und danach sich nicht wirklich in Österreich willkommen fühlten; doch nicht auf die Unabhängigkeit des Jahres 1945 und den Staatsvertrag 1955 – alles das sind Ereignisse, die Österreich von der Weltpolitik als Chancen, als „Windows of opportunity" in den Schoß gelegt worden waren. Worauf sich Österreich heute aber berufen kann, ist, dass eine signifikante Minderheit von Menschen in diesem Lande – unter Gefährdung des eigenen Lebens – gegen eine heute zu Recht als menschheitswidrig eingestufte Herrschaft aufgestanden ist.

Da brauchen die Differenzen der Narrative nicht heruntergespielt zu werden. Da muss, da darf gar nicht negiert werden, dass es sich bei diesem Widerstand um ein Minderheitsphänomen gehandelt hat. Dieser Widerstand war einer, der sich dadurch auszeichnete, dass er doppelt gegen den Strom geschwommen ist – gegen das herrschende totalitäre Regime und gegen die abwartend-angepasste Haltung der österreichischen Mehrheitsgesellschaft.

Das Aufzeigen der Differenzen der Narrative hilft mit, die Wirklichkeit des österreichischen Widerstandes zu begreifen und einzuordnen. Und damit kann auch der Schritt versucht werden, aus dem Widerstand ein von der Mehrheit der österreichischen Gesellschaft positiv wahrgenommenes, zur Identitätsstiftung beitragendes Großereignis unserer Geschichte zu machen.

NAMENTLICHE ERFASSUNG DER OPFER POLITISCHER VERFOLGUNG IN ÖSTERREICH VON 11. MÄRZ 1938 – 8. MAI 1945

Ein Projekt des Dokumentationsarchivs des österreichischen Widerstandes (DÖW) und des Karl von Vogelsang-Instituts (KvVI)

Die Frage, wie viele und welche Österreicherinnen und Österreicher dem NS-Regime zum Opfer fielen, ist keineswegs nur von wissenschaftlich-historischem Interesse. Die Anzahl der Opfer politischer, rassistischer und sonstiger NS-Verfolgung ist von enormer Bedeutung für die Gesamteinschätzung des Verhaltens der Österreicherinnen und Österreicher in der Zeit des Nationalsozialismus und damit auch für das Selbstverständnis Österreichs in der Nachkriegszeit und heute. Gleichzeitig werden den oft unbekannt gebliebenen Opfern ein Name und ein Gesicht gegeben und mit der Auflistung eine Möglichkeit zu personalisiertem Gedenken geschaffen.

Nationale und internationale Diskussionen wie jene um Restitution oder Entschädigung („Wiedergutmachung") für Opfer zeigen den hohen Stellenwert auch der Fragen nach Quantifizierungen. Die in den aktuellen Diskussionen argumentativ verwendeten Zahlen erweisen sich oft als fragwürdig und damit besteht schon beim Ausgangspunkt des Diskurses eine Schieflage. Zum Zwecke der Versachlichung und Faktenorientierung des Opferdiskurses wäre es wünschenswert, die politischer Verfolgung zum Opfer gefallenen Österreicherinnen und Österreicher in ähnlicher Weise wie die Holocaustopfer[1] namentlich zu erfassen und damit eine Benennung von quantitativen Größenordnungen zu ermöglichen.

---

1 Im Zuge des 2001 vorläufig abgeschlossenen Projektes der Namentlichen Erfassung der österreichischen Holocaustopfer wurden rund 62.000 Personen von mindestens 65.000 Opfern erfasst. Sie sind in einer Datenbank mit Namen, Geburtsdatum, letztem

Einen weiteren Grund für ein solches Vorhaben liefern die praktischen Erfahrungen: Die Datenbanken der Holocaustopfer im DÖW werden sehr stark auch von Überlebenden des Holocaust bzw. von Angehörigen der Opfer, vor allem aus dem Ausland, angefragt. Analog dazu gelten die wissenschaftlichen Projekte des Karl von Vogelsang-Instituts zum Thema Opfer des Nationalsozialismus als bedeutende quantifizierende Forschungsarbeiten.[2]

Datenbanken (und die damit verbundenen Quellenbestände) können zu lebendigen Archiven werden, welche die Erinnerung an umgekommene Menschen zu bewahren helfen.

Die namentliche Erfassung von NS-Opfern ist aber nicht nur ein notwendiger Akt des Gedenkens; darüber hinaus werden auch wichtige wissenschaftliche Zwecke verfolgt, nämlich die Grundlage für eine umfassende und belegte Geschichte der NS-Verfolgung und des Widerstandes in Österreich zu schaffen, indem die in vielen Archiven in und außerhalb Österreichs liegenden Quellenbestände systematisch erfasst und für weitere Forschungen zugänglich gemacht werden. Auf diese Weise wird das Ausmaß der Verfolgung und des Widerstands in Österreich sichtbar und messbar gemacht und somit ein genaueres und ausgewogeneres Gesamtbild des viel diskutierten Verhaltens der Österreicherinnen und Österreicher in der NS-Zeit ermöglicht.

Wohnort und Deportationsziel vermerkt, bei rund einem Drittel ist derzeit auch das Datum des Todes angegeben – die Daten werden laufend ergänzt, wobei insbesondere Hinweise von Angehörigen sehr hilfreich sind. Alle Opfer wird man jedoch wohl nie eruieren können. BesucherInnen des Museums Judenplatz in Wien können die Ergebnisse des Projekts auf PCs abrufen, die Datenbank ist Teil einer umfassenden Multimedia-Dokumentation, die detaillierte historische Informationen zu den Voraussetzungen, dem Ablauf und den Methoden des Genozids liefert. Auf http://www.doew.at/ausstellung – der Homepage zur 2005 neu gestalteten und eröffneten Dauerausstellung des DÖW – sind die Daten zu den österreichischen Holocaustopfern und weitergehende Informationen zum Holocaust in der Datenbank „Shoah-Opfer" abrufbar. Die ebenfalls herausgegebene CD ist leider ebenso wie die deutschsprachige Broschüre Florian Freund / Hans Safrian, Vertreibung und Ermordung. Zum Schicksal der österreichischen Juden 1938–1945. Das Projekt „Namentliche Erfassung der österreichischen Holocaustopfer", Wien 1993, vergriffen. Erhältlich ist die Broschüre in englischer Sprache: Florian Freund / Hans Safrian, Expulsion and Extermination. The Fate of the Austrian Jews 1938–1945, Vienna 1997. Siehe auch: Deportation der österreichischen Juden und Jüdinnen, in: Dokumentationsarchiv des österreichischen Widerstandes. Katalog zur permanenten Ausstellung, Wien 2006, S. 76–85. Zum Museum am Judenplatz siehe: Gerhard Milchram (Hrsg.), Judenplatz: Ort der Erinnerung, Wien 2000.

2 Vgl. Forschungsprojekt „Opfer des nationalsozialistischen Terrors in Österreich 1933 bis 1938". Gemeinsames Forschungsprojekt des Karl von Vogelsang-Instituts mit dem Doku-

Schließlich haben diese Forschungsarbeiten auch einen beträchtlichen praktischen Nutzen, zumal die Ergebnisse von Einrichtungen wie Opferfürsorge, Nationalfonds und Entschädigungsfonds genützt werden können und somit den Opfern des Nationalsozialismus zugute kommen.

Die zu erfassenden Opfer

Als Opfer werden im Projekt „Namentliche Erfassung der Opfer politischer Verfolgung 1938–1945" all jene Personen aus Österreich definiert, die vom 11. März 1938 bis zum 8. Mai 1945 auf Grund ihrer politischen Überzeugung, religiösen Zugehörigkeit, nationalen Herkunft oder aus sonstigen aus der NS-Ideologie resultierenden Gründen durch Verfolgungsmaßnahmen im Machtbereich des NS-Regimes zu Tode kamen. Konkret handelt es sich dabei um

- Opfer des SS- und Polizeiapparates
- Opfer der NS-Justiz – sowohl Hingerichtete als auch während des Strafvollzuges Umgekommene
- Todesopfer der Konzentrationslager
- Tote von Massakern

Mit berücksichtigt werden auch Personen, die im Zuge der Verfolgung Selbstmord verübt haben. Als Österreicher und Österreicherinnen gelten nicht nur jene Personen, die 1938 das „Heimatrecht" bzw. die österreichische Staatsbürgerschaft besaßen, sondern – analog zum Opferfürsorgegesetz (OFG) – auch all jene, die 1938 mindestens zehn Jahre in Österreich ihren Wohnsitz hatten.

Nicht erfasst werden jüdische Opfer, Opfer der NS-Euthanasie sowie Roma und Sinti, da zu diesen Opfergruppen bereits eigene wissenschaftliche Erfassungsprojekte durchgeführt wurden bzw. werden.[3] Davon ausgenom-

---

mentationsarchiv des österreichischen Widerstandes, Wien 2003; sowie Forschungsprojekt „Der NS-Putsch in Österreich Juli 1934", Wien 2004. Bereits in den 1980er Jahren widmete das KvVI einen Schwerpunkt seiner Forschungstätigkeit den österreichischen Opfern der nationalsozialistischen Unrechtsherrschaft. Siehe: Karl von Vogelsang-Institut (Hrsg.), Gelitten für Österreich. Christen und Patrioten in Verfolgung und Widerstand, Wien 1988.

3 Das Projekt „Namentliche Erfassung der österreichischen Holocaustopfer" wurde 1992 bis 2001 vom DÖW durchgeführt. Zur Erfassung der NS-Euthanasieopfer siehe den Artikel von Florian Schwanninger über das Gedenkbuch Hartheim im vorliegenden Jahrbuch.

men sind jene jüdischen Opfer, die nicht nur auf Grund der „Nürnberger Gesetze“, sondern auch wegen ihrer politischen Überzeugung verfolgt und ermordet wurden.

Im Einzelnen setzen sich die Opfergruppen wie folgt zusammen:

Opfer präventiver Verfolgung ab dem 11. März 1938

- Anhänger der „Vaterländischen Front“ (Politiker, Beamte, Offiziere, Funktionäre des Schuschnigg-Regimes, [frühere] Mitglieder von Wehrverbänden, Mitglieder des Cartell-Verbandes, Legitimisten)
- SozialdemokratInnen, Revolutionäre SozialistInnen, GewerkschafterInnen
- KommunistInnen
- Angehörige anderer linker Gruppierungen
- Im öffentlichen Leben exponierte „Antinazis“ (wie z. B. KünstlerInnen und Kulturschaffende)
- Dissidente Nationalsozialisten (z. B. Fememorde)
- Angehörige nationaler Minderheiten, insbesondere Kärntner Slowenen und Sloweninnen

Opfer des Widerstandes

- Arbeiterbewegung (SozialdemokratInnen, KommunistInnen, GewerkschafterInnen und Angehörige anderer linken Gruppierungen)
- Konservative und LegitimistInnen
- Religiöse Gruppen (KatholikInnen, ProtestantInnen, Angehörige der Internationalen Bibelforscher-Vereinigung [IBV], Sieben-Tages-Adventisten)
- Nationale Minderheiten (Kärntner SlowenInnen, Wiener TschechInnen u. a.)

Univ.-Doz. Dr. Florian Freund und Dr. Gerhard Baumgartner führen das Projekt „Namentliche Erfassung der im Nationalsozialismus ermordeten österreichischen ‚Zigeuner‘/Roma und Sinti“ durch.

- Individueller Widerstand (Heimtücke, Wehrkraftzersetzung, Rundfunkvergehen, Hilfe für Verfolgte, Desertion[4], Wirtschaftsdelikte)

Opfer von Massakern 1945, wie z. B. die im Zuchthaus Stein ermordeten Häftlinge

Gerhard Ungar

Erhebung, Erfassung und Bearbeitung der Quellen

Quellenbestände und Auswertung

Im gegenständlichen Projekt wird versucht, die bisher tradierten Angaben zu den Zahlen der Opfer politischer Verfolgung kritisch zu sichten und zu überprüfen, um zu einer empirisch gesicherten Basis zu gelangen. Zu diesem Zweck erschien es unumgänglich, den bisher gegangenen Weg zu verlassen, sich nicht mehr nur auf das Sammeln von mehr oder weniger gut dokumentierten Einzelfällen zu verlassen, sondern zusätzlich eine systematische Erfassung und den datenbankgestützten Abgleich von großen Quellenbeständen in das Zentrum der Arbeit zu stellen.

Als Ausgangsbasis boten sich Quellenbestände aus dem Bereich der Politischen Polizei, dem Bereich der Justiz, des Strafvollzugs sowie der Konzentrationslager an. Für den Bereich der Polizei sind neben kleineren Beständen vor allem die Tagesrapporte und die Erkennungsdienstliche Kartei der Geheimen Staatspolizei – Staatspolizeileitstelle Wien von Bedeutung.

4 Eine vollständige Erfassung der Wehrmachtsdeserteure ist aufgrund der Quellenlage nicht möglich. In diesem Zusammenhang wird auf die Arbeiten von Univ.-Prof. Dr. Walter Manoschek vom Institut für Staatswissenschaft der Universität Wien verwiesen, siehe u. a. Walter Manoschek (Hrsg.), Opfer der NS-Militärgerichtsbarkeit. Urteilspraxis, Strafvollzug, Entschädigungspolitik in Österreich, Wien 2003.

Quellenbestände aus dem Bereich der politischen Polizei

Die Tagesrapporte, regelmäßige Tätigkeitsberichte der Staatspolizeileitstelle Wien an die vorgesetzten Dienststellen, umfassen 734 Einzelberichte aus dem Zeitraum September 1938 bis Februar 1945. Mehr als 17.200 Personen werden insgesamt in diesen Berichten unter Angabe des vorgeworfenen Delikts, des Festnahmedatums und allfälliger polizeilicher Verfügungen, erwähnt. Dieser Bestand, ca. 3/4 davon aus dem Bestand des DÖW und 1/4 aus dem Bundesarchiv Berlin, wurde in einer Datenbank erfasst.

Die Erkennungsdienstliche Kartei der Staatspolizeileitstelle Wien besteht aus 11.100 Karteikarten sowie einer etwas geringeren Zahl[5] von Fotos und den so genannten Fotografierscheinen, allesamt aus dem Zeitraum November 1938 bis Februar 1945. Dieser Bestand, zum allergrößten Teil aus dem Besitz des Wiener Stadt- und Landesarchivs, ergänzt durch einige hundert Archivalien aus dem Bestand des DÖW, wurde mittlerweile digitalisiert und in einer Datenbank ausgewertet.[6] In der Folge war die Erkennungsdienstliche Kartei der erste Datenbestand, der systematisch mit anderen Quellen abgeglichen wurde. Bisher konnte in mehr als 5000 Fällen das weitere Schicksal geklärt werden. Haftdaten, Lagereinweisungen und in mehr als 1300 Fällen der Tod wurden festgestellt.

Zusätzlich werden auch weitere Materialien aus dem Polizeibereich ausgewertet, wobei es sich hier allerdings nicht um nahezu vollständig überlieferte Quellen wie im Falle des Wiener Gestapomaterials handelt, sondern um eine Vielzahl von verstreuten Einzelstücken, die Einzelfälle beleuchten, jedoch noch keinen repräsentativen Gesamtüberblick ermöglichen.[7]

Quellenbestände aus dem Justizbereich

Im Justizbereich boten sich die bereits vom Dokumentationsarchiv im Rahmen einer Kooperation mit der Universität Marburg bearbeiteten Akten des

5 Diese Differenz erklärt sich aus dem Umstand, dass nach der Befreiung Fotos entnommen und an überlebende Häftlinge bzw. an Angehörige von Verstorbenen ausgefolgt wurden. Derartige Einzelobjekte finden sich beispielsweise im Bestand des DÖW.

6 Die Ergebnisse sind auf der neuen Ausstellungshomepage http://www.doew.at/ausstellung in der Opferdatenbank „Gestapo-Opfer" abrufbar. Die Datenbank wird laufend erweitert.

7 So ist etwa ein Einzelexemplar eines Tagesrapports der Gestapo Klagenfurt im Bestand des DÖW erhalten, der Verbleib des restlichen Bestandes ist unbekannt.

Anna Gräf (geb. 1925) war am Aufbau des Kommunistischen Jugendverbands in Wien beteiligt. Sie wurde 1944 hingerichtet.

Augustin Grohser (Großer, geb. 1891) gehörte der Österreichischen Freiheitsbewegung – Gruppe Lederer an. Er wurde 1944 hingerichtet.

Ludwig Staszyszyn (geb. 1891) wurde wegen „staatsfeindlicher Äußerungen" festgenommen. Er kam 1942 in Auschwitz um.

Fotos aus der Erkennungsdienstlichen Kartei der Gestapo Wien

Wiener Stadt- und Landesarchiv, DÖW

Volksgerichtshofs[8] an, sowie Basisauswertungen der Akten der Sondergerichte im OLG-Sprengel Wien, in Linz, Graz und Innsbruck. Aus dem Bereich des Volksgerichtshofes wurden 726 Verfahren ausgewertet, in denen 2137 Personen angeklagt und 814 Todesurteile gefällt wurden. Vor den Sondergerichten wurden Verfahren gegen annähernd 10.000 Personen dokumentiert, wobei bisher zumindest 400 vollstreckte Todesurteile festgestellt wurden.

Aus dem Strafvollzug interessieren vor allem Aufzeichnungen zu Hinrichtungen und sonstigen Sterbefällen in den Strafanstalten, wobei hier vor allem Materialien betreffend das LG Wien sowie die Strafanstalten in Berlin-Plötzensee, Brandenburg-Görden, München-Stadelheim und Halle an der Saale in Betracht kamen. Hier ist unter den wichtigsten Quellen vor allem das Sterbebuch der katholischen Gefangenenhausseelsorge[9] am Wiener Landesgerichtlichen Gefangenenhaus zu erwähnen, das ingesamt ca. 1200 Hinrichtungen am LG Wien dokumentiert. Ergänzend dazu wurden aber auch Unterlagen aus dem Bereich des Wiener Bestattungswesens betreffend die Urnenbestattung von Häftlingen herangezogen.

Quellenbestände aus dem Bereich der Konzentrationslager

Neben dem Bereich der Verfolgung durch eine politisch instrumentalisierte Justiz spielte vor allem der Bereich der Konzentrationslager eine entscheidende Rolle. Hier war das Augenmerk vor allem auf das Konzentrationslager Dachau zu richten, das ungleich mehr österreichische Häftlinge aufwies als jedes andere Lager im Terrorapparat der Nationalsozialisten. In den Zugangsbüchern von Dachau, die insgesamt ca. 8000 Seiten mit annähernd 200.000 Einträgen umfassen, sind zumindest mehr als 13.600 österreichische Häftlinge angeführt, von denen mindestens 1400 in Dachau ums Leben kamen. Neben Dachau fanden sich österreichische Häftlinge aber auch in allen anderen Konzentrationslagern, wobei, was die Verfolgung von Frauen betrifft, vor allem das Konzentrationslager Ravensbrück[10] hervorzuheben ist.

---

8 Siehe dazu den Artikel von Wolfgang Form, Wolfgang Neugebauer und Ursula Schwarz über die Kooperationsprojekte der Universität Marburg und des DÖW zur NS-Justiz im vorliegenden Jahrbuch.

9 Das Totenbuch beschränkt sich nicht nur auf die Sterbedaten von Häftlingen katholischer Konfession.

10 Siehe hierzu den Artikel von Helga Amesberger und Brigitte Halbmayr über die namentliche Erfassung der österreichischen Ravensbrückhäftlinge im vorliegenden Jahrbuch.

Insgesamt konnten bisher mehr als 20.000 österreichische Häftlinge in den Konzentrationslagern im „Reich“ festgestellt werden.[11] Einiges an neuen Erkenntnissen zum Bereich der Konzentrationslager verspricht auch die so genannte WVHA[12]-Kartei, ein Bestand von 144.000 Karteikarten zum Zwangsarbeitseinsatz von KZ-Häftlingen aus dem Besitz des Deutschen Bundesarchivs und des polnischen Roten Kreuzes, der in einem internationalen Kooperationsprojekt digitalisiert und in einer Datenbank ausgewertet wird. Nach dem endgültigen Abschluss dieser Arbeiten sind auch hier zusätzliche Informationen zu österreichischen Opfern des NS-Lagersystems zu erwarten.

Quellenbestände aus der Nachkriegszeit

Weitere wichtige Quellenbestände stammen aus der Nachkriegszeit. Hier sind einerseits die Personalakten des KZ-Verbandes, die sich im Dokumentationsarchiv des österreichischen Widerstandes befinden, und andererseits die Bestände der Opferfürsorgebehörden in den österreichischen Bundesländern zu nennen. Diese Bestände erweisen sich vor allem in jenen Fällen als äußerst hilfreich, in denen das Schicksal von Verfolgten allein aus den zeitgenössischen Quellen nicht nachvollzogen werden kann. Weiters wurde in vielen Fällen auf Auswertungen, die im Rahmen der vom DÖW herausgegebenen Reihe „Widerstand und Verfolgung in den österreichischen Bundesländern“[13], durchgeführt worden waren, zurückgegriffen.

Quellenauswertung und Verknüpfung

Ähnlich dem mittlerweile abgeschlossenen Projekt „Namentliche Erfassung der österreichischen Holocaustopfer“ sollen die jeweiligen Quellenbestände

---

11 Diese Zahl beinhaltet natürlich nicht die aus Österreich deportierten Jüdinnen und Juden in die Vernichtungsstätten der besetzten Gebiete.

12 Dem SS-Wirtschaftsverwaltungshauptamt unterstand ab 1942 die Verwaltung der Konzentrationslager.

13 Dokumentationsarchiv des österreichischen Widerstandes (Hrsg.), Widerstand und Verfolgung in den österreichischen Bundesländern 1934–1945. Eine Dokumentationsreihe, Wien

möglichst vollständig mit den jeweils relevanten Angaben in Tabellen dargestellt werden, ohne aber in dieser Phase der Arbeit bereits korrigierend oder interpretierend einzugreifen. Die so gesammelten Daten werden in einem weiteren Schritt automatisch miteinander verknüpft, wobei, soweit möglich, den einzelnen Einträgen nach den Parametern Name, Vorname und Geburtsdatum ein jeweils eindeutiger numerischer Schlüssel zugewiesen wird. Je nach Qualität der Daten[14] – diese erweist sich allerdings bei den verschiedenen Quellenbeständen als höchst unterschiedlich – gelang es, bisher bis zu 70 Prozent der Verknüpfungen maschinell herzustellen. Weitere Abgleiche haben dann schrittweise unter Weglassung einzelner Grundparameter bzw. Hinzufügung neuer Parameter zu erfolgen. Beim verbleibenden Rest des Samples, je nach Quelle zwischen 20 und 40 Prozent, erfolgt die Zuweisung des Schlüssels nach Einzelüberprüfung. Ziel dieser Vorgangsweise ist es, die inhaltlich unveränderten Einträge der einzelnen Tabellen in einem Cluster zu verbinden und damit eine Gesamtabfrage über den gesamten ausgewerteten Quellenbestand in allen vorkommenden Varianten, etwa der Namensschreibung, zu ermöglichen. Diese Vorgangsweise hat sich nach langjähriger Erfahrung als höchst zweckmäßig für den Bereich derartiger Erfassungsprojekte erwiesen.

Die Erstellung einer zusammenfassenden Gesamttabelle, vergleichbar den Einträgen in einem Gedenkbuch, und die damit zusammenhängende Gewichtung und Interpretation fallweise abweichender Angaben und Informationen sollte dann den letzten Schritt der Arbeiten am Projekt „Namentliche Erfassung der Opfer politischer Verfolgung in Österreich von 11. März 1938 – 8. Mai 1945“ bilden.

1975–1991: Wien, 3 Bd.e, 1975, 2. Aufl. 1984; Burgenland, 1 Bd., 1979, 2. Aufl. 1983; Oberösterreich, 2 Bd.e, 1982; Tirol, 2 Bd.e, 1984; Niederösterreich, 3 Bd.e, 1987, Salzburg, 2 Bd.e, 1991.

[14] Vor allem die Zugangsbücher und Häftlingskarteien der Konzentrationslager in der späteren Phase des NS-Regimes sind oftmals problematisch. Namensschreibungen variieren stark und Geburtsdaten sind vielfach unzuverlässig.

Brigitte Bailer

Der KZ-Verband

Informationen zu einer wesentlichen Quelle des Projektes der Namentlichen Erfassung der Opfer der politischen Verfolgung

Rasch nach der Befreiung 1945 schlossen sich ehemalige WiderstandskämpferInnen und Verfolgte in einer Reihe von Verbänden und Organisationen zusammen. Einige, wie zum Beispiel Mitglieder der Gruppe O5, versuchten – weitgehend vergeblich – auch Einfluss in den neuen politischen und administrativen Strukturen zu gewinnen.[15] Die noch im April 1945 in Wien wieder gegründeten politischen Parteien trachteten, ihre im Widerstand gegen das NS-Regime aktiv gewesenen Mitglieder zu sammeln und in die Parteistrukturen zu integrieren. Dies gelang umso leichter, als der organisierte österreichische Widerstand mehrheitlich von SympathisantInnen bzw. Angehörigen der politischen Lager getragen worden war, also auch in der Zeit der Unterdrückung die politische Zugehörigkeit von Bedeutung geblieben war. Rasch nach der Befreiung schlossen sich die politischen Häftlinge in zwei Vereinigungen zusammen: in KZ-Vereinen sowie in einem Häftlingsverband.[16] In Tirol kam es zur Gründung eines eigenen Verbandes, des „Bundes der Opfer nationalsozialistischer Unterdrückung in Tirol", auch in anderen Bundesländern entstanden regionale Vereinigungen. Der Tiroler Verband benannte sich in „Bund der Opfer des politischen Freiheitskampfes in Tirol" um und blieb bis zum Tode seines Vorsitzenden, des Widerstandskämpfers Heinz Mayer, 1999 bestehen.[17] Noch im Frühjahr 1945 riefen die politischen Parteien eine neue Hilfsorganisation – die „Volkssolidarität" – ins Leben,

---

[15] Der bereits 1947 verstorbene Raoul Bumballa, Mitglied der O5, wirkte als ÖVP-Vertreter in der provisorischen Staatsregierung als Unterstaatssekretär für Inneres.

[16] Fritz Bock, Erläuterung zum Privilegierungsgesetz, in: Mahnruf, Nr. 8, September 1947. Zu Strukturen und genauer Entstehung dieser Verbände stehen Forschungen noch aus. Es kann aber vermutet werden, dass diese bereits politisch paritätisch besetzt waren.

[17] Der Tiroler Verband bildete insofern eine Ausnahme, als er die überwältigende Mehrheit der ehemaligen WiderstandskämpferInnen, aber auch der aus rassistischen oder religiösen Gründen Verfolgten in sich vereinigte. Die spätere Spaltung der Opferverbände fand in Tirol de facto nicht statt.

deren Leitungsgremien von Vertretern der ÖVP, SPÖ und KPÖ paritätisch besetzt waren. Alle diese offiziellen und politisch konstruierten Verbände nahmen ausschließlich politisch Verfolgte und ehemalige WiderstandskämpferInnen als Mitglieder auf bzw. wie im Falle der „Volkssolidarität" betreuten sie ausschließlich diesen Personenkreis. Die jüdischen Verfolgten blieben bis Anfang 1946 von den Verbänden ebenso wie von offiziellen Unterstützungen ausgeschlossen. Dies entsprach den politischen Bemühungen der unmittelbaren Nachkriegszeit, in Reaktion auf die „Moskauer Deklaration", die bekanntlich einen eigenen Beitrag Österreichs zu seiner Befreiung gefordert hatte, den österreichischen Widerstand innen- wie außenpolitisch in den Vordergrund zu rücken. Demselben Zweck sollte wohl auch das zwar im Nationalrat beschlossene, jedoch nicht zur Ausführung gelangte Bundesgesetz zur Schaffung einer österreichischen Befreiungsmedaille dienen.[18] Diese Auszeichnung sollte Angehörigen der alliierten Streitkräfte und um die Befreiung Österreichs verdienten ÖsterreicherInnen verliehen werden. Zwei Monate davor war ein anderer, nur auf österreichische FreiheitskämpferInnen abzielender Entwurf eines „Staatsgesetzes über Opferehrung" dem Ministerrat vorgelegt worden, das neben der Eintragung der politisch Verfolgten in ein „Ehrenbuch" auch die Verleihung eines „Ehrenschildes" vorsah, das die Ausgezeichneten „an der linken Brustseite" hätten tragen dürfen. War jemand länger als drei Jahre für seine Überzeugung in Haft, würde dieses Ehrenschild „in besonderer Ausführung mit Lorbeerreisern" verliehen[19]. Das Gesetz wurde nicht realisiert, es blieb bei der Absicht.

Die überlebenden jüdischen Verfolgten blieben auf die Unterstützung durch die Israelitische Kultusgemeinde angewiesen.[20] Unmittelbar nach der Befreiung hatte der 1942 vom NS-Regime installierte, mit dem Vorwurf

---

18 Stenographisches Protokoll der 13. Sitzung des Nationalrates der Republik Österreich, V. Gesetzgebungsperiode, 12. 4. 1946.

19 Beilage zum Beschlussprotokoll der 3. Sitzung des Ministerrats vom 14. 1. 1946. Archiv der Republik, Bundesministerium für Unterricht, Ministerratsprotokolle, Karton 2.

20 Siehe dazu Helga Embacher, Neubeginn ohne Illusion: Juden in Österreich nach 1945, Wien 1995, S. 29. Zur Geschichte der IKG nach 1945 siehe Evelyn Adunka, Die Wiener Juden in der Zeit von 1945 bis heute, Berlin 2000; Shoshana Duizend-Jensen, Jüdische Gemeinden, Vereine, Stiftungen und Fonds. „Arisierung" und Restitution. Vereine, Stiftungen und Fonds im Nationalsozialismus 2, Wien–München 2004 (= Veröffentlichungen der Österreichischen Historikerkommission 21/2); Helga Embacher, Die Restitutionsverhandlungen mit Österreich aus der Sicht jüdischer Organisationen und der Israelitischen Kultusgemeinde, Wien–München 2003 (= Veröffentlichungen der Österreichischen Historikerkommission 27).

der Kollaboration schwer belastete „Ältestenrat der Juden in Wien“[21] die Geschäfte fortgeführt, bis Prof. Heinrich Schur vom Staatsamt für Volksaufklärung, für Unterricht und Erziehung und für Kultusangelegenheiten zum Leiter der Kultusgemeinde ernannt wurde, der aber wenig später wieder zurücktrat. Am 24. September 1945 wurde David Brill von der Bundesregierung zum Präsidenten der Kultusgemeinde bestellt, dessen – kommunistische – „Liste der jüdischen Einheit“, die als einzige neben der „Liste des Verbandes der jüdischen Kriegsopfer“ kandidierte, bei den Kultuswahlen vom 7. April 1946 die überwältigende Mehrheit der Mandate für sich verbuchen konnte, sodass Brill in der Funktion des Präsidenten verblieb.[22]

Am 10. Februar 1946 konstituierte sich ein „Aktionskomitee der jüdischen KZler“ (später: „Verband der wegen ihrer Abstammung Verfolgten“), das 1670 Mitglieder zählte. Das Komitee setzte sich unter anderem zum Ziel, die Diskriminierung der so genannten „rassisch“ Verfolgten gegenüber den „politischen“ Opfern zu bekämpfen. Auffälligerweise fielen wenige Tage später bereits die Beschlüsse zur formalen Beendigung der Benachteiligung der jüdischen Opfer.[23] Bereits am 14. Februar 1946 beschloss eine Versammlung des „KZ-Verbandes“ – in Übereinstimmung mit der Bundesregierung – die politische Gleichstellung der so genannten „Abstammungsverfolgten“ und gab damit der „Volkssolidarität“ „die nötige Grundlage“, „ihre bisherige Praxis zu ändern. Von nun ab werden die unter dem Titel wegen ihrer Abstammung Verfolgten, soweit sie vom Aktionskomitee [...] als KZler bestätigt werden, in die Betreuungsliste der Volkssolidarität aufgenommen.“[24] Zur selben Zeit legte Bundeskanzler Figl vor dem Anglo-Amerikanischen Komitee seine Grundsätze bezüglich der Behandlung der aus dem Gebiet Österreichs 1938 und danach Vertriebenen dar, und stellte fest, „dass bei der Wiederherstellung des Rechtes kein Unterschied unter den Staatsbürgern nach Glauben oder Rasse [sic!] gemacht werden darf. [...] Wir haben alle gelitten. Ich habe

---

21 Jonny Moser, Die Verfolgung der Juden, in: Widerstand und Verfolgung in Wien 1934–1945, hrsg. v. Dokumentationsarchiv des österreichischen Widerstandes, Wien 1975, Bd. 3, S. 201. Moser verwendet die Bezeichnung „Ältestenrat der Juden in Wien“, der Bericht des Präsidiums der Israelitischen Kultusgemeinde Wien über die Tätigkeit in den Jahren 1945 bis 1948, Wien 1948 (S. 3), benützt die Bezeichnung „Ältestenrat der Wiener Judenschaft“. Zum Ältestenrat siehe Doron Rabinovici, Instanzen der Ohnmacht. Wien 1938–1945: der Weg zum Judenrat, Frankfurt/M. 2000.

22 Bericht des Präsidiums der Israelitischen Kultusgemeinde, S. 3, 6.

23 Die Ursachen dieser Koinzidenz können beim derzeitigen Forschungsstand nicht benannt werden.

24 Der neue Weg, Nr. 7/8, 1. 3. 1946.

zugestimmt, dass die Volkssolidarität alle, die aus Lagern und Gefängnissen zurückkehren, ganz gleichmäßig betreut. Natürlich auch die Juden. Die sind Österreicher wie wir alle."[25] Kurz zuvor, nämlich im Jänner 1946, hatte Figl eine andere für die jüdischen Verfolgten wesentliche Entscheidung bekannt gegeben. Nach einigem Zögern sollte nun doch eine individuelle Rückstellung während der NS-Zeit entzogener Vermögen in Angriff genommen werden. Diesem Einstellungswechsel dürften vorwiegend außenpolitische Gründe und Rücksichtnahme auf die Wünsche der Westalliierten zugrunde gelegen haben.[26]

Auch das von Ministerialrat Dr. Franz Sobek, später Vorsitzender des „Bundes der politisch Verfolgten", geleitete „Hilfskomitee für die Opfer des Naziterrors in Wien" übernahm Anfang 1946 die jüdischen Opfer in seine Betreuung, wofür es unter anderem auch Spenden des amerikanischen Roten Kreuzes und des Joint erhielt.[27]

Anfang 1946 stand bereits die Bildung eines auch offiziell als Vertretung der NS-Opfer anerkannten einheitlichen, von den Parteien kontrollierten Verbandes in Diskussion. Im Jänner 1946 fanden erste Vorarbeiten zur offiziellen Gründung des Bundes der politisch Verfolgten statt. Am 12. März 1946 legte Innenminister Oskar Helmer dem Ministerrat einen diesbezüglichen Bericht vor. Darin äußerte er „Bedenken" gegen die „Zulassung dieser Vereine", da diese „einer behördlichen Überwachung nur im beschränkten Maße unterzogen" werden könnten. Außerdem stünden die Organisationen zum Teil in einem Konkurrenzverhältnis zueinander und dies trage „jedenfalls dazu bei, das Ansehen derselben in der Öffentlichkeit zu untergraben". Außerdem habe „ein Teil der in Betracht kommenden Vereine" „bereits die unmittelbare Verbindung zu den alliierten Besatzungsmächten aufgenommen und die Unterstützung der einen oder anderen Besatzungsmacht gefunden. Sie treten auch gegenüber diesen ausländischen Mächten als offizielle Vertreter der in ihnen zusammengeschlossenen Personengruppen auf und maßen sich als solche Rechte an, die einem privaten Verein keineswegs zustehen." Auch die Alliierten wären bereits misstrauisch geworden.

---

[25] Wiener Zeitung, 20. 2. 1946, zitiert nach: Robert Knight, „Ich bin dafür, die Sache in die Länge zu ziehen". Wortprotokolle der österreichischen Bundesregierung von 1945–52 über die Entschädigung der Juden, Frankfurt/M. 1988, S. 142 f.

[26] Brigitte Bailer-Galanda, Die Entstehung der Rückstellungs- und Entschädigungsgesetzgebung. Die Republik Österreich und das in der NS-Zeit entzogene Vermögen, Wien–München 2003 (= Veröffentlichungen der Österreichischen Historikerkommission 3), S. 64 ff.

[27] Der Freiheitskämpfer, Nr. 6, Oktober 1948.

Daher forderte Helmer: „Die im Vorstehenden vorgebrachten Bedenken würden in Wegfall kommen, wenn die Bundesregierung die Bildung einer einheitlichen Organisation der politischen Opfer des Naziterrors und der im österreichischen Freiheitskampf aktiv beteiligten Personen als Körperschaft öffentlichen Rechtes beschließen würde.“[28] Der folgende Antrag wurde vom Ministerrat umformuliert und lautete dann: „Die Bundesregierung wolle ein Regulativ für die Bildung von privilegierten Organisationen der österreichischen Freiheitskämpfer und politischen Opfer des Naziterrors beschließen und den Bundesminister für Inneres beauftragen, im Einvernehmen mit den beteiligten Bundesministerien den Entwurf eines diesbezüglichen Gesetzes dem Ministerrat vorzulegen.“[29] Am 31. März 1946 fand die erste Generalversammlung statt. War bei der vorbereitenden Sitzung im Jänner 1946 die Israelitische Kultusgemeinde noch nicht miteinbezogen gewesen, sah die Parteienvereinbarung für die Generalversammlung jedoch bereits Akim Lewit, Leiter des Wiedergutmachungsreferates der Kultusgemeinde, als Präsidiumsmitglied, den Amtsdirektor der Kultusgemeinde Wilhelm Krell als Stellvertreter und Dr. Otto Wolken als Mitglied des Ehrenrates vor[30]. Die Gründung des „Österreichischen Bundesverbandes ehemals politisch verfolgter Antifaschisten“ (später: „Bund der politisch Verfolgten – Österreichischer Bundesverband“, umgangssprachlich aber meist als KZ-Verband bezeichnet) als Zusammenschluss des Häftlingsverbandes, des KZ-Verbandes und des Verbandes der Abstammungsverfolgten fand anlässlich einer Tagung in Innsbruck, 9.–15. Juli 1946, statt. Ordentliche Mitglieder des Verbandes konnten werden: „Personen, welche aus nachweisbaren politischen Gründen, infolge ihrer Gesinnung und Betätigung für ein freies, unabhängiges Österreich, ihres Kampfes gegen den Faschismus, wegen ihrer Abstammung, Religion oder Nationalität Opfer politischer Verfolgungen waren oder in ihrer Gesundheit, ihrem Vermögen oder der wirtschaftlichen Existenz schwer geschädigt wurden, und Hinterbliebene nach Personen,

---

[28] Bericht des Bundesministeriums für Inneres, Generaldirektion für die öffentliche Sicherheit, Zl. 42.650-4/46, o. D., vorgelegt bei der 12. Sitzung des Ministerrates vom 12. 3. 1946. Archiv der Republik, BM für Unterricht, Ministerratsprotokolle, Karton 2.

[29] Beschlussprotokoll Nr. 12 des Ministerrats vom 12. 3. 1946. Archiv der Republik, BM für Unterricht, Ministerratsprotokolle, Karton 2.

[30] Dokumentationsarchiv des österreichischen Widerstandes, Bestand Viktor Matejka, Mappe KZ-Verband. Dem Ehrenrat oblag die Überprüfung jener Fälle von Beitrittsgesuchen, deren politischer Hintergrund fraglich schien.

welche die Voraussetzung zur ordentlichen Mitgliedschaft erfüllt hätten."[31] Lewit konnte daher anlässlich eines Besuches einer Delegation des „World Jewish Congress" berichten: „Die Unterscheidung ‚politisch und rassisch' gehört daher einer unrühmlichen Vergangenheit an. Es gibt nur Mitglieder des neuen Bundesverbandes."[32] Eine Tagung der Landesverbände am 28. und 29. September 1946 in Gmunden verabschiedete endgültig das Statut der Bundesorganisation.[33] Der Wiener Landesverband hatte seinen Sitz in Wien 3., Lothringerstraße 14; es erfolgte auch ein Zusammenschluss der Sekretariate der drei genannten Verbände. Zum Generalsekretär wurde der sozialistische Nationalratsabgeordnete Karl Mark bestellt. Als Mitteilungsblatt für seine Mitglieder gab der „Bundesverband" ab November 1946 die Zeitschrift „Mahnruf für Freiheit und Menschenrecht" heraus. Bemerkenswert bleibt die Integration der „Abstammungsverfolgten" in eine Vereinigung der „politisch" Verfolgten, also eine in der Bezeichnung stattfindende Zurückdrängung der jüdischen Verfolgten.

Bis zur Vorlage dieses im Ministerrat geforderten Gesetzes über den „Bund der politisch Verfolgten" dauerte es jedoch noch mehr als ein Jahr.[34] Diese zu dem gemeinsamen Dachverband führende Entwicklung kann nicht losgelöst werden von der Entstehung des neuen Opferfürsorgegesetzes, das am 4. Juli 1947 im Nationalrat verabschiedet wurde. Dieses sah nun – im Gegensatz zum ersten Opferfürsorgegesetz von 1945 – gleichfalls eine Berücksichtigung der „Abstammungsverfolgten" vor, allerdings nur als Opfer der Verfolgung, womit sie von den wesentlichen Leistungen des Gesetzes ausgeschlossen blieben, die nur aktiven WiderstandskämpferInnen vorbehalten bleiben sollten.[35]

Einen Tag zuvor, am 3. Juli 1947, beschloss der Nationalrat das so genannte „Privilegierungsgesetz", das dem „Bund der politisch Verfolgten" die alleinige Vertretungsbefugnis für die NS-Opfer in allen deren Belangen

---

31 Zitiert nach: Der neue Weg, Nr. 27/28, 1. 8. 1946.

32 Der neue Weg, Nr. 27/28, 1. 8. 1946.

33 Mahnruf, Nummer 2, 31. 1. 1947.

34 Beschlussprotokoll der 71. Sitzung des Ministerrats vom 13. 6. 1947, Archiv der Republik, BM für Unterricht, Ministerratsprotokolle, Karton 2.

35 Eine knappe Erklärung zum Opferfürsorgegesetz in: Brigitte Bailer-Galanda, „Es sind bereits zwei Jahre her, dass ich beim löblichen Magistratsamt um Ausstellung eines Opferausweises angesucht habe ..." Am Beispiel des Opferfürsorgegesetzes: Der Staat und die Opfer des Nationalsozialismus, in: Verena Pawlowsky / Harald Wendelin (Hrsg.), Die Republik und das NS-Erbe. Raub und Rückgabe – Österreich von 1938 bis heute, Wien 2005.

einräumte.[36] Karl Mark als Berichterstatter zum Privilegierungsgesetz im Nationalrat ging nochmals auf die Vorgeschichte des Verbandes ein und wies darauf hin, dass bereits im Herbst 1945 „in dem damaligen Staatsamt für Inneres ein Entwurf zu einer Organisation der politischen Opfer einerseits und der Freiheitskämpfer andererseits ausgearbeitet“ worden sei, „der Kämpfern und Opfern die Möglichkeit geben sollte, ihre Rechte in wirksamer Weise zu vertreten.“ Die von Helmer geplante Monopolstellung des „Bundesverbandes“ und die damit verbundene Notwendigkeit zum Verbot der Gründung ähnlicher Vereine hätte jedoch im Einvernehmen mit dem „Bundesverband“ wieder aufgegeben werden müssen, da auf diese Weise der Grundsatz der freien Vereinsbildung aufgehoben und dem Privilegierungsgesetz der Charakter eines Verfassungsgesetzes verliehen worden wäre. Es sei „daher zweifellos berechtigt, wenn das Gesetz dem Bund der politisch Verfolgten eine Art von Sonderstellung gegenüber anderen Vereinen gewährt. Das ist die ausdrückliche Absicht und soll ein bescheidenes Zeichen der Anerkennung darstellen, die das befreite Vaterland den Kämpfern für seine Freiheit und den Hinterbliebenen der Toten des Freiheitskampfes zollt. Sie, denen jedem für sich in der grauenvollen Zeit des Faschismus eine Sonderstellung im Leiden zuteil wurde, sollen jetzt in ihrer Gesamtheit eine gewisse Bevorzugung gegenüber anderen Gruppen erhalten.“[37] Fritz Bock, Präsidiumsmitglied des „Bundes der politisch Verfolgten“ sprach im „Mahnruf“ die Hoffnung aus, dass „das, was der Bund der politisch Verfolgten möchte, nun auch praktisch eintreten“ werde, „nämlich die Auflösung aller derartigen Vereine und die Überführung ihrer Mitglieder“ in den nun privilegierten Verband.[38]

Das so genannte „Privilegierungsgesetz“ erklärte den „Bund der politischen Verfolgten“ – „Österreichischen Bundesverband“ ausdrücklich zur Interessenvertretung der politisch Verfolgten, der das Recht eingeräumt wurde, „in allen Fragen der Wiedergutmachung und der Betreuung politisch Verfolgter Vorschläge und Gutachten zu erstatten. Gesetzentwürfe, die Interessen berühren, zu deren Vertretung der ‚Bund der politisch Verfolgten‘ [...] berufen ist, sind vor ihrer Einbringung in die gesetzgebenden Körperschaften, besonders wichtige Verordnungen (Kundmachungen), die die erwähnten Interessen berühren, vor ihrer Erlassung dem ‚Bund der politisch Verfolgten‘

[36] BGBl. 182/1947.

[37] Stenographisches Protokoll der 58. Sitzung des Nationalrats der Republik Österreich, V. Gesetzgebungsperiode, 3. 7. 1947.

[38] Fritz Bock, Erläuterung zum Privilegierungsgesetz, Mahnruf Nr. 8, September 1947.

zur Begutachtung zu übermitteln.“[39] Außerdem hatte der „Bundesverband“ das „ausschließliche“ Recht, Bestätigungen über den Opferstatus eines Verfolgten auszustellen und war verpflichtet, dies auch für Nichtmitglieder zu tun (§ 5 Abs. 2). Der Mitgliedschaft im Verband und diesen Bestätigungen kam in mehrfacher Hinsicht Bedeutung zu. Die nationalsozialistische Propaganda hatte versucht, die in Konzentrationslagern und Gefängnissen inhaftierten Menschen samt und sonders als „kriminell“ darzustellen, wobei ja tatsächlich auch kriminelle Häftlinge in KZ eingewiesen worden waren. Diese Diffamierung auch der politischen Häftlinge bzw. der aus rassistischen oder religiösen Gründen Verfolgten blieb nicht ohne Spuren. Die NS-Opfer hatten nach 1945 mit den daraus resultierenden Vorurteilen ebenso zu kämpfen wie mit betrügerischen Konjunkturrittern, die sich fälschlich als KZler ausgaben, um sich irgendwelche Vorteile zu verschaffen. Der „Bund der politisch Verfolgten“ so wie die späteren Opferverbände wurden daher nicht müde zu betonen, dass sie mit den kriminellen Häftlingen nichts zu tun hätten. Daraus ergab sich letztlich auch die langjährige Frontstellung der Verbände gegen eine Berücksichtigung der aufgrund ihrer sexuellen Orientierung bzw. als angeblich „asozial“ Verfolgten im Opferfürsorgegesetz. Mit solchen in gesellschaftlicher Hinsicht als Randgruppen diskriminierten Menschen wollten die „anständigen“ politischen Opfer nicht in einen Topf geworfen werden.

Die Bestätigungen des „Bundes der politisch Verfolgten“ sollten daher auch als Nachweis für die politische Verfolgung dienen und anerkannte Opfer von Hochstaplern unterscheiden. Für die Opfer der rassistischen Verfolgung gewannen diese Bestätigungen zusätzliche Relevanz gegenüber den Opferfürsorgebehörden. Der Durchführungserlass zum ersten Opferfürsorgegesetz 1945 hatte die Ansprüche der jüdischen Opfer auf einen späteren Zeitpunkt vertröstet. Soferne sie nicht aktiven Widerstand geleistet hätten, müssten sie „warten, bis eine Regelung der Ersatz- und Wiedergutmachungsansprüche aller jener österreichischen Staatsbürger erfolgt, die durch den Nationalsozialismus zu Schaden gekommen sind“.[40] Aufgrund einer Intervention des „Bundes der politisch Verfolgten“ im Juli 1946 erklärte sich das für Opferfür-

[39] § 5 Abs. 1 des Bundesgesetz vom 3. 7. 1947 über den „Bund der politisch Verfolgten“, BGBl. Nr. 182/1947.

[40] 1. Durchführungserlass Zl. IV-8840/16/46 zum Gesetz vom 17. Juli 1945, StGBl. Nr. 90 und zur Verordnung des Staatsamtes für soziale Verwaltung im Einvernehmen mit dem Staatsamte für Finanzen vom 31. Oktober 1945, BGBl. Nr. 34/1946 (Opferfürsorgeverordnung). Sonderabdruck aus Heft 1/2 der „Amtlichen Nachrichten des Bundesministeriums für soziale Verwaltung“, S. 4.

sorgeangelegenheiten in letzter Instanz zuständige Bundesministerium für soziale Verwaltung bereit, allen jenen jüdischen Opfer eine Amtsbescheinigung nach Operfürsorgegesetz zuzugestehen, die eine vom KZ-Verband ausgestellte Bescheinigung über ihren politischen Einsatz vorwiesen.[41] Auch nach dem neuen Opferfürsorgegesetz 1947 konnten die verfolgten Juden und Jüdinnen nur mit Hilfe einer Gefälligkeitsbestätigung des „Bundes der politisch Verfolgten" eine Amtsbescheinigung erhalten, die alleine zum Rentenbezug berechtigte.[42]

Seitens des „Bundes" wurden die Ansuchen um Mitgliedschaft bzw. Bestätigung schon vor dem Privilegierungsgesetz sorgfältig geprüft. Fritz Bock, Präsidiumsmitglied des Verbandes, wies darauf hin, dass in den Verband nur aufgenommen werden könne, „wer den politischen Haftgrund eindeutig nachweisen kann. Ein mehrfaches Prüfungsverfahren, das immer wieder aufgenommen wird, wenn der geringste Verdacht gegen ein Mitglied besteht, nicht aus politischen Gründen im KZ gewesen zu sein, gewährleistet, dass wirklich nur politische KZler und Häftlinge Mitglieder des Bundes sein können. Außerdem ist ein entsprechendes tadelloses Verhalten während der Haftzeit erforderlich."[43]

Der im DÖW vorhandene Bestand „KZ-Verband" besteht fast zur Gänze aus diesen Beitrittsgesuchen Verfolgter an den „Bund der politisch Verfolgten". In diesem Aktenbestand befinden sich auch Einzelfälle, in denen ein bereits anerkanntes Mitglied wieder ausgeschlossen wurde, da sich z. B. herausgestellt hatte, dass dieses wegen homosexueller Betätigung und nicht aus politischen Gründen verfolgt worden war.

Zur Zeit der Verabschiedung des Privilegierungsgesetzes hatten der 1946 beginnende Kalte Krieg und die sowjetische Besatzungspolitik bereits die Zusammenarbeit zwischen ÖVP und SPÖ auf der einen und KPÖ auf der anderen Seite deutlich erschwert. Wenig später, am 20. November 1947, trat das letzte kommunistische Regierungsmitglied, der Bundesminister für Elektrifizierung und Energiewirtschaft, Karl Altmann, zurück, womit aus der Konzentrationsregierung aller politischen Kräfte dieser Zeit eine große Koalition von ÖVP und SPÖ wurde. Das Privilegierungsgesetz sah

---

41 Brigitte Bailer, Wiedergutmachung kein Thema. Österreich und die Opfer des Nationalsozialismus, Wien 1993, S. 26.

42 Obschon der entsprechende Durchführungserlass im Entwurf bereits dem Nationalrat im Juli 1947 vorlag, wurde er erst ein Jahr später, am 15. Juli 1948, als der „Bund" bereits aufgelöst war, veröffentlicht.

43 Fritz Bock, Erläuterung zum Privilegierungsgesetz, Mahnruf Nr. 8, September 1947.

eine Rückversicherung gegen allfällige kommunistische Alleingänge bzw. starke Einfluss- und Kontrollmöglichkeiten der Bundesregierung vor: Dem Bundesverband und seinen Landesverbänden wurde der Status von juristischen Personen zuerkannt (§ 2 Abs. 2), jede Änderung der Statuten bedurfte der Genehmigung des Bundesministeriums für Inneres (§ 3 Abs. 1), das sich damit entscheidenden Einfluss auf den „Bundesverband" sicherte. Außerdem hatte die Bundesregierung das Recht, „zu allen Sitzungen der Kollegialorgane des Bundesverbandes einen Delegierten mit beratender Stimme" (§ 4) zu entsenden, das gleiche Recht stand „den Landesregierungen bezüglich der Landesverbände" zu. Außerdem verfügte das Gesetz, dass die Statuten Vorsorge treffen mussten, dass dem Präsidium des „Bundes" „je ein Vertreter der anerkannten politischen Parteien angehören muss" (§ 2 Abs. 2) sowie ein Vertreter der Abstammungsverfolgten (§ 2 Abs. 3). Die Drei-Parteien-Zusammensetzung des Präsidiums war nochmals in § 9 verankert: „Wenn der Bundesverband oder ein Landesverband des ‚Bundes der politisch Verfolgten' den Bestimmungen dieses Bundesgesetzes oder ihrer Statuten, insbesondere auch hinsichtlich der Zusammensetzung des Präsidiums (§ 3 Abs. 2 bis 4) nicht mehr entsprechen, sind sie durch Bescheid des Bundesministeriums für Inneres aufzulösen."[44] Das Gesetz spiegelt damit die Absicht Helmers zu umfassender Kontrolle der Aktivitäten der ehemaligen WiderstandskämpferInnen wider. Den restriktiven Charakter der Zusammensetzung strichen daher die KommunistInnen – wissend, dass ihre Partei zu diesem Zeitpunkt die höhere Zahl der ehemaligen WiderstandskämpferInnen in ihren Reihen hatte – bereits vor der Beschlussfassung des Gesetzes heraus und forderten, dass nicht Kollegialbeschlüsse, sondern Mehrheitsbeschlüsse im „Bund" vorgesehen sein sollten.[45] Otto Probst, selbst Funktionär des „Bundes" und Zentralsekretär der SPÖ, erwiderte dazu im Nationalrat: „Der Abg. Elser [KPÖ, Anm. d. Verf.] sagt also, in diesem Bundesverband sollte die Demokratie durch dieses Gesetz viel mehr berücksichtigt werden; mit dieser Fassung wolle man verhindern, dass die kommunistischen Parteigänger unter den politischen Opfern mehr in Erscheinung treten. Ich muss wohl sagen, ich weiß, dass man heute nicht allein mit der Zahl in Erscheinung tritt, sondern mit der Kraft der Stimme,

---

44 Bundesgesetz vom 3. 7. 1947 über den „Bund der politisch Verfolgten", BGBl. Nr. 182/ 1947.

45 Viktor Elser in der Debatte zur Beschlussfassung des „Privilegierungsgesetzes". Stenographisches Protokoll der 58. Sitzung des Nationalrates der Republik Österreich, V. Gesetzgebungsperiode, 3. 7. 1947.

die im Bundesverband erhoben wird. Da sind vielleicht die kommunistischen Parteigänger, wie ich aus eigener Wahrnehmung weiß, den anderen Parteigängern, den Sozialisten und der anderen Seite überlegen. Daher haben wir das abgelehnt.“[46]

Die angeblichen oder tatsächlichen Majorisierungsversuche der KPÖ stellten bereits vor Verabschiedung des Privilegierungsgesetzes einen Konfliktpunkt im „Bund“ dar.[47] Insbesondere bei der Bildung von Bezirks- und Fachgruppen werde von den Kommunisten „Missbrauch getrieben“, stellte Otto Probst im November 1947 fest.[48]

Das im Dezember 1947 dem Nationalrat vorliegende Bundesfinanzgesetz 1948 sah dann zur Verwunderung des Generalsekretärs des „Bundes“, Karl Mark, keinen Budgetansatz für den „Bund“ vor, obschon der Staat gemäß dem Privilegierungsgesetz die Verpflichtung zur finanziellen Unterstützung des „Bundes“ übernommen hatte (§ 8 des Privilegierungsgesetzes).[49]

Anfang Februar 1948 wurden – offenbar gegen den Willen der Parteienvertreter Fritz Bock (ÖVP) und Otto Probst (SPÖ) – in Wien zwei Delegiertenkonferenzen des „Bundesverbandes“ abgehalten, ein Wiener Präsidium gewählt und Statuten beschlossen. Bis zu diesem Zeitpunkt hatte es – laut Bericht der kommunistischen „Volksstimme“ – nur ein provisorisches Präsidium gegeben, Bock und Probst hätten bisher alle Aktivitäten des Verbandes sabotiert. Als Reaktion drohten Bock und Probst in der letzten Sitzung des Bundesvorstandes mit der Sprengung des Verbandes und forderten die Annullierung der Beschlüsse der Delegiertenkonferenz des Landesverbandes Wien[50]. Vor dem Hintergrund der Tschechoslowakei-Krise waren ÖVP und SPÖ 1948 weniger denn je bereit, kommunistische Majorisierungen hinzunehmen. Vizekanzler Adolf Schärf und Bruno Pittermann (SPÖ) waren der Bund der politisch Verfolgten und die Leitung der Israelitischen Kultusgemeinde, deren Vertreter dem Präsidium des „Bundes“ angehörten, schon länger aus politischen Gründen ein Dorn im Auge

46 Otto Probst in der 58. Sitzung des Nationalrates der Republik Österreich, V. Gesetzgebungsperiode, 3. 7. 1947.

47 Vgl. dazu Korrespondenzen des KZ-Verbandes, Dokumentationsarchiv des österreichischen Widerstandes, Bestand KZ-Verband, Mappe Schriftwechsel.

48 Schreiben Otto Probst an das Präsidium des Bundesverbandes der politisch Verfolgten, z. Hd. Generalsekretär Mark, 4. 11. 1947, Privatarchiv Probst, Kopie im Besitz der Verfasserin.

49 Stenographisches Protokoll der 67. Sitzung des Nationalrats der Republik Österreich, V. Gesetzgebungsperiode, 11. 12. 1947.

50 Österreichische Volksstimme, 4. 2. 1948.

gewesen. Sie sahen „große Schwierigkeiten" in der KP-Dominanz in der Kultusgemeinde[51], obschon entgegen der Ansicht der SPÖ die Leitung der IKG keineswegs der offiziellen Linie der KPÖ folgte. Vorbehalte bestanden seitens Schärfs auch gegen den Präsidenten des „Bundes der politisch Verfolgten", Franz Sobek, der als Ministerialrat im Bundeskanzleramt tätig war und der ÖVP angehörte. Nach Meinung des Vizekanzlers betrieb damit das Bundeskanzleramt „KZler Betreuung", die doch eigentlich in das von der SPÖ besetzte Sozialministerium ressortierte.[52] Im Februar 1948 griff Schärf sowohl den Präsidenten der IKG David Brill als auch Sobek öffentlich an. Ausgerechnet vor einer sozialistischen Heimkehrerkonferenz forderte der Vizekanzler, es müsste endlich Schluss sein mit den Privilegien der ehemals politisch Verfolgten, und rechnete das Leid der NS-Opfer gegen jenes der aus den Kriegsgefangenenlagern Heimgekehrten auf.[53] In einer „jüdischen Wählerversammlung" ging Schärf noch weiter und versuchte, auch den Kreis der Verfolgten selbst zu spalten. Die „große Masse der politisch und der Abstammungsverfolgten, die ihrem Anspruch noch nachlaufen und ihn bei der Langsamkeit des überlasteten Beamtenapparates nur allmählich durchsetzen", wüsste „gar nicht, dass es eine Schicht von wahrhaft Privilegierten" gäbe, „die das Leid der Verfolgten stets im Munde führen, sich dabei aber für die eigene Person Privilegien verschaffen, die von der Öffentlichkeit nicht gebilligt und auf die Dauer nicht getragen werden können". Als Beispiele nannte Schärf namentlich Sobek und Brill. Im Parlament säßen „als Abgeordnete genug politisch Verfolgte, die die Ratschläge dieser Herren gewiss nicht brauchen".[54] Am 7. März 1948 gaben das Bundesparteipräsidium der ÖVP und der Bundesparteivorstand der SPÖ in der amtlichen Wiener Zeitung bekannt, dass die KPÖ den Versuch unternommen hätte, den überparteilichen „Bund der politisch Verfolgten" für kommunistische Parteizwecke zu missbrauchen. Die Vertreter der SPÖ und der ÖVP würden infolgedessen aus dem Verband zurückgezogen werden.[55] Damit trat der Fall des § 9 des

---

51 Schreiben Pittermann an Schärf, 15. 4. 1947, VfGdA, Nachlass Schärf, 4/182, Box 26.

52 Memorandum für die Parteienverhandlungen vom 8. 1. 1947, VfGdA, Nachlass Schärf, 4/129, Box 20.

53 Zitiert nach: Der neue Weg, Mitte März 1948. Interessanterweise äußerte sich zur selben Zeit im Nationalrat der SPÖ-Abg. Zechner in ähnlicher Weise, vgl. 76. Sitzung des Nationalrates, V. GP, 18. 2. 1948, S. 2189.

54 Arbeiter-Zeitung, 29. 2. 1948.

55 Wiener Zeitung, 7. 3. 1948. Die Auflösung wurde auch in den USA vermerkt, Report of the US-High Commissioner, 31. 3. 1948, National Archives, RG 407, Box 1452.

Privilegierungsgesetzes ein, der Verband wurde mit Bescheid des Bundesministers für Inneres vom 8. März 1948 aufgelöst.[56]

Ähnliches geschah auch im Westen Deutschlands, wo die überparteiliche „Vereinigung der Verfolgten des Naziregimes" Anfang Mai 1948 durch Austritt der SPD ihrer Vertretungsbefugnis für alle Opfer beraubt wurde.[57]

Am 9. Februar 1949 brachte die Bundesregierung eine Regierungsvorlage über die Liquidierung des Vermögens des „Bundes" im Nationalrat ein. Diese sah vor, das restliche Vermögen der Fürsorge für die Opfer des Faschismus zuzuführen.[58] Nach der Diskussion der Regierungsvorlage im Verfassungsausschuss wurde beschlossen, das Vermögen des „Bundes" zu gleichen Teilen auf die Nachfolgeverbände aufzuteilen.[59] In dieser Form wurde das Gesetz am 23. Februar 1949 im Nationalrat beschlossen.[60]

Die Parteien gingen nun daran, ihre eigenen Verbände zu gründen. Bereits eine Woche nach der Auflösung des „Bundesverbandes" trat ein Proponentenkomitee für die Konstituierung der „ÖVP-Kameradschaft der politisch Verfolgten" zusammen[61]. Einige Jahre später erinnerte der Obmann der ÖVP-Kameradschaft Hans Leinkauf daran, „dass die Auflösung des ursprünglich überparteilichen Bundes der politisch Verfolgten im Jahr 1948 nur der Haltung der ÖVP-Vertreter zu verdanken sei, die nicht bereit waren, die Hasspolitik der Kommunisten gegen die ehemaligen Nationalsozialisten zu unterstützen"[62]. Seitens der KPÖ wurde versucht, die Tradition des aufgelösten „Bundesverbandes" weiterzuführen. Bereits am 1. Oktober 1948 erschien als Nachfolgeblatt des alten „Mahnruf" der „Neue Mahnruf",

56 Der sozialistische Kämpfer, Nr. 2/3, Februar/März 1950. Zu den innenpolitischen Konflikten um die Opfervertretung, die sich beispielsweise auch hinsichtlich der Ausgestaltung der KZ-Gedenkstätte Mauthausen auswirkten, siehe: Bertrand Perz, Die KZ-Gedenkstätte Mauthausen 1945 bis zur Gegenwart, Innsbruck–Wien 2006.

57 Christian Pross, Wiedergutmachung. Der Kleinkrieg gegen die Opfer. Frankfurt/M. 1988, S. 36 f.

58 791 der Beilagen zu den Stenographischen Protokollen des Nationalrates der Republik Österreich, V. Gesetzgebungsperiode.

59 Bericht des Verfassungsausschusses über die Regierungsvorlage (791 der Beilagen): Bundesgesetz über die Liquidierung des Vermögens des „Bundes der politisch Verfolgten". 809 der Beilagen zu den Stenographischen Protokollen des Nationalrats, V. Gesetzgebungsperiode.

60 Stenographisches Protokoll der 104. Sitzung des Nationalrats der Republik Österreich, V. Gesetzgebungsperiode, 23. 2. 1949.

61 Wiener Tageszeitung, 17. 3. 1948.

62 Das Kleine Volksblatt, 13. 2. 1953.

herausgegeben vom „Verband österreichischer KZler und sonst politisch Verfolgter", nachmals „Bundesverband österreichischer KZler, Häftlinge und politisch Verfolgter"[63], der Ende November 1948 in Wien seinen ersten Bundesdelegiertentag abhielt[64]. Bald bürgerte sich die bis heute übliche Kurzbezeichnung „KZ-Verband" ein, der ausgeschriebene Name lautet heute „Bundesverband Österreichischer Widerstandskämpfer und Opfer des Faschismus (KZ-Verband)". Von Beginn an deklarierte sich der KZ-Verband als überparteilich und war auch nie ausschließlich von Angehörigen der KPÖ geleitet, stand jedoch in einem deutlichen Naheverhältnis zu dieser Partei.

Die Sozialisten beantworteten die Auflösung des „Bundesverbandes" vorerst nicht mit der Gründung eines eigenen Verbandes, sondern riefen ein Opferfürsorgereferat innerhalb der SPÖ ins Leben. Am 12. Februar 1949 fand dann die Gründung des „Bundes sozialistischer Freiheitskämpfer und Opfer des Faschismus" statt, der aus dem Zusammenschluss von Opferfürsorgereferat und „Bund sozialistischer Freiheitskämpfer", einer linksorientierten Vereinigung ehemaliger Revolutionärer SozialistInnen und sozialistischer WiderstandskämpferInnen, hervorging.

Erst 1968 schlossen sich die drei Verbände zur „Arbeitsgemeinschaft der KZ-Verbände und Widerstandskämpfer Österreichs" zusammen, womit auch offiziell wieder ein einheitliches Vorgehen ermöglicht wurde[65], das bis dahin schon seit längerem auf informeller Basis in der Opferfürsorgekommission gepflegt worden war und das nicht zuletzt schon 1963 in den gemeinsamen Bemühungen zur Gründung des Dokumentationsarchivs des österreichischen Widerstandes seinen Ausdruck gefunden hatte. Dessen Vorstand gehören bis heute Repräsentanten der drei Verbände ebenso wie der Israelitischen Kultusgemeinde an.

---

63 Der neue Mahnruf, Nr. 1, 1. 10. 1948.

64 Ebenda.

65 Der Freiheitskämpfer, Nr. 1/1978, April 1978.

CHRISTIAN DÜRR

DIE HÄFTLINGE DES KZ MAUTHAUSEN

Ein Erfassungsprojekt des Archivs der KZ-Gedenkstätte Mauthausen

Seit 1996 wird im Archiv der KZ-Gedenkstätte Mauthausen am Aufbau einer Datenbank zu den Häftlingen des Konzentrationslagers Mauthausen gearbeitet. Die Initiierung des Projekts fiel zeitlich mit parallelen Anstrengungen in den einzelnen KZ-Gedenkstätten der Bundesrepublik Deutschland zusammen. In den deutschen Gedenkstätten kam es bald zu einer Vernetzung der einzelnen Datenbankprojekte, welche letztlich in einem jährlich stattfindenden EDV-Workshop mündete.[1] Der KZ-Gedenkstätte Mauthausen gelang es nur teilweise und temporär, sich in den internationalen Diskussionsprozess um die Nutzbarmachung elektronischer Technologien für die Erschließung von Daten- und Quellenbeständen in KZ-Gedenkstätten einzubinden. Für die deutschen Gedenkstätten zeigte sich, dass einheitliche Standards zur elektronischen Erschließung von Häftlingsdaten an den unterschiedlichen Ansprüchen, Voraussetzungen und Möglichkeiten der einzelnen Gedenkstättenarchive scheiterten. Der ursprüngliche Plan einer Vernetzung der einzelnen Häftlingsdatenbanken zu einem Datenbankverbund musste daher schließlich zu Gunsten eines permanenten Erfahrungsaustauschs zwischen den letztlich unabhängig voneinander betriebenen Datenbankprojekten abgeschwächt werden.

Historischer Hintergrund und Quellenlage

Im Konzentrationslager Mauthausen, seinem Zweiglager Gusen und den mehr als vierzig Außenlagern waren in den Jahren 1938 bis 1945 etwa

[1] Die Zusammenarbeit zwischen den deutschen Gedenkstätten hat sich in den letzten Jahren zu einer zweimal jährlich stattfindenden internationalen Konferenz ausgeweitet, an der zuletzt Institutionen aus zehn Ländern beteiligt waren. Der letzte Workshop fand von 15. bis 17. November 2006 auf Einladung des Museum Auschwitz statt.

200.000 Personen inhaftiert, von denen annähernd die Hälfte dort ums Leben kam.[2] Der jeweilige Stand der Häftlinge, Zugänge und „Abgänge" wurden von unterschiedlichen Dienststellen der Lagerverwaltung in der Regel penibel registriert. Viele dieser Quellen sind auch heute noch erhalten, was im Wesentlichen auf den persönlichen Einsatz vieler Häftlingsfunktionäre angesichts der sich abzeichnenden Befreiung des Lagers im Mai 1945 zurückzuführen ist.

Für den Aufbau des Datenbankprojekts waren dabei vor allem drei von unterschiedlichen Stellen im Lager unabhängig voneinander geführte Zugangsbücher bzw. Standbücher maßgebend: Das Zugangsbuch der Politischen Abteilung (Original in den National Archives, College Park, USA), ein vermutlich von der Schutzhaftlagerführung geführtes Zugangsbuch (Original heute in den Archives Nationales, Fontainebleu, Frankreich) sowie ein größtenteils aus einzelnen Zugangslisten zusammengestelltes Standbuch der Poststelle des Lagers (Original heute im Tschechischen Nationalarchiv, Prag). Diese drei im Archiv der KZ-Gedenkstätte Mauthausen als Mikrofilmkopien vorhandenen Quellen hatten ursprünglich im Lager quasi die Funktion von Evidenzbüchern, in welchen über die Zeit hinweg der jeweilige Status und sämtliche Veränderungen in Bezug auf jeden einzelnen Häftling vermerkt wurden. Jede der drei Quellen setzt dabei inhaltlich andere Schwerpunkte, so dass sie sich teilweise gegenseitig ergänzen. Zudem weisen alle drei eine ähnliche Datenstruktur auf, im Wesentlichen bestehend aus den persönlichen Grunddaten jedes Häftlings, seiner Nationalität, der Häftlingsnummer und -kategorie sowie seines jeweils aktuellen „Status" bzw. „Verbleibs". An dieser Datenstruktur orientierte sich zunächst auch der Aufbau der ursprünglichen Datenbank. Neben diesen drei Hauptquellen ist jedoch auch eine Vielzahl verstreuter Primärquellen erhalten, deren Inhalte, wie sich bald zeigen sollte, im Rahmen des bestehenden Datenbankdesigns nur schwer adäquat erfasst werden konnten. Das Panorama dieser Quellen reicht von Zugangs- und Transportlisten über Häftlingspersonalkarten, Totenbücher und Sterbemeldungen bis hin zu Lagerbriefen oder Nachkriegsdokumenten.

---

2 Vgl. Michel Fabréguet, Mauthausen. Camp de concentracion national-socialiste en Autriche rattachée (1938–1945), Paris 1999, S. 163 f.: Fabréguet geht von einer Zahl von 95.000 bis 100.000 Toten aus. Hans Maršálek kommt in seiner Kalkulation zu einer Gesamtzahl von etwa 100.000 Toten (exklusive der etwa 2200 nach der Befreiung in und um Mauthausen Verstorbenen); vgl. Hans Maršálek, Die Geschichte des Konzentrationslagers Mauthausen, Wien–Linz 1995, S. 146–148.

Die Quellenlage zu Mauthausen ist damit – bezogen auf personenbezogene Primärquellen zur Dokumentation der Häftlingsseite – ergiebiger als zu den meisten anderen Konzentrationslagern. Dennoch ist ein beträchtlicher Teil der nach Mauthausen deportierten Personen in den erhaltenen Quellen der Mauthausener Lagerverwaltung aus unterschiedlichen Gründen nicht erfasst:

Zum einen ist dafür die bis Februar 1942 geltende Praxis der Mehrfachvergabe von Häftlingsnummern verantwortlich. Das bedeutete, dass die durch Tod, Überstellung oder Entlassung eines Häftlings „frei" gewordene Nummer nochmals an neu Eingewiesene vergeben wurde. Die betreffenden Häftlinge wurden damit aus der Evidenz des Lagers gelöscht[3], weswegen – zumindest in den unterschiedlichen Zugangsbüchern – die Daten zu diesen Personen fehlen. In diesem Zusammenhang ist zudem zu berücksichtigen, dass das Zweiglager Gusen bis Jänner 1944 über eine eigene Häftlingsregistratur verfügte, die dort angelegten Zugangsbücher jedoch nicht erhalten geblieben sind. Recherchen im kürzlich der Öffentlichkeit zugänglich gemachten Archiv des Internationalen Suchdienstes des Roten Kreuzes in Bad Arolsen werden zeigen, inwieweit diese Lücken durch erhalten gebliebene Quellen aus der Frühzeit des Lagers geschlossen werden können. In letzter Instanz wird jedoch kaum endgültige Gewissheit über die Vollständigkeit der Häftlingsdaten für die Jahre 1938 bis 1942 zu erzielen sein.

Zum anderen wurden mehrere Zehntausend nach Mauthausen deportierte Personen niemals formell im Lager registriert.[4] Dies betrifft in der Regel relativ klar zu definierende Personengruppen, deren genaue Zahl und vor allem auch deren persönliche Daten jedoch aus den Quellen der Lagerverwaltung nicht hervorgehen.

Es ist davon auszugehen, dass auf Basis der im Archiv der KZ-Gedenkstätte Mauthausen vorhandenen personenbezogenen Quellen der Lagerverwaltung

---

[3] Ab 20. Februar 1942 wurden die betreffenden Einträge nicht mehr gelöscht und durch andere ersetzt, sondern durchgestrichen. Die Daten Verstorbener, Überstellter oder Entlassener blieben damit ab diesem Zeitpunkt erhalten.

[4] Dazu gehören insbesondere: etwa 20.000 im März 1945 aus Zwangsarbeitslagern in Ostösterreich „evakuierte" ungarische Juden; etwa 4300 Häftlinge, die nach dem so genannten „Kugel"-Erlass in Mauthausen exekutiert werden sollten; sowjetische Kriegsgefangene, die nicht in den Stand des Schutzhaftlagers aufgenommen wurden; zur Exekution nach Mauthausen überstellte Personen (darunter etwa Personen des tschechischen Widerstandes im Jahr 1942); sowie besonders weibliche Häftlinge, die nur temporär in Mauthausen untergebracht und in andere Lager weiterüberstellt oder zur Zwangsarbeit entlassen wurden.

derzeit die Namen und Daten von 160.000–170.000 Mauthausen-Häftlingen dokumentiert sind. In weiteren bekannten, aber noch nicht für das Archiv reproduzierten einschlägigen Quellenbeständen anderer Archive können viele Zusatzinformationen erwartet werden, jedoch kaum neue Personendaten von bislang noch nicht im Bestand des Mauthausen-Archivs dokumentierten Häftlingen. Um auch diese Dokumentationslücke schließen zu können, wird es daher notwendig sein, einerseits auf andere Bestände und gänzlich andere Quellentypen zurückzugreifen sowie andererseits „Fremddaten“ aus Datenbanken anderer Archive zu integrieren. Beides ist auf Basis des ursprünglichen Datenbankdesigns jedoch praktisch unmöglich.

Die „alte“ Häftlingsdatenbank

Der Start des Projekts „Häftlingsdatenbank“ im Archiv der KZ-Gedenkstätte Mauthausen erfolgte, wie bereits angesprochen, im Jahr 1996. Parallel zum Aufbau dieser personenbezogenen Datenbank wurden weitere Schritte zur Aufarbeitung des Bestandes des Mauthausen-Archivs gesetzt. Im Zuge der Recherchen für die 1970 eröffnete historische Dauerausstellung in der KZ-Gedenkstätte hatte der ehemalige Zweite Lagerschreiber Hans Maršálek über Jahre hinweg verschiedenstes Material zur Geschichte des Lagers gesammelt und aufbewahrt. Erschlossen war dieses Material – ebenso wie die bekannten Personendaten zu den ehemaligen Häftlingen des Lagers – durch verschiedene Karteiregister. Parallel zur Häftlingsdatenbank wurde nun erstmals auch mit der elektronischen Erschließung des gesamten Archivbestandes begonnen. Als notwendige Vorstudie zum Aufbau der Häftlingsdatenbank wurde zudem der Bestand des „Maršálek-Archivs“ systematisch nach die Häftlingsseite dokumentierenden personenbezogenen Quellen durchsucht.[5] Schließlich wurde der Bestand um wichtige Quellen aus anderen internationalen Archiven ergänzt und zum Großteil als Mikrofilmkopien für das Mauthausen-Archiv reproduziert.

Gewissermaßen als Pilotprojekt zur Datenbank der männlichen Häftlinge begann man mit dem Aufbau einer Datenbank der in Mauthausen inhaftier-

[5] Die Rechercheergebnisse zu den personenbezogenen Quellen wurden in einer unpublizierten Studie für das Bundesministerium für Inneres zusammengefasst: Andreas Baumgartner, Die Häftlinge des KZ Mauthausen. Quellendokumentation und Datenbank, Wien 1996. Andreas Baumgartner war maßgeblich am Aufbau der Datenbanken im Archiv der KZ-Gedenkstätte Mauthausen beteiligt.

ten Frauen. Seit September 1944 waren auch weibliche Häftlinge offiziell im Stand des KZ Mauthausen registriert worden.[6] Im separat geführten, ebenfalls erhaltenen Zugangsbuch für weibliche Häftlinge im Haupt- und in mehreren Außenlagern finden sich die Daten zu insgesamt 3077 Frauen.[7] Aus verschiedenen verstreuten Quellen, darunter vor allem Repatriierungs- und Befreitenlisten, konnten weitere nicht im Zugangsbuch erfasste weibliche Häftlinge identifiziert werden, sodass die Datenbank heute insgesamt knapp über 4000 personenbezogene Datensätze umfasst. Die Mehrheit der geschätzten rund 8500 Frauen[8], die durch das Mauthausener KZ-System gingen, kann mit der bestehenden Quellenbasis des Archivs jedoch nicht dokumentiert werden. Auf eine weitgehende Schließung dieser Dokumentationslücke kann künftig vor allem durch einen Datenaustausch mit anderen Archiven und Gedenkstätten gehofft werden.[9]

Das Pilotprojekt „Frauendatenbank" gab im Wesentlichen die Struktur für den Aufbau der viel umfangreicheren Datenbank männlicher Häftlinge vor. Obwohl schon damals klar war, dass die Quellenlage zu den männlichen Häftlingen wesentlich ergiebiger und komplexer sein würde, lehnte sich das Datenbankdesign eng an jenes der Frauendatenbank an.

So wie die Datenbank der weiblichen Häftlinge wurde auch die der Männer ursprünglich als eine im Wesentlichen auf einer einzigen Haupttabelle basierende MS-Access-Datenbank konzipiert. Jeder Datensatz sollte sich auf einen individuellen Häftling beziehen, und die Datenstruktur der Tabelle orientierte sich an jener der als Hauptquellen dienenden Häftlingszugangsbücher. Die Tabelle inkludiert die persönlichen Daten der Häftlinge

---

6 Bis zu diesem Datum waren Frauen in Mauthausen nur als Sex-Zwangsarbeiterinnen, zur unmittelbaren Exekution oder vorübergehend für den Weitertransport untergebracht gewesen. Diese Personengruppen wurden jedoch nie als Häftlinge des KZ Mauthausen registriert.

7 Frauenzugangsbuch: Archiv der KZ-Gedenkstätte Mauthausen (AMM) K/5/6 (Original im ITS Arolsen). Dieses Zugangsbuch beginnt mit 15. September 1944, nicht erfasst ist darin ein Großteil jener Frauen, die ab Anfang 1945 aus anderen KZ nach oder über Mauthausen „evakuiert" wurden.

8 Die Schätzung basiert auf den Angaben bei Andreas Baumgartner, Die Vergessenen Frauen von Mauthausen. Die weiblichen Häftlinge des Konzentrationslagers Mauthausen und ihre Geschichte, Wien 1997, S. 7.

9 Ein derzeit im Auftrag des BMI laufendes Forschungsprojekt, durchgeführt vom Institut für Konfliktforschung in Kooperation mit dem Archiv der KZ-Gedenkstätte Mauthauen, setzt sich als eines seiner Hauptziele den Aufbau nationaler und internationaler Kooperationsnetzwerke, die einen solchen Austausch ermöglichen sollen.

(Name, Vorname, Geburtsort, Geburtsdatum), deren Registrierungsdaten im Lager (Häftlingsnummern, Kategorie, Nationalität), Informationen zu deren Bewegung bzw. Funktionen innerhalb des Lagersystems Mauthausen (v. a. Überstellungen in Außenlager) sowie solche über deren letztlichen Verbleib (Todes-, Entlassungs- und Fluchtdaten sowie Überstellungsdaten in andere Stammlager).

Zur Befüllung der Datenbank wurden im Archiv der KZ-Gedenkstätte Mauthausen insgesamt vier Zivildienstplätze geschaffen. Die Dateneingabe wurde von Beginn des Projekts an bis vor kurzem von Zivildienstleistenden in Zweierteams durchgeführt. Neben den Aufgaben in Bezug auf die Häftlingsdatenbank wurde zeitgleich jedoch auch der tägliche Routinebetrieb des Archivs – insbesondere die Beantwortung von Suchanfragen nach ehemaligen Häftlingen – in die Hände der Zivildienstleistenden gelegt. Die Mehrfachbelastung sowie die anstrengende Monotonie der Tätigkeit hatten letztlich zur Folge, dass sich der ursprünglich vorhergesehene Zeitrahmen schnell als illusorisch herausstellte. Sollte die Datenbank auf eine möglichst vollständige Dokumentation abzielen, so musste das Projekt vermutlich ohnehin als permanentes Work-in-progress verstanden werden.

Der Stand der Datenbank im Herbst 2006 beinhaltet weitgehend lückenlos die Einträge aus zwei verschiedenen Häftlingsbüchern (Politische Abteilung und Poststelle), teilweise ergänzt um zusätzliche Datensätze bzw. Zusatzinformationen aus den Totenbüchern und aus weiteren verstreuten Quellen des Archivs.[10] Derzeit finden sich darin Datensätze zu mehr als 136.000 ehemaligen Häftlingen. Allgemein lässt sich sagen, dass damit in der Datenbank sämtliche Häftlinge erfasst sind, die ab dem Zeitraum Oktober/November 1942 bis zur Befreiung im Mai 1945 im Konzentrationslager Mauthausen registriert waren. Personen, die davor verstorben, entlassen oder in andere Stammlager überstellt worden waren, sind im gegenwärtigen Stand der Datenbank (mit Ausnahme der in Hartheim Ermordeten sowie der aufgrund des „Homosexuellen-Paragraphen" 175 inhaftierten Häftlinge) nicht enthalten.

Mit diesem Datenbestand ist die Datenbank zum wichtigsten internen Recherchemittel zur Beantwortung von Suchanfragen geworden, deren Zahl in den vergangenen Jahren zunächst aufgrund der im Jahr 2000 beschlossenen Entschädigungsregelungen für KZ-Häftlinge und später durch das

[10] Im Zuge zweier „Sonderprojekte" wurden die vorhandenen Archivquellen nach persönlichen Daten zu „§ 175"-Häftlingen bzw. nach Opfern der „Aktion 14f13" durchforstet und die entsprechenden Datensätze in die Datenbank übertragen.

zunehmende Interesse besonders der dritten Generation stark anstieg. Mit Hilfe der Datenbank konnte der Anteil positiv beantworteter Suchanfragen um ein Vielfaches gesteigert werden. Neben ihrer Funktion für die Recherche nach individuellen Häftlingen sollte die Datenbank längerfristig jedoch auch als Basis zur statistischen Auswertung der Häftlingspopulation und der Bewegungen innerhalb des Lagersystems dienen. In Anbetracht des aktuellen Datenbestands und bestehender struktureller Limitationen würde eine statistische Auswertung gegenwärtig jedoch keine validen Informationen liefern. Um die Entwicklung der Datenbank in absehbarer Zeit so weit voranzutreiben, dass zum einen eine statistische Auswertung möglich wird, zum anderen auf eine systematische Vervollständigung der Personendaten und deren Zusammenführung in einer Datenbank hingearbeitet werden kann, wurde seitens des Archivs der KZ-Gedenkstätte Mauthausen eine Initiative zum Relaunch des gesamten Datenbankprojektes gestartet. Dies schließt die technische und inhaltliche Neukonzeption der Datenbank ebenso ein wie die Professionalisierung der Dateneingabe.

Probleme der alten Datenbankstruktur

Das strukturelle Design der alten „Häftlingsdatenbank“ schränkt die Möglichkeiten im Hinblick auf die erklärten Ziele der vollständigen Dokumentation und der statistischen Auswertbarkeit der Häftlingsdaten sehr stark ein. Insbesondere folgende Probleme galt es bei der Neukonzeption zu berücksichtigen und zu überwinden:

1. Die alte Häftlingsdatenbank ist grundsätzlich als eine personenbezogene, keine quellenbezogene Datenbank angelegt, das heißt, das grundlegende Kriterium für die Einheit eines Datensatzes ist nicht ein einzelner Quelleneintrag, sondern die Identität einer Einzelperson. Nun gibt es nicht wenige Häftlinge, die in Mauthausen mehrmals nacheinander unter verschiedenen Häftlingsnummern registriert waren.[11] Will man das Prinzip der Einheit eines Daten-

[11] Dies trifft insbesondere auf Häftlinge zu, die nach Gusen weiterüberstellt wurden. Da man im Lager Gusen bis Jänner 1944 eine eigene Häftlingsregistratur führte, wurde ein überstellter Häftling aus dem Zugangsbuch des Hauptlagers gestrichen und in Gusen mit einer neuen Nummer versehen. Bei einer neuerlichen Überstellung nach Mauthausen wurde er dort nicht unter seiner alten, sondern unter einer neuen Nummer registriert. Dasselbe gilt für all jene

satzes auf Basis der Identität einer Person beibehalten, müssen die unterschiedlichen Datensätze aus den Zugangsbüchern zu je einem Häftling in der Datenbank in einem Datensatz zusammengeführt werden. Voneinander abweichende Informationen in den unterschiedlichen Einträgen im Zugangsbuch können dann in der alten Datenbank nur mehr unter Anwendung eines sehr komplizierten Anmerkungsapparates dargestellt werden. Dieses Beispiel verweist zugleich auf ein allgemeineres Problem: Bei einer Vielzahl zur Verfügung stehender Quellen mit je unterschiedlicher Datenstruktur, teilweise auch einander widersprechenden Informationen, ist der Bezug einer Information zu ihrer jeweiligen Herkunftsquelle praktisch nicht mehr darzustellen. Bislang konnte diese Zuordenbarkeit durch eine Hierarchisierung der Datenquellen in Kombination mit einem standardisierten Anmerkungsapparat gewährleistet werden.[12] Bei einem Einbau weiterer Quellen wäre dieses Prinzip jedoch nur mehr mit sehr großem Aufwand weiterzuführen, was die Dateneingabe verlangsamen und zudem eine schwer wiegende Fehlerquelle darstellen würde. Das Prinzip der personenbezogenen Datenbank erwies sich daher zunehmend als problematisch. Andererseits ist es für eine valide statistische Auswertung jedoch unumgänglich, nach dem Prinzip der reziproken Beziehung zwischen einem Datensatz und einer individuellen Person vorzugehen – ein Dilemma, das auf Basis der alten Datenbankstruktur faktisch nicht zu lösen ist.

2. Einer weiteren Grundsatzentscheidung bedarf die Frage, ob eine Datenbank quellengetreu oder interpretativ sein soll. Um einen Verlust an Information durch falsche oder unvollständige Interpretationen zu vermeiden, ist es für eine Datenbank, die als Grundlage für wissenschaftliche Forschung dienen soll, zum einen notwendig, möglichst nahe an den Quellen zu bleiben. Eine Datenbank, die das direkte Abbild einer Quelle ohne jegliche Interpretation

Gusener Häftlinge, die nach Aufgabe der separaten Häftlingsregistratur in diesem Lager am 23. Jänner 1944 in den Stand des Hauptlagers übernommen wurden. In solchen – nicht seltenen – Fällen erhielten die Häftlinge im Verlauf ihrer Inhaftierung also insgesamt mindestens drei unterschiedliche für den Komplex Mauthausen relevante Häftlingsnummern.

12 Um dies zu gewährleisten, waren angesichts der zunehmenden Komplexität der Datenbank zahlreiche Adaptionen notwendig, die in Form eines Manuals systematisiert wurden. Projektverantwortliche seit 2001 sind Ralf Lechner und Christian Dürr.

darstellt, verschließt sich zum anderen jedoch ihrer statistischen Auswertung, wenn man bedenkt, dass damit unterschiedliche Schreibweisen, Schreibfehler und verschiedene Bezeichnungen für ein und denselben Begriff als solche in die Datenbank übernommen werden müssten. In der bisherigen Datenbank gibt es kein stringentes und einheitliches Konzept, wie diese beiden widersprüchlichen Anforderungen zu vereinen wären. Teilweise sind die Einträge daher derzeit interpretativ, teilweise quellengetreu. Zudem stellt die Interpretation durch ungeschultes Personal eine zusätzliche Fehlerquelle dar.

3. Die im Wesentlichen auf eine Einzeltabelle limitierte Struktur der Datenbank erschwert die Erfassung von Quellen mit komplexer Datenstruktur. Zwar ermöglicht die derzeitige Datenbank die einigermaßen adäquate Abbildung der Häftlingszugangsbücher, komplexere Quellen wie etwa Häftlingspersonalkarten oder gar Quellen, die nicht aus dem Umfeld der Lagerverwaltung stammen, lassen sich in ihr nur schwer darstellen. Eine Einzeltabelle die von ihrer Struktur her die Möglichkeit bietet, verschiedenste Quellensorten abzubilden, ist praktisch nicht realisierbar.
4. Die primäre Datenbasis jeder Häftlingsdatenbank bilden notwendigerweise die Quellen der Täter. Eine personenbezogene Datenbank ist das Abbild dieser Quellen, die einzelnen Häftlinge erscheinen in ihr nur als jene Objekte, zu denen sie im Lager degradiert wurden. Ein primäres Ziel eines solchen Datenbankprojektes muss es aber sein, den Menschen ihren Status als Individuen und als Subjekte wieder zurückzugeben. Nicht die Täterbürokratie gilt es fortzusetzen, sondern den von ihr erfassten Personen gegen jene zu ihrem Recht zu verhelfen. Die bisherige Datenbank bietet keine Möglichkeit, in konsistenter Weise etwa Originalschreibweisen von Namen und Geburtsorten oder von der Täterbürokratie gefälschte oder falsch aufgenommene Daten der Häftlinge richtig zu erfassen. Besonders die von Angehörigen an das Archiv herangetragenen Zusatzinformationen zu ehemaligen Häftlingen müssen jedoch als essenzielle Informationen betrachtet werden und daher auf entsprechende Weise Eingang in die Datenbank finden.

Das Projekt „Häftlingsdatenbank neu"

Einige Änderungen der alten Datenbank wurden bereits in vergangenen Jahren vorgenommen. So wurde etwa von einer einfachen MS-Access-Datenbank auf SQL Server mit Access-Frontend umgestellt, was eine effizientere Verwaltung der großen Datenmengen und höhere Datensicherheit gewährleistet. In der Folge wurde das Archiv der KZ-Gedenkstätte Mauthausen mit einem eigenen Server ausgestattet, womit erstmals die zentrale Verwaltung großer elektronischer Datenmengen, damit auch von Bild-, Video- und Audiodateien größeren Umfangs möglich wurde.

Nicht zuletzt die Wiederaufnahme der Kontakte zum internationalen EDV-Workshop der KZ-Gedenkstätten hat jedoch die dringende Notwendigkeit vor Augen geführt, die bestehende Häftlingsdatenbank neu zu überdenken und ein neues Datenbankkonzept zu entwickeln, welches in der Lage ist, Lösungen für die oben genannten Probleme zu liefern.

Folgende Ziele des Projekts lassen sich formulieren:

1. Die strukturelle Neukonzeption der Datenbank soll die Voraussetzungen dafür schaffen, dass in ihr umfassendes Datenmaterial – etwa auch aus Fremddatenbanken – und unterschiedlichste Quellensorten jeweils mit Bezug auf individuelle Häftlinge erschlossen werden können.
2. Dies wiederum muss als Voraussetzung für die künftig möglichst vollständige Dokumentation der Einzelschicksale der Häftlinge des KZ Mauthausen und seiner Außenlager gesehen werden, welche auch die Integration von Bild-, Audio- und Videomaterial einschließt.
3. Die Datenstruktur soll eine valide statistische Auswertung der Datenbank nach verschiedensten Kriterien und Kriterienkombinationen ermöglichen, während zugleich die Prinzipien des direkten Quellenbezugs und der Quellentreue gewährleistet bleiben müssen.
4. Die Häftlingsdatenbank soll „quer" zur Erschließung des Archivbestandes nach Formalkriterien eine weitere, nämlich inhaltliche Erschließungsebene des Gesamtbestandes einführen. Dafür ist eine Relation zwischen Häftlings- und Bestandsdatenbank herzustellen.

Seit Sommer 2006 wird im Archiv der KZ-Gedenkstätte Mauthausen in Zusammenarbeit mit IT-Experten an der Neukonzeption des Datenbankdesigns gearbeitet.[13] Gegenwärtig wird die neue Datenbank bereits in ihrer Grundzügen entwickelt, sodass vermutlich noch Anfang 2007 ein erster Prototyp erprobt werden kann. Parallel zur notwendigen technisch-inhaltlichen Entwicklung der Datenbank erfolgt die Eingabe der Daten seit November 2006 durch insgesamt fünf teilzeitbeschäftigte Kräfte.

Das grundlegende Datenbankkonzept sieht zunächst vor, die bestehende Häftlingsdatenbank auf dem derzeitigen Stand „einzufrieren" und sie als Ausgangsbasis für eine neu zu entwickelnde Metadatenbank heranzuziehen. Parallel zu den notwendigen Überarbeitungen und Ergänzungen in der im Wesentlichen aus den Daten zweier verschiedener Häftlingszugangsbücher bestehenden alten „Häftlingsdatenbank" wird mit dem Aufbau neuer, quellenbezogener Datenbanken begonnen. Da diese Einzeldatenbanken jeweils nur eine Einzelquelle oder eine bestimmte Quellensorte abbilden werden, können sie von ihrem Aufbau her sehr einfach gehalten werden. Eine erste rein quellenbezogene Datenbank wird aus den im Archiv verfügbaren Totenbüchern des Lagers aufgebaut werden. Diese wird drei getrennt voneinander geführte Totenbücher umfassen: das Totenbuch des Standortarztes des Hauptlagers, das Totenbuch des Lagers Gusen sowie das Totenbuch der sowjetischen Kriegsgefangenen. Im Wesentlichen weisen diese drei Quellen dieselbe Datenstruktur auf. Inhaltlich verhalten sie sich zueinander komplementär, es sind also praktisch keine Überschneidungen im Hinblick auf die in ihnen erfassten Personen zu erwarten.

Die alte „Häftlingsdatenbank", die bereits bestehende Datenbank der WVHA-Häftlingskartei[14] sowie die im Entstehen begriffene „Totenbuch-Datenbank" sollen daraufhin in einem weiteren Schritt in einer relationalen Metadatenbank zusammengeführt werden, in welche in Zukunft auch weitere quellenbezogene Einzeldatenbanken oder auch Fremddatenbanken anderer KZ-Gedenkstätten und Archive einbezogen werden können. Das Prinzip der relationalen Metadatenbank besteht in der eindeutigen Verknüpfung von Einzeldatensätzen aus unterschiedlichen Datenbanken auf Basis der Identität ei-

---

13 Für die technische Umsetzung zeichnet die Firma Metamagix verantwortlich.

14 Das Projekt WVHA-Datenbank ist ein derzeit laufendes internationales Projekt, im Rahmen dessen unter Beteiligung und Ko-Finanzierung von 18 Institutionen der Bestand der zentralen Häftlingskartei des Wirtschaftsverwaltungshauptamts aus dem Bundesarchiv sowie dem Archiv des Polnischen Roten Kreuzes verfilmt, in einer Datenbank erfasst und mit den Informationen aus den einzelnen KZ-Gedenkstättenarchiven ergänzt wird.

ner Person. Auf dieser Metaebene, die quasi den Kern der Gesamtdatenbank bildet, soll damit die Zusammenführung verschiedener quellenbezogener Datensätze, die sich alle auf ein und denselben Häftling beziehen, zu einem einheitlichen Datensatz gewährleistet werden. Dies ist für die statistische Auswertbarkeit der Gesamtdatenbank von grundlegender Bedeutung. Durch Verknüpfung der Meta- mit der Bestandsdatenbank des Archivs wird es außerdem möglich, sämtliche Archivalien mit Bezug auf einen individuellen Häftling in einem Datensatz zusammenzuführen.

Jeder Metadatensatz ist mit den entsprechenden Datensätzen aus den jeweiligen Einzeldatenbanken direkt verknüpft. Die Suche nach einer konkreten Person in der Metadatenbank wird somit sämtliche eventuell divergierenden Daten in den quellenbezogenen Subdatenbanken berücksichtigen. Da ihre Hauptfunktion in der Herstellung von Identität, also des eindeutigen gegenseitigen Bezugs einzelner Datensätze aufeinander besteht, kann sich die Darstellung der Daten auf der Metaebene im Wesentlichen auf die für die Bestimmung der Identität einer Person notwendigen Datenfelder beschränken.

Das Zusammenführen der Datensätze der Einzeldatenbanken zu einem Metadatensatz ist wiederum die Grundlage für die Einführung einer zusätzlichen interpretativen Datenbankebene – gewissermaßen einer Meta-Metaebene. Jeder Datensatz auf dieser Ebene steht in eindeutigem Bezug zu einem Datensatz der Metaebene. Die interpretative Ebene der Datenbank soll vor allem zwei Funktionen gewährleisten:

1. Die in der Metadatenbank kompilierten Einträge aus den einzelnen Sub-Datenbanken sind, wie angesprochen, in der Regel quellengetreu. Um die statistische Auswertbarkeit der Daten sicherzustellen, müssen unterschiedliche Schreibvarianten und variierende Bezeichnungen auf jeweils eindeutige Begriffe rückbezogen werden. Wichtig ist dabei etwa die Vereinheitlichung von den Deportationsweg betreffenden Ortsbezügen. Darunter fällt das Zusammenfassen verschiedener Bezeichnungen für dasselbe Lager in einem Überbegriff ebenso wie das Zusammenführen verschiedener Arten konkreter Ortsbezüge aus den Quellendatenbanken (Überstellung, Todesort, Herkunftslager).
2. Die einzelnen Felder der interpretativen Ebene werden – so wie bereits die Metaebene – auf Basis der Einträge der Einzeldatenbanken vorbefüllt. Diese Einträge können jedoch auch manuell überschrieben werden, womit es etwa möglich wird, die richtigen

(nicht germanisierten) Schreibweisen von Eigen- und Ortsnamen zu berücksichtigen sowie persönliche Daten zu ergänzen, ohne vom Prinzip der Quellentreue abzuweichen.

Während die Metaebene gewissermaßen den *Kern* der relationalen Datenbank darstellt, da in ihr die Bezüge der Einzeldatenbanken zusammenlaufen, könnte man die Meta-Metaebene als dessen *Oberfläche* bezeichnen. Während auf der Metaebene Identität *her*gestellt wird, wird diese auf der Meta-Metaebene *dar*gestellt. Auf dieser Ebene soll daher auch ein möglichst weitgehender Überblick über die wichtigsten Daten und Informationen zur betreffenden Person gegeben werden. Die Meta-Metaebene soll neben den persönlichen Grunddaten daher auch Informationen zur Haftdauer und dem Haftweg sowie zum letztlichen „Verbleib" des Häftlings enthalten.

Abfragen und Auswertungen der gesamten Datenbank können sowohl auf Basis der Felder der Metaebene, der Meta-Metaebene als auch einzelner Felder der Sub-Datenbanken gemacht werden.

Das Projekt „Häftlingsdatenbank neu" ist derzeit in der Aufbauphase. Ein erstes konkretes Ziel ist die Erfassung der Daten der im KZ-Mauthausen und seinen Außenlagern verstorbenen Häftlinge und in der Folge deren Publikation in Form eines Gedenkbuchs oder einer Datenbank. Ein solches Projekt stellt selbstverständlich den Anspruch nach größtmöglicher Vollständigkeit. Neben den diesbezüglichen Hauptquellen wie Totenbüchern und Häftlingszugangsbüchern müssen daher auch noch zahlreiche weitere verstreute Quellen wie etwa Todesmeldungen, Tatortskizzen, die Liste „unnatürlicher Todesfälle", das „Exekutionsbuch" etc. berücksichtigt und in Datenbanken erfasst werden. Realistischerweise ist mit einer vollständigen Aufarbeitung dieser Daten bis frühestens Mitte 2009 zu rechnen, erst danach kann an eine Publikation gedacht werden.

Die weitere Projektentwicklung sieht später die Erstellung zusätzlicher Quellendatenbanken und deren Integration in die relationale Metadatenbank vor, das prinzipiell offen und ständig erweiterbar ist. Der weitere Aufbau der Datenbank ist daher ein permanentes Work-in-progress.

Bereits jetzt stellt die Datenbank ein wichtiges Recherchemittel sowohl für die Bearbeitung von „Haftanfragen" als auch für die wissenschaftliche Forschung dar. Im Sinne des Datenschutzes wird die gesamte Datenbank auch weiterhin nur lokal im Archiv der KZ-Gedenkstätte Mauthausen zugänglich sein. In Zukunft kann jedoch auch an die Publikation von weiteren Auszügen aus der Datenbank gedacht werden. Mit dem Projekt „Häftlingsdatenbank neu" werden erstmals die Mittel für eine vollständige

Dokumentation der Einzelschicksale sämtlicher Häftlinge des KZ Mauthausen und seiner Außenlager geschaffen.

HELGA AMESBERGER
BRIGITTE HALBMAYR

NAMENTLICHE ERFASSUNG DER EHEMALS INHAFTIERTEN ÖSTERREICHERiNNEN IM KONZENTRATIONSLAGER RAVENSBRÜCK

Ausgangslage I – Chronologie der Forschungsarbeiten

Das Projekt der namentlichen Erfassung der ehemals inhaftierten ÖsterreicherInnen – Frauen wie Männer – im Konzentrationslager Ravensbrück ist eine (logische) Fortsetzung unseres wissenschaftlichen wie auch ehrenamtlichen Engagements mit den Überlebenden des Frauenkonzentrationslagers Ravensbrück. Die wissenschaftliche Auseinandersetzung begann mit einem Interviewprojekt 1998/1999, im Rahmen dessen wir 42 österreichische „Ravensbrückerinnen" interviewt hatten, 34 Interviews davon wurden auf Video aufgezeichnet. Schon damals erreichten wir auch Frauen außerhalb der österreichischen Lagergemeinschaft, in der wir seit 1995 mitarbeiten. Unser Bestreben war, die Lebenserinnerungen möglichst vieler Überlebender aufzeichnen und damit Erzählungen von bislang wenig bekannten bzw. tabuisierten Verfolgtengruppen (etwa Roma und Sinti, als „asozial" verfolgte Frauen etc.) weitergeben zu können. In den beiden Bänden „Vom Leben und Überleben – Wege nach Ravensbrück"[1] wurden die Ergebnisse dieses Oral-History-Projekts veröffentlicht. Daran anschließend gingen wir – gemeinsam mit Katrin Auer – den Spuren sexualisierter Gewalterfahrung während der Verfolgung nach, wie sie in den Interviews – zum Teil offen, zum Teil nur indirekt – thematisiert wurden, und nahmen diese Hinweise als Ausgangspunkt

[1] Helga Amesberger / Brigitte Halbmayr, Vom Leben und Überleben – Wege nach Ravensbrück. Das Frauenkonzentrationslager in der Erinnerung, Bd. 1: Dokumentation und Analyse, Bd. 2: Lebensgeschichten, Wien 2001.

einer wissenschaftlichen Analyse und Kategorisierung von Formen sexuell konnotierter Gewaltausübungen und -erfahrungen.[2]

Immer wieder stießen wir in unserer Beschäftigung mit den im Nationalsozialismus verfolgten Frauen auf Wissens- und Forschungslücken wie auch Widersprüche in der Tradierung und Interpretation – einige davon waren schließlich ausschlaggebend dafür, die namentliche Erfassung in Angriff zu nehmen:

- Der Großteil der überlieferten Lebensgeschichten stammt von politisch Verfolgten – es fehlen Erfahrungsberichte von Roma und Sinti, von den ZeugInnen Jehovas, den als „asozial Verfolgten"; auch öffentliche Zeugnisse von Frauen, die aufgrund eines Verhältnisses zu einem ausländischen Zwangsarbeiter inhaftiert waren, sowie von Frauen, die ausschließlich aufgrund ihrer jüdischen Herkunft nach Ravensbrück deportiert wurden, sind selten.
- Ravensbrück war in erster Linie ein KZ für Frauen, zwischen 123.000 (so neuere Berechnungen) und 132.000 Frauen aus über 40 Nationen (nach heutiger Staatenteilung) waren dort inhaftiert.[3] Es wurden aber auch ca. 20.000 Männer nach Ravensbrück deportiert; die wenigen Baracken für Männer befanden sich im Stammlager innerhalb der Lagermauern und waren von den Frauenunterkünften durch einen Stacheldraht getrennt. Über das Schicksal der männlichen Häftlinge ist allerdings sehr wenig bekannt, auch liegen keinerlei Schätzungen zur Anzahl der inhaftierten Österreicher vor.[4]
- Evident ist die große Wissens- und Erinnerungslücke über jene Frauen und Männer, die in Ravensbrück bzw. in anderen KZ oder Tötungsanstalten ermordet wurden, aber auch über jene, die kurz nach der Befreiung ihr Leben lassen mussten – von ihnen ist allzu

---

2 Die Ergebnisse sind nachzulesen bei Helga Amesberger / Katrin Auer / Brigitte Halbmayr, Sexualisierte Gewalt. Weibliche Erfahrungen in NS-Konzentrationslagern, Wien 2004.

3 Die Gesamtdauer des Bestehens des Konzentrationslagers betrachtend, stellten polnische Frauen die größte Häftlingsgruppe dar (36,76 %), gefolgt von Frauen aus der ehemaligen Sowjetunion (21,25 %) und den Deutschen sowie Österreicherinnen (18,16 %). Zwischen 20.000 und 30.000 Frauen überlebten die Torturen des Konzentrationslagers nicht.

4 Die größte nationale Häftlingsgruppe stellten – ähnlich wie im Frauenlager – die Polen dar, gefolgt von damals sowjetischen Staatsbürgern und schließlich „Deutschen Reichsangehörigen".

wenig bekannt, sie gerieten in Vergessenheit, manchmal weiß man nicht mehr als ihren Namen und ihren Sterbeort.

- Schließlich sind die unterschiedlichen Angaben zur Gesamtzahl der in Ravensbrück inhaftiert gewesenen österreichischen Frauen bemerkenswert. Über Jahrzehnte wurde von 800 bis 1000 Frauen ausgegangen.[5] Dass diese Schätzung[6] zu niedrig ist, zeigt bereits der Umstand, dass der erste große Häftlingstransport mit 440 burgenländischen Roma-Frauen und -Mädchen aus Österreich am 29. Juni 1939 Ravensbrück erreichte. Demnach wäre bereits 1939 mit der Inhaftierung der burgenländischen Roma die Hälfte der Häftlingszahlen erreicht gewesen. Zu diesem Zeitpunkt hatten die Deportationen der österreichischen Jüdinnen und Juden noch nicht begonnen. Diese kamen in der Mehrzahl ab Herbst 1944 mit der Auflösung der Konzentrationslager im Osten (insbesondere von Auschwitz-Birkenau) – dies trifft auch für Roma und Sinti zu – (wieder) nach Ravensbrück. Ebenso stiegen die Verhaftungen von Frauen, denen eine Beziehung zu „Fremdländischen" nachgesagt wurde, „erst" ab 1942 deutlich an. Strebel zufolge wurde im Frühjahr 1942 jeder sechste Neuzugang mit dem Haftgrund „Verkehr mit Fremdländischen" registriert. Insgesamt beläuft sich die Zahl der wegen dieses „Deliktes" eingesperrten Frauen auf mindestens 3500 Frauen (bis Ende 1944) und war damit ähnlich hoch wie jene der „Politischen".[7] Geht man – gemäß dem EinwohnerInnenverhältnis Mitte der 1930er Jahre zwischen Deutschland und Österreich – von der vorsichtigen Annahme aus, dass rund 10 % der als „reichsdeutsch" geführten Häftlinge Österreicherinnen waren, dann wären zwischen 1000 und 2400 Österreicherinnen in Ravensbrück inhaftiert gewesen.[8] Selbst zurück-

---

5 Bernhard Strebel, Das KZ Ravensbrück. Zur Geschichte eines Lagerkomplexes, Paderborn u. a. 2003, S. 113.

6 Die Österreicherinnen wurden in den Zugangslisten als Reichsdeutsche geführt; eine systematische Auswertung der Zugangs- und Transportlisten nach diesem nationalen Gesichtspunkt steht bislang noch aus, daher kann man heute hinsichtlich der Anzahl der Österreicherinnen in Ravensbrück nur Schätzungen anstellen.

7 Strebel, KZ Ravensbrück, S. 117 f.

8 Geht man von einer Gesamthäftlingszahl von 123.000 aus, wie dies Strebel vorschlägt (vgl. Strebel, KZ Ravensbrück, S. 179 f.), würde die Gesamtzahl der Österreicherinnen, bei gleich bleibender Annahme, dass 10 % der „reichsdeutschen" Häftlinge Österreicherinnen waren, noch immer rd. 2200 Frauen betragen.

haltenden Schätzungen zufolge dürfte die Zahl der in Ravensbrück inhaftierten Österreicherinnen demnach doppelt so hoch gewesen sein wie in den Publikationen bislang angegeben.[9]

Genannte Aspekte gaben den Ausschlag, uns eingehender mit der Gesamtheit aller nach Ravensbrück deportierten ÖsterreicherInnen zu beschäftigen. Dabei ist es nicht nur unser Bestreben, annähernd ihre Zahl zu eruieren, sondern auch ihr Schicksal nachzuzeichnen.

Ausgangslage II – Finanzierung

Bedingt durch Umfang und enorm zeitaufwändige Archivrecherchen ist ein solches Projekt kostspielig, selbst wenn immer wieder für Zuarbeiten Praktikantinnen eingesetzt werden können. Entsprechend mühevoll ist die Finanzierung, zahlreiche Subventionsansuchen waren nötig, viele davon nicht von Erfolg gekrönt. Da es sich um ein gesamtösterreichisches Unterfangen handelt, haben wir bei sämtlichen Landesregierungen bzw. deren Kulturabteilungen um Finanzierungen angesucht, so auch bei fast allen politischen Parteien, diversen Bundesministerien und auch privaten Financiers. Wenn wir auch bei vielen Stellen auf ein offenes Ohr stießen und auch kleine Beträge einen Fortgang der Recherche ermöglichten, ist das Projekt der namentlichen Erfassung leider noch nicht ausfinanziert, da sich der Arbeitsumfang als weitaus größer erwies als kalkuliert. Insbesondere durch die finanzielle Unterstützung des Österreichischen Nationalfonds, des Zukunftsfonds und des Jubiläumsfonds der Österreichischen Nationalbank konnte die namentliche Erfassung im Herbst 2005 begonnen werden. Unterstützung erhielten wir auch von der Stadt Wien sowie vom Land Steiermark.[10]

---

9 Frau Dr. Bärbel Schindler-Saefkow, Mitarbeiterin der Mahn- und Gedenkstätte Ravensbrück sowie Erstellerin des Totenbuchs von Ravensbrück, schätzte in einem persönlichen Gespräch die Zahl der inhaftierten Österreicherinnen auf rd. 3000 Frauen. Dazu kämen dann noch einige hundert Männer.

10 Weitere Subventionsgeber sind (geordnet nach absteigender Höhe der Unterstützung): KR Rudolfine Steindling, Stadt Wien, Renner-Institute, Bundesministerium für Soziale Sicherheit, Amt der Steiermärkischen Landesregierung, Bundesministerium für Gesundheit und Frauen, KPÖ, SPÖ-Frauen.

Namentliche Erfassung – Der Arbeitsprozess

Forschungsdesign

Ziel unseres Forschungsprojektes ist es, möglichst viele der in Ravensbrück inhaftierten Österreicherinnen und Österreicher namentlich zu erfassen und darüber hinaus auch über deren Leben und Verfolgung umfangreiche Informationen zu sammeln.

Unter ÖsterreicherInnen fassen wir all jene Personen, die entweder in Österreich geboren wurden, zum Zeitpunkt der Verfolgung dort lebten und/oder sich danach in Österreich niederließen. Das heißt, dass die Staatsbürgerschaft nicht als Kriterium zugrunde gelegt wird.[11] Für diese Vorgehensweise haben wir uns deswegen entschieden, weil eine Beschränkung auf den Wohnort vor der Verhaftung all jene außer Acht lassen würde, die durch die nationalsozialistische Machtergreifung gezwungen waren, schon vorher das Land zu verlassen. Das Kriterium der Staatsbürgerschaft zum Zeitpunkt der Verhaftung bzw. eine Beschränkung auf das Geburtsland Österreich wiederum würde viele der aus den Nachfolgestaaten der Donaumonarchie Zugewanderten ausschließen, aber ebenso Staatenlose (wie etwa viele Sinti). Nicht aufgenommen haben wir Kriegsgefangene und jene Frauen und Männer, die als ZwangsarbeiterInnen nach Österreich verschleppt wurden und von hier aus aufgrund eines „Vergehens“ nach Ravensbrück deportiert wurden, außer sie ließen sich nach der Befreiung in Österreich nieder.

Aufgrund unserer vorangegangenen Studien zu österreichischen Ravensbrückerinnen schätzen wir, dass etwa ein Drittel der Deportierten zum Zeitpunkt der Verfolgung bzw. Verhaftung in Wien lebte, zwei Drittel außerhalb Wiens wohnhaft waren.[12] Die verfolgten ÖsterreicherInnen stellen keine homogene Gruppe dar. Es ist uns ein Anliegen, Personen aller Verfolgtengruppen zu eruieren. Unter ihnen waren politische WiderstandskämpferInnen, ZeugInnen Jehovas, Roma und Sinti, Jüdinnen und Juden, Frauen, die aufgrund einer Beziehung zu einem Zwangsarbeiter verfolgt wurden, Menschen, die Angehörige, Deserteure etc. vor den Verfolgern versteckten, Frauen und Männer, denen ein „asozialer Lebenswandel“ unterstellt wurde, und viele an-

---

11 Soferne wir von einer anderen, nicht-österreichischen bzw. nicht-reichsdeutschen, nationalen Zugehörigkeit Kenntnis haben, wird diese in den Kurzbiographien angeführt.

12 Vgl. Amesberger / Halbmayr, Vom Leben, Bd. 1.

dere mehr. Gemeinsam ist ihnen, dass sie zu irgendeinem Zeitpunkt zwischen der Eröffnung des Lagers im Mai 1939 und der Befreiung im Mai 1945 im KZ Ravensbrück und/oder einem seiner zahlreichen Nebenlager inhaftiert waren. Die Länge der Inhaftierung in Ravensbrück spielt dabei keine Rolle.

Folgende Gruppen stehen im Mittelpunkt unseres Interesses:

- *Die Mitglieder der österreichischen Lagergemeinschaft Ravensbrück*
  Selbst die Geschichte der 350 Mitglieder der Lagergemeinschaft – vorwiegend im politischen Widerstand aktiv gewesene Frauen – ist viel zu wenig bekannt.
- *Frauen, die* nicht *in der österreichischen Lagergemeinschaft Ravensbrück organisiert waren*
  Hier geht es primär um jene Frauen, die nicht als politische Widerstandskämpferinnen im Konzentrationslager inhaftiert wurden, sondern aufgrund ihrer religiösen Überzeugung (Zeuginnen Jehovas), aus (ausschließlich) rassistischen Gründen, also als Jüdinnen bzw. Roma und Sinti, oder aufgrund eines ihnen unterstellten, von den Nationalsozialisten als „asozial" klassifizierten Verhaltens verfolgt wurden. Deren Geschichte und Leiden ist noch mehr gefährdet, dem Vergessen anheim zu fallen, über viele wissen wir nicht mehr als ihre Namen, wenn überhaupt.
- *Die männlichen österreichischen Häftlinge in Ravensbrück*
  Legen wir den weiter oben angewandten Prozentsatz von ÖsterreicherInnen an den Reichsdeutschen (10 %) auch hier zugrunde, so waren rd. 380 Österreicher unter den männlichen Häftlingen von Ravensbrück. Abgesehen von einigen berühmten Persönlichkeiten, wie etwa Karl Seitz, der von Juli 1944 bis April 1945 im KZ Ravensbrück inhaftiert war, weiß man von den Häftlingen sehr wenig bis nichts.
- *Frauen und Männer, die in Ravensbrück umgekommen sind*
  Auch hier gilt, dass man über jene österreichischen Häftlinge, die in Ravensbrück umgekommen sind oder ermordet wurden, kaum etwas weiß. Ebenso besteht die Gefahr, dass jene, die kurz oder wenige Jahre nach der Befreiung (an den Folgen der KZ-Haft) verstorben sind, in Vergessenheit geraten (sind).

Quellen, Quellenlage und Recherche

Allgemein ist zur Quellenlage festzuhalten, dass aufgrund der Vernichtung der KZ-Verwaltungsakten durch die SS in den letzten Kriegswochen viele und wichtige Daten zu den Inhaftierten im KZ Ravensbrück verloren gingen. Die Zugangs- und Transportlisten, die uns heute zur Verfügung stehen, sind infolge der überstürzten Räumung des Lagers und durch zahlreiche Widerstandsaktionen (z. B. durch Hinausschmuggeln oder heimliches Abschreiben) gerettet sowie durch mühevolles Zusammentragen in den letzten Jahrzehnten dieser in aller Welt verstreuten Zeugnisse gesichert worden. Dies erklärt auch, dass einzelne Zeitphasen besser, andere schlechter dokumentiert sind. So liegen etwa für die letzten Kriegsmonate (ab Ende Jänner 1945), in denen es durch die Auflösung der Konzentrationslager im Osten viele Neuzugänge gab, und für jene Zeit, in der die Gaskammer (Jänner 1945) in Betrieb war, keine Zugangs- und Transportlisten mehr vor. Gerade für die Rekonstruktion der Vorgänge dieser nicht oder schlecht dokumentierten Phasen sind namentliche Erfassungsprojekte, die auch die Verfolgungsgeschichte nachzuzeichnen versuchen, enorm wichtig. Durch die Zusammenschau individueller Schicksale lassen sich mitunter solche spezifischer Gruppen, auch in der Zeitachse, herausarbeiten.

Die Quellenlage ist nicht nur in Bezug auf bestimmte Zeitphasen, sondern auch hinsichtlich einzelner Verfolgtengruppen sehr unterschiedlich. Grosso modo kann gesagt werden, dass jene Personen am besten dokumentiert sind, die im organisierten politischen Widerstand tätig waren bzw. bei denen Anklage- und Urteilsschriften vorliegen, sowie Personen, die mit ihrer Verfolgungsgeschichte an die Öffentlichkeit gingen, indem sie Bücher schrieben, Interviews gaben oder jahrzehntelang als ZeitzeugInnen tätig waren. Dies sind vorwiegend Menschen, die auch mindestens bis in die 1980er-Jahre lebten, denn ab diesem Zeitpunkt zeigte die Historiographie ein intensiveres Interesse an den Verfolgten des Nationalsozialismus selbst, deren Einzelschicksale und individuellen Erfahrungen. Damit erlangten auch weitere Verfolgtengruppen, wie etwa Homosexuelle oder jene, die individuell Widerständigkeit lebten, Aufmerksamkeit (von Seiten der Forschung). Am spärlichsten ist die Quellenlage für jene Frauen und Männer, die während der KZ-Haft verstorben sind bzw. ermordet wurden, und für jene, die aufgrund gesetzlicher Regelungen keinen Anspruch auf Haftentschädigung, Opferrente etc. hatten, wie dies etwa für wegen eines „kriminellen" Delikts Inhaftierte („Befristete Vorbeugehäftlinge"), „Asoziale", Deserteure, Vorbestrafte etc. der Fall war. Von diesen Opfern des Nationalsozialismus sind nur selten Akten in den Archiven zu finden und sie können daher durch das gegenständliche Projekt nur annähernd erfasst werden.

Die Reliabilität der Quellen bzw. Daten ist generell schwierig einzuschätzen. So sind Informationen aus Anklageschriften und Gerichtsurteilen oder anderen Dokumenten der NS-Herrschaft gerade in Hinblick auf die Darstellung der unterstellten Taten und des sozialen Hintergrunds mit Vorsicht zu behandeln, da die Präsentation der Angeklagten und damit der politischen WidersacherInnen meist die Argumentation der Anklage stützen sollte. Für die Verlässlichkeit der Quelle sind also der Entstehungszusammenhang und der Entstehungszeitpunkt relevant. Zudem sind auch in diesen Dokumenten Tippfehler bei Namen und anderen persönlichen Daten zu finden. Dies gilt auch für alle anderen Quellen. Um ein weiteres Beispiel zu geben: Die Nichtnennung von bestimmten Haft- oder Deportationsorten etwa in einem Opferfürsorgeakt besagt noch nicht, dass die Person nicht doch auch in einem Lager war, das in einer anderen Quelle angeführt wurde. In den Jahren nach 1945 wurden nämlich bei der Berechnung der Entschädigungsleistungen Deportationen in ein Ghetto oder die Haft in Sammel-, Arbeits- oder Erziehungslagern zunächst oder überhaupt nicht anerkannt und daher eine dortige Inhaftierung von den Antragstellenden bzw. im Akt selbst vielfach nicht angeführt.[13] Die zeitliche Distanz zum Erlebten, die aktuelle politische Lage oder die nationale gesellschaftliche Haltung zum Nationalsozialismus sind weitere Einflussfaktoren, die Erinnerungen an das Erlebte überformen können.[14] Insbesondere Angaben zu den Haftzeiten bleiben daher zum aktuellen Stand des Forschungsprojekts des Öfteren noch widersprüchlich, einige werden sich wohl nie auflösen lassen.

Recherche im „Ravensbrück-Archiv" des DÖW und Bestand des DÖW

Der Sonderbestand „Ravensbrück" im Dokumentationsarchiv des österreichischen Widerstands (DÖW) stellte die grundlegende Basis für die na-

[13] Siehe genauer: Brigitte Bailer, Wiedergutmachung kein Thema. Österreich und die Opfer des Nationalsozialismus, Wien 1993, sowie die Berichte der Österreichischen Historikerkommission, Bd.e 1–32, Wien–München 2003–2004, und Verena Pawlowsky / Harald Wendelin (Hrsg.), Die Republik und das NS-Erbe. Raub und Rückgabe – Österreich von 1938 bis heute, Wien 2005.

[14] Ausführlicher wurde dieses Thema behandelt in: Amesberger / Halbmayr, Vom Leben, S. 21–27; Helga Amesberger / Gerhard Botz / Brigitte Halbmayr, „Mauthausen" im Gedächtnis der Überlebenden, in: Bundesministerium für Inneres (Hrsg.), Das Gedächtnis von Mauthausen, Wien 2004, S. 104–123, insb. 115–120.

mentliche Erfassung. Die in diesem Archiv hinsichtlich der vorliegenden Erhebung relevanten Dokumente sind vorwiegend Kopien Eidesstattlicher Erklärungen von Überlebenden bei den verschiedenen KZ-Verbänden (für politisch Verfolgte und „rassisch" Verfolgte)[15], Kopien von Dokumenten rund um Anträge bei der Opferfürsorge, Auszüge aus Melderegistern, Anklageschriften und Gerichtsurteile, persönliche ZeitzeugInnenberichte, Geburts- und Sterbeurkunden bzw. Todesmeldungen der KZ-Verwaltung, Briefe aus dem KZ, Erhebungen der Österreichischen Lagergemeinschaft Ravensbrück aus den Jahren 1948/1949 und den frühen 1990er Jahren, Namenlisten (zusammengestellt von Überlebenden und/oder aus den Zugangslisten), Nachrufe auf verstorbene Kameradinnen usw.

Ergänzend dazu recherchieren wir im allgemeinen Archivbestand des DÖW, wobei hier für uns vor allem die Akten der KZ-Verbände und der Opferfürsorge von Interesse sind.

Kooperation mit dem DÖW

Neben der Recherche im „Ravensbrück-Archiv" des DÖW wurden die Datenbanken der Projekte des DÖW zur namentlichen Erfassung – insbesondere der Holocaustopfer, der politisch Verfolgten und die „Gestapo-Datenbank", also die durch die Gestapo erkennungsdienstlich erfassten Personen – zum Auffinden von in Ravensbrück Inhaftierten herangezogen. Hierbei erfolgte eine enge Zusammenarbeit mit Dr. Gerhard Ungar vom DÖW. Durch diese Kooperation konnten vorwiegend jüdische Opfer und Verfolgte recherchiert bzw. nähere biographische Angaben zu den Personen gewonnen werden. Dieser Teil der Recherche-Arbeit ist im Großen und Ganzen abgeschlossen.

Archiv und Datenbank der Mahn- und Gedenkstätte Ravensbrück

Wichtige Informationen gewinnen wir aus zwei Publikationen der Mahn- und Gedenkstätte Ravensbrück (MGR). Im von Bärbel Schindler-Saefkow erstellten „Gedenkbuch"[16] finden wir viele Angaben zum Geburts- oder Wohnort und zum Todeszeitpunkt sowie zum Sterbeort. Mit Hilfe des „Ka-

---

15 Siehe zur Geschichte der Verbände ehemaliger Widerstandskämpfer und Verfolgter den Artikel von Brigitte Bailer, Der KZ Verband, im vorliegenden Jahrbuch.

16 Bärbel Schindler-Saefkow, Gedenkbuch für die Opfer des Konzentrationslagers Ravensbrück 1939–1945, unter Mitarbeit v. Monika Schnell, hrsg. v. der Mahn- und Gedenkstätte Ravensbrück, Berlin 2005.

lendariums“ mit seiner peniblen und übersichtlichen Aufarbeitung der vorhandenen Zugangslisten können Deportationsdaten und -orte, hin und wieder auch Verfolgungsgründe abgeklärt werden.[17] Die diesen beiden Publikationen zugrunde liegende Datenbank der MGR umfasst rund 160.000 Einträge, wobei das Ausmaß der Informationen zu den einzelnen Häftlingen sehr unterschiedlich ist. Orientierungs- bzw. Ausgangspunkte für die Namensrecherche sind hier Einträge zu Deportationsort, Nationalität und/oder Transportnummer, v. a. aber auch das Geburtsdatum. Das Archiv der Mahn- und Gedenkstätte möchten wir noch in erster Linie zur Recherche zusätzlicher biographischer Informationen eruierter ÖsterreicherInnen nutzen.

Recherche in den Landesarchiven und Opferfürsorge-Abteilungen der Landesregierungen

Der umfangreiche Datenbestand des DÖW darf nicht darüber hinwegtäuschen, dass es sich hierbei vorwiegend um Akten von Personen aus den Bundesländern Wien, Niederösterreich und dem Burgenland handelt (dies gilt insbesondere für die Gestapo-Akten). Um auch die Verfolgten aus den anderen Bundesländern entsprechend umfassend eruieren zu können, ist eine intensive – und damit auch sehr zeitaufwendige – Recherche in den Landesarchiven und Archiven der Landesregierungen der anderen Bundesländer notwendig.

Bislang konnten wir eingehende Aktenstudien in Graz und Klagenfurt (Landesarchive und -regierungen für Steiermark und Kärnten) durchführen. Dabei zeigten sich insbesondere die Bestände der Opferfürsorgeakten (OF-Akten) als äußerst wertvoll hinsichtlich Grund- und Detailinformationen zur Verfolgung während des Nationalsozialismus, zum Gesundheitszustand und zu den Lebensbedingungen nach 1945. Die Sichtung von Strafgerichtsakten in Graz wurde aufgrund des äußerst geringen Outputs abgebrochen, in den anderen Bundesländern verzichten wir daher gänzlich auf diesen Quellenbestand.

Ausgangspunkt der Sichtung der OF-Akten sind Namenlisten, die wir aufgrund unserer bisherigen Recherchen erstellten. Die OF-Akten bieten insofern auch eine wertvolle Quelle, als wir über diese Namen eruieren konnten, die uns bislang unbekannt waren. Dies ist möglich, weil die

[17] Grit Philipp, Kalendarium der Ereignisse im Frauen-Konzentrationslager Ravensbrück 1939–1945, unter Mitarbeit v. Monika Schnell, Berlin 1999.

Frauen andere ehemals inhaftierte Häftlinge als Zeuginnen der gemeinsamen Haftzeit aufbringen mussten, konnten sie keine offiziellen Dokumente ihrer Inhaftierung in Ravensbrück vorlegen (etwa Überstellungsanweisung einer Gestapo-Leitstelle; eine Haftbestätigung durch den Internationalen Suchdienst Arolsen, dessen Datenbestand in den späten 1940er und frühen 1950er Jahren jedoch sehr spärlich war, erhalten gebliebene Briefe aus Ravensbrück an ihre Angehörigen etc.). Diese im Zuge der Archivrecherchen „entdeckten" Frauen sind vielfach wenige Jahre nach der Befreiung gestorben bzw. waren nicht (primär) politisch engagiert und daher auch nicht Mitglied in den Verfolgtenverbänden.

Recherche in diversen anderen Archiven

Die Recherche im Archiv der Österreichischen Lagergemeinschaft Ravensbrück (ÖLG-Rav) ist bereits abgeschlossen. Hier konnten wir vor allem anhand des Schriftverkehrs und der Nachrufe bzw. Todesmeldungen biographische Daten eruieren. Die Buchhaltungsunterlagen gaben Aufschluss über Mitgliedschaft in der Lagergemeinschaft sowie über den aktuellen Wohnort.

Besonders aufschlussreich sind auch die „Eidesstattlichen Erklärungen" – eingeholt von den KZ-Verbänden bzw. den Verbänden für politisch Verfolgte, wie sie damals hießen, und den Verbänden für „rassisch" Verfolgte. Ihr besonderer Wert liegt darin, dass dies Aufzeichnungen sind, die wenige Monate nach der Befreiung erfolgten und zudem oftmals Schilderungen über erlittene Folter und Gesundheitsschädigungen enthalten. Leider liegen diese nicht mehr in allen KZ-Verbänden auf; bei einigen – wie etwa im Fall Tirols, wo es keinen KZ-Verband mehr gibt – ist der Verbleib der Akten unbekannt.

Zudem erhielten wir Daten vom Verein Ketani, dem die Bewahrung der Verfolgungsgeschichte der österreichischen Roma und Sinti zentrales Anliegen seiner Arbeit ist.

Eine wichtige Quelle war auch das Geschichtsarchiv von Jehovas Zeugen in Wien. Kerstin Lercher[18] konnte hier zahlreichen Namen nachgehen und viele Lebensgeschichten vervollständigen. Im Gegenzug können wir dem Geschichtsarchiv Namen und Informationen von dort nicht erfassten ZeugInnen Jehovas übermitteln.

---

18 Kerstin Lercher, ebenfalls Mitarbeiterin am Institut für Konfliktforschung, ist nach wie vor im Projekt Namentliche Erfassung tätig, Karin Stögner arbeitete in der Anfangsphase des Projekts mit.

Recherche bei ZeitzeugInnen und in der Literatur, Kooperation mit anderen Erfassungsprojekten

Besonders dankbar sind wir für die Unterstützung von Überlebenden des KZ Ravensbrück, insbesondere für die Hilfe von Lotte Brainin, Anna Jug, Käthe Sasso, Amalia Schlager und Irma Trksak. Wichtige Informationen erhielten wir bislang auch von Bibiana Höfer, Marianne und Manfred Krasovec, Josefine Oswald, Manfred Rainer, Paul Sandrieser, Christl Wagner, Anna Kupper, Katharina Petschnig und Regine Taupe. Wesentliche Quelle war auch die einschlägige Literatur zum Thema, vor allem die verschiedenen relevanten Publikationen des DÖW zu Widerstand, Verfolgung und Exil sowie bundesländerspezifische Geschichtsaufarbeitungen. Eine weitere wichtige Quelle waren die Interviews mit österreichischen Ravensbrückerinnen, welche zwischen 1998 und 2003 im Rahmen der „Ravensbrück-Projekte" des Instituts für Konfliktforschung (IKF) durchgeführt wurden.[19] Einen relevanten Bestandteil des Projekts bildet auch die Kooperation mit anderen namentlichen Erfassungsprojekten. Neben den bereits genannten (DÖW-Projekte, Geschichtsarchiv der Zeugen Jehovas) ist jenes Projekt zur Erfassung der vom Nationalsozialismus Verfolgten in Kärnten von Helge Stromberger zu erwähnen sowie die Erfassung aller verfolgten österreichischen Roma und Sinti, wie es vom Team rund um Gerhard Baumgartner und Florian Freund durchgeführt wird. Eine enge Zusammenarbeit ermöglicht nicht nur wertvolle Ergänzungen der eigenen Informationen, es verhindert auch Doppelgleisigkeiten mühsamer Kleinarbeit.[20]

Aufbereitung der Informationen

IKF-Ravensbrück-Datenbank

Alle von uns gesammelten Informationen zu den ehemals inhaftierten österreichischen Frauen und Männern im Konzentrationslager Ravensbrück

[19] Vgl. Fußnote 1 u. 2.

[20] Wir bedanken uns bei allen MitarbeiterInnen der verschiedenen Landesarchive und Landesregierungen, bei Frau Dr. Bärbel Schindler-Saefkow als mittlerweile pensionierte Mitarbeiterin der Mahn- und Gedenkstätte Ravensbrück, bei den Frauen und Männern der verschiedenen lokal-regionalen Initiativen, den MitarbeiterInnen des DÖW und des Projektes der „Namentlichen Erfassung der verfolgten Roma und Sinti" aufs herzlichste für ihre Unterstützung.

werden in einer komplexen relationalen Access-Datenbank gespeichert. Das Eingabeformular besteht aus elf Formularblättern und weist Eingabefelder für folgende Informationsrubriken auf: Stammdaten (Blatt 1); Biographische Eckdaten (neben Angaben zu Geburt und Tod etwa auch Eintragungen zu Ausbildung, Beruf und Anzahl der Kinder; Blatt 2); Aktuelle Angaben (letzte bekannte Adresse, Hinweise auf Angehörige; Blatt 3); Haft und Verhaftung (Adresse zum Zeitpunkt der Verhaftung, Ort und Zeit der Verhaftung/Deportation, Verfolgungsgründe, Gesamte NS-Haftzeit; Blatt 4); Inhaftierung (Haftort, Haftdauer pro Haftort, Häftlingsnummer, Winkel, Funktion(en) im Lager; Blatt 5); Befreiung (Ort, Nebenlager, Datum; Blatt 6); Leben nach der Verfolgung (Rückkehr, Auswanderung, ZeitzeugInnenschaft, Mitglied oder Funktionärin in der österreichischen Lagergemeinschaft; Blatt 7); Materialien (Angaben zu Artefakten – Bezeichnung, Beschreibung, Zugang, Signatur; Blatt 8); Quellen (Blatt 9); Recherche (Blatt 10); Notizen (Blatt 11); weiters sind im Formularkopf noch Angaben zur Signatur des Datensatzes möglich, ob die Recherche abgeschlossen ist, die Informationen freigegeben sind, wann zuletzt Daten geändert wurden, ob zur Person dieses Datensatzes bereits eine Kurzbiographie erstellt wurde und wenn ja, von wem und wann.

Bei zahlreichen Eingabefeldern sind Alternativangaben (abweichende Angaben, etwa bei Geburtsort, -datum, Sterbeort, -datum, Name etc.), Spezifizierungen (Beruf, Verfolgungsgrund etc.) oder Mehrfachnennungen (wie etwa bei Haftorte und -zeiten) möglich.

Kurzbiographien

Nach Möglichkeit werden zu allen Frauen und Männern biographische Notizen bzw. Kurzbiographien verfasst.

Die Kurzbiographien sind in jeweils drei Abschnitte unterteilt. Der erste Abschnitt einer Biographie beinhaltet den Namen, das Geburtsdatum, das Sterbedatum (nur im Falle des Todes während der Verfolgung) und den Verfolgungsgrund. Im zweiten Abschnitt sind – sofern vorhanden – Daten zum sozialen Hintergrund, nähere Angaben zur Verfolgung (z. B. politische Aktivitäten, Deportationsorte, Haftdauer) und zum Leben nach 1945 zu finden. Aus welchen Archiven die Informationen stammen, wird im dritten Abschnitt festgehalten. Hier finden sich auch Angaben bzgl. abweichender Daten oder, um nur ein Beispiel zu nennen, andere Schreibweisen des Namens.

Beim Schreiben der Kurzbiographien stößt man nicht nur aufgrund fehlender Daten auf Schwierigkeiten, sondern auch wegen der teilweise widersprüchlichen Angaben in den verschiedenen Dokumenten. Zudem besteht gerade in der Klassifizierung der Verfolgungsgründe oder bei den Vornamen eine ständige Gratwanderung zwischen einer möglichst korrekten Darstellung und der Gefahr der Übernahme und damit Fortführung nazistischer Terminologie sowie Stereotypisierung. Wir entschieden uns daher, die der jüdischen Bevölkerung von den Nationalsozialisten aufgezwungenen Vornamen Sara und Israel, sofern sie als zweiter Vorname angegeben sind, unter der Rubrik „Abweichende/weitere Angaben“ anzuführen. Allerdings können wir nicht gänzlich ausschließen, dass diese beiden Namen Teil des ursprünglichen Vornamens waren.

Noch diffiziler ist das Problem in Bezug auf die Kategorisierung der Verfolgungsgründe. Es stand für uns außer Frage, Termini wie „asozial“ oder „arbeitsscheu“ nicht zu übernehmen. Diese wurden primär auf Menschen angewandt, welche den nationalsozialistischen Normen und Wertvorstellungen nicht entsprachen. Angehörige der Roma und Sinti wurden von den Nazis prinzipiell unter dem Vorwand, „arbeitsscheu“ (manchmal auch „asozial“) zu sein, inhaftiert und deportiert. In den Konzentrationslagern wurden sie als ebensolche und als „Zigeuner“ geführt. Wir führen als Verfolgungsgrund ihre Herkunft an. Hinter den Verfolgungsgründen „Rassenschande“ und „Verbotener Umgang“ verbergen sich eine zutiefst rassistische und antisemitische Haltung und ein weiterer Versuch der gewaltsamen Durchsetzung des „arischen Herrenmenschentums“. Frauen und Männer, die diesen NS-Geboten zuwiderhandelten, ordneten wir daher den „individuell Widerständigen“ zu.

Wir wählten folgende Kategorien, wobei wir uns zum Teil an die Kategorien des DÖW im Projekt „Namentliche Erfassung“ anlehnten:

- *Individuelle Widerständigkeit.* Unter individuelle Widerständigkeit subsumierten wir Widerstandshandlungen, die nicht im Rahmen einer Gruppe, „parteinahen“ oder parteiähnlichen Organisation erfolgten. Weiters kategorisierten wir Verfolgung aufgrund der sexuellen Orientierung, eines Verhältnisses zu einem Zwangsarbeiter, der unterstellten „Asozialität“ und anderen Akten des zivilen Ungehorsams (z. B. Hören von Fremdsendern, Erzählen regimefeindlicher Witze) als individuelle Widerständigkeit.
- *Kommunistischer Widerstand und sozialistischer Widerstand.* Die Kategorien kommunistischer Widerstand und sozialistischer Widerstand fassen jene Menschen zusammen, die in die Aktivitäten

der illegalen kommunistischen und sozialistischen „Parteien" bzw. diesen nahe stehenden Widerstandsgruppen eingebunden waren.

- *Katholisch-konservativer und legitimistischer Widerstand.* Der katholisch-konservative Widerstand umfasst ein Spektrum von Widerstandshandlungen, deren Motivation entweder im religiösen Selbstverständnis angesiedelt ist oder deren Ausführende primär gegen den „Anschluss" opponierten, im Wesentlichen sich aber zum Ständestaat bekannten oder großösterreichisch-habsburgisch orientiert waren.[21]
- *Tschechischer Widerstand.* Viele politisch Verfolgte leisteten Widerstand im Rahmen einer ethnischen Gruppe und waren durch die NS-Politik gegen ihre Volksgruppe motiviert. Jene WienerInnen, die innerhalb Organisationen der tschechischen Minderheit gegen das NS-Regime tätig waren, werden unter dem Begriff tschechischer Widerstand gefasst.
- *Kärntner SlowenInnen / PartisanInnenunterstützung.* Nicht alle Kärntner SlowenInnen wurden aufgrund von PartisanInnenunterstützung verhaftet und die Unterstützung der FreiheitskämpferInnen erfolgte nicht ausschließlich von slowenischen KärntnerInnen. In den meisten Fällen treffen jedoch beide Gründe auf ein- und dieselbe Person zu. Sofern genauere Angaben zum Verfolgungsgrund möglich sind, werden diese in den Kurzbiographien angegeben.
- *Politischer Widerstand.* Unter politischem Widerstand fassten wir Verfolgte, bei denen wir keine näheren Angaben zu ihren Widerstandshandlungen haben, wir also aufgrund der Datenlage nicht spezifizieren können, welche Ausrichtung diese hatten. In vielen Fällen haben wir die Information über den Verfolgungsgrund aus den Zugangslisten des Konzentrationslagers Ravensbrück. Ist in diesen der Haftgrund „politisch" angegeben, was für die Mehrzahl der Nicht-Reichsdeutschen zutrifft, so haben wir dies ebenfalls übernommen.[22] Inwieweit diese Personen tatsächlich im Widerstand aktiv waren, kann nicht gesagt werden.

---

21 Vgl. hierzu den Artikel von Peter Schwarz, Österreich nach Hitler: Neuordnungspläne des Exils, http://www.doew/at/thema/thema_alt/exil/exilreg/exilplan.html (Download vom 22. 12. 2006).

22 Für die Kategorie „politisch" wurde der rote Winkel vergeben. Der Winkel für nicht-reichsdeutsche politische Häftlinge wurde zusätzlich mit dem Buchstaben der nationalen

- *Zeugin/Zeuge Jehovas.* ZeugInnen Jehovas, damals „Bibelforscher" genannt, wurden als Mitglieder der Internationalen Bibelforschervereinigung (IBV) verfolgt. Hätten sie ihrem Glauben abgeschworen, wären sie aus der Haft bzw. dem Konzentrationslager entlassen worden.
- *Jüdin/Jude.* In der Kategorie Jüdin/Jude sind jene Menschen zusammengefasst, die auf Basis der Nürnberger Rassegesetze verfolgt wurden. Sie besagt nichts über deren Affinität zum Judentum und/oder jüdischen Glauben.
- *Roma/Sinti.* Schließlich gibt es noch die Verfolgung aufgrund der Abstammung bzw. Zugehörigkeit zur Minderheit der Roma und Sinti, im damaligen Jargon „Zigeuner".

Viele Frauen und Männer wurden aus mehreren Gründen verfolgt. So wurden beispielsweise viele wegen politischer Widerständigkeit Verhaftete in der Folge auch aufgrund ihrer Kategorisierung als Jüdin oder Jude festgehalten. Die Kurzbiographien geben einen Überblick über die Bandbreite sowie Größenordnung der Verfolgung und gewähren einen – wenngleich vielfach rudimentären – Einblick in das Leben der Opfer des Nationalsozialismus.

Ausblick

Aktuell enthält unsere Datenbank Einträge zu 2160 Personen. In vielen Fällen sind die Daten jedoch noch sehr rudimentär bzw. nicht bereinigt. Erst für die Bundesländer Wien, Steiermark und Kärnten können wir bereits relativ gesicherte und umfassende Angaben zu den Personen machen.

In den kommenden Monaten werden wir die Recherchen in den restlichen Landesarchiven und OF-Abteilungen der Landesregierungen sowie in der Mahn- und Gedenkstätte Ravensbrück fortsetzen. Voraussichtlich viel Arbeit erwartet uns in den Archiven der Bundesländer Niederösterreich und Burgenland, die eine relativ große Zahl an Opfern aus Roma-Familien dokumentieren. Aufgrund des weitreichenden Verwandtschaftsnetzes, vieler

Zugehörigkeit versehen. Bei Ungarinnen war beispielsweise ein „U", bei Polinnen ein „P" aufgedruckt.

Personen mit gleichem Familiennamen und deren zahlreichen unterschiedlichen Schreibweisen – ähnlich wie bei den slowenischen Namen in Kärnten, die sowohl im Slowenischen, vor allem aber auch im Deutschen zahlreiche Schreibarten aufweisen – werden die Recherchen erheblich erschwert und langwierig.

Während der Recherchen erfolgt eine laufende Bereinigung der Daten. So zeigt sich immer wieder, dass wir eine Person doppelt bzw. mehrfach in der Datenbank verzeichnet haben. Bei der namentlichen Erfassung von weiblichen KZ-Häftlingen ist man immer wieder mit dem Problem der wechselnden Namen der Frauen durch Heirat, Scheidung, Wiederverehelichung etc. konfrontiert. Dazu kommen unterschiedliche Schreibweisen des Familiennamens, abweichende Geburtsdaten, die sich aus den verschiedenen Datenquellen ergeben etc. Vielfach gibt es widersprüchliche Daten hinsichtlich der Haftzeiten, auch finden wir laufend weiterführende Angaben zu Personen, über die wir bereits Kurzbiographien verfasst haben, sodass auch diese aktualisiert werden müssen.

Die namentliche Erfassung war und ist ein großes Anliegen der österreichischen Überlebenden. Bereits die bisherigen Forschungsergebnisse bezeugen, dass die Erfassung der ehemals österreichischen Inhaftierten im Konzentrationslager Ravensbrück höchst an der Zeit ist. Die späte Aufarbeitung bedingt, dass viele Erinnerungen und Dokumente, aber auch viel individuelles Wissen verloren gegangen und nicht mehr eruierbar sind. Den Erhalt weiterer Subventionen vorausgesetzt, sollen die Recherchen nicht nur fortgesetzt und vertieft, sondern auch nach entsprechender Auswertung der Daten durch Publikationen öffentlich zugänglich gemacht werden. Solche Analysen würden beispielsweise Aufschluss über den sozialen Hintergrund der ehemals Inhaftierten, die Überlebensbedingungen im Lager, die Lebensumstände nach der Befreiung etc. geben. Insbesondere aber würde mit der Veröffentlichung der Kurzbiographien den Verfolgten jene öffentliche Anerkennung für das erlittene Leid und ihre Widerständigkeit gegeben, die ihnen zusteht.

Einige Kurzbiographien

Abschließend möchten wir einige Beispiele der bislang verfassten Kurzbiographien wiedergeben. Veröffentlicht werden nur Biographien Verstorbener und Biographien jener, von denen wir hierfür die Zustimmung erhalten haben.

MATHILDE AUFERBAUER, geb. Macher[23]
Geboren am 15. Februar 1908
Verfolgungsgrund: Kommunistischer Widerstand

Die in St. Peter-Freienstein geborene Mathilde Auferbauer war neben ihrer beruflichen Tätigkeit als Kindergärtnerin in der österreichischen Widerstandsbewegung aktiv. Schon im Jahr 1935 musste sie als Kommunistin eine Gefängnisstrafe von zehn Tagen verbüßen. Während des Krieges zählte Mathilde zu den aktivsten Frauen im Kreis der Leobner Widerstandsgruppe: Sie beteiligte sich an der Bildung einer antifaschistischen Organisation, half bei der Herstellung und Verbreitung von Propagandamaterial und stellte ihre Wohnung als Treffpunkt für Besprechungen sowie als Unterschlupf für AntifaschistInnen und flüchtige Kriegsgefangene zur Verfügung. Da Mathilde schon vor ihrer Verhaftung mit Rückenproblemen zu kämpfen hatte, war sie gerade zur Erholung in Bad Tatzmannsdorf, als sie am 13. Juli 1944 verhaftet wurde. In den folgenden vier Monaten wurde sie in Graz gefangen gehalten und von den dortigen Gestapobeamten so schwer gefoltert, dass sie eine Lähmung davontrug:

> „Namen wollten sie von mir wissen. Auf der Gestapo, in Graz. Ich hab aber nicht gesprochen. Da hat mir der eine mit dem Stock übers Kreuz geschlagen, mir wurde schwarz vor den Augen. Als ich wieder zu mir kam, saß ich so halb und halb auf einem Stuhl. Vorher war gar kein Stuhl dort gestanden. Ich hab nicht mehr gehen können. Auf einer Tragbahre bin ich auf Transport, zuerst im Auto, später im Viehwaggon. Auf der Tragbahre haben mich die Frauen ins Lager getragen. Ein SS-Mann stand dort, am Tor von Ravensbrück, mit einer Peitsche und einem Hund."

In Ravensbrück wurde Frau Auferbauer am 21. November 1944 unter der Nummer 85228 registriert und ins Krankenrevier gebracht, wo sie aufgrund ihrer Beinlähmung auch die folgenden Monate bis zu ihrer Befreiung zubrachte. Mathilde entkam einige Male nur knapp der Gaskammer. Jahre

---

23 Quellen: Karin Berger / Elisabeth Holzinger / Lotte Podgornik / Lisbeth N. Trallori, „Ich geb Dir einen Mantel, dass Du ihn noch in Freiheit tragen kannst." Widerstehen im KZ – Österreichische Frauen erzählen, Wien 1987, S. 207–210; DÖW-Rav; LA Stmk.; Max Muchitsch, Die Partisanengruppe Leoben-Donawitz, Wien–Frankfurt–Zürich 1966, S. 62–64 (= Monographien zur Zeitgeschichte. Schriftenreihe des Dokumentationsarchivs des österreichischen Widerstandes); MGR; ÖLG-Rav.

später gab sie an, nur durch die „todesmutige Opferbereitschaft ihrer Mithäftlinge“ dem Tod entronnen zu sein. So waren es auch ihre Gefährtinnen, die sie im Zuge der Rettungsaktion des Schwedischen Roten Kreuzes am 26. April 1945 aus dem Lager schmuggelten. Die zu diesem Zeitpunkt nur mehr 39 kg wiegende Mathilde wurde nach Schweden gebracht und dort behandelt, ihr Rückgrat blieb jedoch zeitlebens verformt und sie konnte sich nur mit Hilfe eines Krückstocks fortbewegen. Im Sommer 1946 kehrte sie in die Steiermark zurück und lebte fortan in Göss bei Leoben. Die folgenden Jahre sind von unzähligen Arztbesuchen und Anträgen auf Erhöhung der Opferrente und auf finanzielle Unterstützung geprägt. So wird zum Beispiel im Jahr 1954 ihre Erwerbsminderungseinstufung von 75 % auf 50 % herabgesetzt und auch ihrem gerichtlichen Einspruch dagegen nicht stattgegeben. Frau Auferbauer dürfte daraufhin den Kontakt zu den Behörden vollständig abgebrochen haben.

Aus der Tatsache, dass unter dem Namen Mathilde Auferbauer bis 1992 Mitgliedsbeiträge bei der Österreichischen Lagergemeinschaft Ravensbrück eingingen, lässt sich schließen, dass sie zumindest bis dahin lebte.

SABINE HARTH, geb. Neider[24]
Geboren am 21. April 1870
Gestorben am 13. November 1944 in Ravensbrück
Verfolgungsgrund: Jüdin

Sabine Harth, die in Wien lebte, wurde am 30. März 1943 ins Ghetto Theresienstadt deportiert, von wo sie am 17. Mai 1944 ins Konzentrationslager Ravensbrück überstellt wurde. Sie erhielt die Häftlingsnummer 38719. Am 13. November 1944 kam sie 74-jährig ums Leben. Laut „Gedenkbuch“ war Sabine Harth rumänische Staatsbürgerin.

KATHARINA LÖWINGER[25]
Geboren am 9. Februar 1920
Gestorben am 6. April 1942 in Bernburg an der Saale
Verfolgungsgrund: Individuelle Widerständigkeit; Jüdin

Katharina Löwinger wurde in Wien geboren und dort auch im Alter von 20 Jahren wegen vermeintlich „asozialen“ Lebens verhaftet. Zwischen 22. März 1940 und 6. April 1942 war sie unter der Nummer 2976 im Konzen-

24 Quellen: DÖW; MGR.
25 Quellen: DÖW; MGR.

trationslager Ravensbrück inhaftiert und wurde schließlich nach 25 Monaten Haft in der „Euthanasie-Anstalt“ Bernburg ermordet.

ANNA PIRINGER, geb. Graf[26]
Geboren am 19. Juli 1896
Gestorben am 28. Februar 1944 in Ravensbrück
Verfolgungsgrund: Zeugin Jehovas

Die gebürtige Steirerin lebte mit ihrem Ehemann und ihren sechs Kindern in der Gemeinde Windhag in Niederösterreich. Teil der Germanisierungspolitik der Nazis war es, den so genannten BibelforscherInnen die Kinder wegzunehmen, um sie zu „wertvollen Deutschen“ heranzuziehen. Auch dem Ehepaar Piringer wurden die Kinder genommen. Als sich die Eltern bei den Pflegeeltern nach dem Wohl des jüngsten Kindes Franz erkundigten und dabei erneut ein Bekenntnis zu ihrem Glauben ablegten, wurden Anna und Stefan Piringer verhaftet und am 12. Juni 1940 ins Landesgerichtsgefängnis von St. Pölten eingeliefert. Fünf Monate später wurde Anna wegen Wehrkraftzersetzung zu 18 Monaten Zuchthaus verurteilt und in der Folge ins Zuchthaus Aichach in Bayern überstellt. Schließlich wurde sie am 11. April 1942 im KZ Ravensbrück unter der Nummer 10476 registriert. Nach Aussagen des Mithäftlings Judith Hochegger starb Anna Piringer im 48. Lebensjahr an Hungertyphus im Lager. Abweichende Angabe: Sterbedatum 2. März 1944.

Stefan Piringer kam im KZ Dachau ums Leben.

MARIA STOIKA[27]
Geboren am 14. Mai 1896
Verfolgungsgrund: Roma/Sinti

Maria Stoika kam 1896 im Mariazell (Steiermark) zur Welt und lebte später in Niederösterreich. Am 26. Juni 1939 wurde sie aufgrund ihrer Volksgruppenzugehörigkeit in Lilienfeld verhaftet und wenige Tage später mit dem ersten Roma-Transport aus Österreich (440 Frauen und Kinder) in das Konzentrationslager Ravensbrück deportiert. Dort war Frau Stoika fast sieben Jahre in Haft, bis sie am 29. April 1945 befreit wurde. Sie kehrte danach nach Österreich zurück und ging nach Wien. Abweichende Angabe: Name Stojka.

---

26 Quellen: DÖW; DÖW-Rav; LA Stmk.; MGR.

27 Quellen: DÖW-Rav.

JONNY MOSER

EIN BERICHT ÜBER KÄTHE LEICHTERS SCHICKSAL UND LEBEN IM KZ RAVENSBRÜCK AUS DEM JAHRE 1940

Dr. Käthe Leichter, geb. als Marianne Katharina Pick am 22. August 1895 in Wien, war bis 1934 Leiterin des Frauenreferats der Wiener Arbeiterkammer und danach Aktivistin der Revolutionären Sozialisten. Im Mai 1938 wurde sie von der Gestapo festgenommen und im Januar 1940 ins KZ Ravensbrück deportiert. Als Häftling des KZ Ravensbrück wurde Leichter aufgrund ihrer jüdischen Abstammung im Zuge der Aktion „14f13"[1] am 17. März 1942 in der „Euthanasie"-Anstalt Bernburg/Saale ermordet.

Der erste Bericht über Käthe Leichters Haltung und Leben im KZ Ravensbrück gelangte im Juni 1941 in die Hände ihres Gatten Otto Leichter[2]. Ein Mithäftling, Rosl Triger, wurde im August 1940 aufgrund einer Auswanderungsmöglichkeit in die USA aus der Schutzhaft entlassen. Freilassungen von Juden und Jüdinnen aus Konzentrationslagern waren nach dem 1. September 1939, dem Tag des Kriegsbeginns, äußerst selten. Für Wien sind nur rund zwanzig Fälle aus dem KZ Buchenwald wie der Fall der Rosl Triger aus dem KZ Ravensbrück bekannt.

Rosl (Rosa) Triger, geb. am 6 Januar 1907 in Wien, war Modistin von Beruf. Eine holländische Firma hatte ihr schon 1938 einen Posten angeboten, sofern sie eine legale Einreise und Arbeitsbewilligung erhielt. Zwanzig Monate lang wartete sie vergebens auf eine positive Zusage der holländischen Behörden. Im Dezember 1939 entschloss sie sich zu einem drastischen Schritt und überquerte illegal die Grenze nach Holland. In Amsterdam angekommen riet man ihr, sich polizeilich anzumelden, da kurz zuvor eine Amnestie für illegal in Holland befindliche Personen erlassen worden war. Rosl Trigers Meldung bei der Polizei erfolgte jedoch zu spät, erst nach dem Stichtag – sie wurde festgenommen, verbrachte acht Tage in holländischer

1 Im Rahmen der Aktion „14f13" wurden in den Jahren 1941 bis 1944 Tausende nicht mehr arbeitsfähige oder missliebige KZ-Häftlinge in Euthanasietötungsanstalten ermordet.

2 Otto Leichter (1897–1973), Journalist.

Polizeihaft und wurde anschließend mit anderen Flüchtlingen nach Deutschland abgeschoben, wo sie von der Gestapo empfangen wurde. Wegen illegalen Grenzübertritts wurde sie zu acht Wochen Gefängnis verurteilt, die sie im Militärgefängnis in Emmerich verbüßte. Kurz vor Ablauf der Strafe wurde sie neuerlich von der Gestapo überprüft, die sie „wegen verbotener Rückkehr von Juden nach Deutschland“ in das Frauenkonzentrationslager Ravensbrück einwies. Hier befand sie sich vom 1. April bis 21. August 1940 in Haft.[3]

Rosl Trigers Mutter[4] Itte Triger bemühte sich sehr um die Freilassung ihrer Tochter. Sie ersuchte alle möglichen Stellen um Hilfe, die sie schließlich bei Rudolf König[5] von der Auswanderungshilfsaktion für nichtmosaische Juden[6] fand. Königs Aufgabe war es, für festgenommene und in Haft befindliche Juden und Jüdinnen bei der Gestapo vorzusprechen. Ein höherer Beamter der Gestapo Wien war ein ehemaliger Schulkollege Königs. Ihm schilderte König Rosl Triger als politisch „vollkommen harmlos[e]“ Person, die „nachgewiesenermaßen weder Geld noch Schmuck herausgeschmuggelt“ habe. Wesentlich jedoch war, dass König dem Gestapobeamten eine Ausreisemöglichkeit Rosl Trigers vorweisen konnte. Sie hatte ein gültiges und sicheres Affidavit wie auch bereits eine Vorladung zum amerikanischen Konsulat, wo sie die nötigen Dokumente vorlegen sollte. Auch der für ein Einreisevisum in die USA notwendigen ärztlichen Untersuchung musste sie sich unterziehen. Da eine beweisbare Auswanderungsmöglichkeit für Rosl Triger bestand, erreichte König ihre Entlassung aus der KZ-Haft.[7]

Zwischen der Freilassung und der tatsächlichen Ausreise vergingen noch einige ängstliche Monate. Die Modalitäten für die Visumserteilung zogen sich schleppend hin. Im Frühjahr 1941 erhielt Triger endlich das Visum. Die Ausreise konnte nur in Gruppen via Spanien-Portugal erfolgen und vor Antritt der Reise benötigte Triger noch eine Schiffskarte. Ihr Affidavitgeber, ein wohl situierter Geschäftsmann, hatte rechtzeitig für ihre Passage gesorgt.

---

3 DÖW 9301, Brief von Rosl Triger an Otto Leichter, o. D. Der Briefinhalt lässt darauf schließen, dass das Schreiben um den 1. Juli 1941 verfasst wurde.

4 Itte Triger, geb. 23. 12. 1880, wurde am 14. 6. 1942 ins Vernichtungslager Sobibor deportiert. Siehe Datenbank Shoah-Opfer auf http://www.doew.at/ausstellung.

5 Rudolf König, geb. 12. 2. 1903, wanderte 1945 nach Schweden aus. Siehe DÖW 9301.

6 Bis zum April 1940: Aktion Gildemeester. Siehe zur Aktion Gildemmeester: Theodor Venus / Alexandra-Eileen Wenck, Die Entziehung jüdischen Vermögens im Rahmen der Aktion Gildemeester. Eine empirische Studie über Organisation, Form und Wandel von „Arisierung“ und jüdischer Auswanderung in Österreich 1938–1941, Wien–München 2004 (= Veröffentlichungen der Österreichischen Historikerkommission 20/2).

7 Siehe Fußnote 3.

Am Abend des 25. Mai 1941 verließ sie mit einer Gruppe von 37 Ausreisenden Wien in Richtung Berlin. 60 Personen folgten noch aus Wien. In Berlin wurde der Auswanderertransport erst richtig zusammengestellt, der je nach der Anzahl der Personen aus einem oder mehreren Waggons bestand. In plombierten Wagen ging es durch das besetzte Frankreich zur spanischen Grenze. In Hendaye mussten sie umsteigen, weil die Eisenbahnen in Spanien eine andere Spurweite hatten. Zwei Tage später waren sie in Lissabon, wo sie eine knappe Woche auf die Einschiffung warten mussten. So hatte Rosl Triger genügend Zeit, den Angehörigen ihrer ehemaligen Mithäftlinge ihre Ankunft in den USA anzukündigen. Am 15. Juni 1941 stach sie an Bord der „SS Mouzinho" in See[8] und landete acht Tage später in New York. Am Pier wurde sie von ihren Affidavitgebern erwartet, bei denen sie auch die erste Zeit verbrachte.

Rosl Triger hielt ihr Versprechen an die Ravensbrücker Mitgefangenen und versuchte Affidavits zu erlangen. Kaum in den USA angekommen setzte sie sich sogleich mit deren Angehörigen in Verbindung und bedrängte sie um Affidavits. Sie meldete sich zuerst bei Vally Weigl[9], der Schwester von Käthe Leichter, da sie die Adresse von Käthes Gatten Otto nicht hatte, dem sie über Käthes Befinden in Ravensbrück berichten wollte. Zu einem Treffen mit Otto Leichter kam es vorerst nicht, da sie zu weit voneinander lebten, jedoch schickte sie ihm zwei ausführliche schriftliche Berichte, die nachfolgend abgedruckt sind. An Irene Harand[10] wandte sie sich wiederum mit dem Anliegen, Hertha Breuer[11] zu einer Einreise in der Vereinigten Staaten zu verhelfen. Robert Aldaz gab sie einen Bericht über seine Mutter Hermine Aldas[12].

Vorerst lebte Rosl Triger bei ihren Affidavitgebern in Maine und zeigte ihre Dankbarkeit, indem sie den Haushalt führte. Ich „koche, wasche, bügle,

8 Die Reisegenehmigung für die Gruppe vom 25. Mai 1940 sowie die Liste der Passagiere an Bord der „SS Mouzinho" sind im Privatbesitz des Autors.

9 Valerie Weigl, geb. Pick, geb. 11. 9. 1894, Komponistin und Musiktherapeutin.

10 Irene Harand (7. 9. 1900 – 2. 2. 1975), Schriftstellerin und Kämpferin gegen Nationalsozialismus, Rassismus und Antisemitismus. Siehe Irene Harand, „Sein Kampf" – Antwort auf Hitler, Wien 1935, neu hrsg. v. Franz Richard Reiter, Wien 2005.

11 Hertha Breuer, geb. 24. 9. 1905, Juristin und Mitkämpferin in der Harand-Bewegung, wurde 1942 in der „Euthanasie"-Anstalt Bernburg ermordet. Siehe Datenbank Shoah-Opfer auf http://www.doew.at/ausstellung.

12 Hermine Aldas, geb. Rabl (geb. 1. 12. 1881) kam gemeinsam mit Käthe Leichter ins KZ Ravensbrück. Ihr Sohn Robert schreibt sich in den USA Aldaz so wie auch Rosl Triger den Namen in ihrem Brief vom 9. 7. 1941 in dieser Schreibweise verwendet.

nähe und zeige, dass Refugees brauchbar sind", schrieb sie Otto Leichter. Daneben lernte sie Englisch. Sie suche „hier ‚Brot' und ein Fleckerl auf dem ich meiner Mutter ein neues Heim gründe". Gerne wäre sie als Putzmacherin oder Schneiderin „in einem kleineren, aber guten und feinen Betrieb" untergekommen, um sich „einzugewöhnen". Gegebenenfalls wolle ihr Mr. Chason, ihr Affidavitgeber, „eventuell ein kleines Kapital für Material borgen", damit sie sich wieder selbstständig machen könne, um ihre Mutter nach Amerika holen zu können.[13]

Triger erfuhr bald, dass all ihre Bemühungen um ihre Mutter und KZ-Kameradinnen zwecklos waren. Mit 30. Juni 1941 schlossen die USA ihre Konsulate im deutschbesetzten Europa. Mit 1. Juli 1941 wurden neue Regulative für eine Einwanderung in die Vereinigten Staaten erlassen und potentiellen AffidavitgeberInnen schwere Hürden in den Weg gelegt. Eine weitere Verfügung des State Departments schloss Visaerteilungen an Personen, die Angehörige im NS-Deutschland hatten, aus Angst vor Spionage aus. Das Deutsche Reich wiederum verbot mit 5. August 1941 jegliche Ausreise von Juden und Jüdinnen im Alter von 18 bis 45 Jahren,[14] ab Oktober 1941 durften generell keine Juden und Jüdinnen mehr emigrieren.

Rosl Triger war eine einfache, tüchtige und hilfsbereite Frau. Im Umgang mit ihren Kundinnen hatte sie sich einen reichen Wortschatz angeeignet, schrieb sehr ausführlich und wusste „so lebhaft zu erzählen".[15] Ihre zwei Berichte über Ravensbrück an Otto Leichter sind eine hervorragende Quelle für die Geschichtsschreibung und geben einen Einblick in das Leben der Häftlinge in Ravensbrück im ersten Kriegsjahr. Sie werden nachstehend in Originalversion wiedergegeben, die Originale sind handschriftlich verfasst.

---

13 Siehe Fußnote 3, Brief und Bericht an Otto Leichter ohne Datum, lediglich mit der Angabe „Donnerstag".

14 Siehe Fußnote 3, Brief von Robert Aldaz an Rosl Triger v. 2. 9. 1941; Brief von Irene Harand v. 4. 8. 1941. David S. Wyman, Paper Walls, America and the Refugee Crisis 1938–1941, New York 1985, S. 191 ff.; Dokumentationsarchiv des österreichischen Widerstandes (Hrsg.), Widerstand und Verfolgung in Wien 1934–1945, Bd. III, Wien 1975, S. 276, Dok. 145.

15 Siehe Fußnote 3, Brief von Otto Leichter v. 29. 4. 1942.

Undatierter Brief von Rosl Triger an Otto Leichter

Donnerstag

Mr. Leichter! Auch mir hat es riesig leid getan, daß ich meine Abreise von N. [New] York nicht verschieben konnte, um Sie zu sprechen. [...] [Auch war es mir unmöglich] Frau Dr. Weigl aufzusuchen und an eine Möglichkeit Ihnen zu telegraphieren habe ich dummer Weise vergessen. Alle Ihre Fragen will ich mit besten Wissen und Gewissen beantworten, sollte es Ihnen zu wenig sein, und was Sie wollen – fragen Sie nur! Sie sind mir durch Katterls Erzählungen so nahe wie ein lieber alter Freund, und zuerst will ich Sie um folgendes bitten: schreiben Sie an Katterl! Und zwar in diesem Sinne: Sie sind einer ihrer 3 Buben, natürlich der Größte! So hab ich das mit Katterl besprochen und ich hab auch Frau Vally gebeten zu schreiben. – Unbeschreiblich wird die Freude sein, schade nur, daß diese herrliche, wundervolle Frau, die ich überaus verehre, und es mein größter Wunsch ist sie wiederzusehen, solange von Ihnen kein direktes Schreiben hat. Die Adresse ist:

Marianne Sara Leichter Nr. 2575 Block 11 (bitte keinen Doktortitel)

Frauenkonzentrationslager Ravensbrück bei Fürstenfeld in Mecklenburg, Germany

Ich schrieb aus Lissabon an sie, teilte ihr mit, daß ich Sie bald sehen werde – und wenn Sie wollen, erwähnen Sie kurz, mit „Schwejk" (das ist mein Spitzname) oft beisammen zu sein. Dann weiß sie, daß Sie direkt Nachricht von ihr haben, und das wird sie unendlich freuen. Vor allem, in Ihrem Briefe müssen Sie unbedingt das Thema Ausreise erwähnen, sonst sind Auslandsbriefe unzulässig. Es wäre vielleicht auch richtig an die Lagerleitung eine Bitte zu stellen. Unbeschadet der Briefe der Tante Frau Kux[16] bitten Sie ausnahmsweise ihr diesen (Ihren) Brief auszuhändigen. Sie darf nur einmal im Monat von nächsten Verwandten 1 Brief erhalten und 1 Brief mit nur 15 Zeilen schreiben, der strengstens zensuriert wird. Ob sie die Erlaubnis bekommt Ihnen zu antworten, kann ich Ihnen derzeit nicht bejahen, könnte aber vielleicht sein.

Katterl ist aufrecht, vollkommen geistig auf der Höhe, ist der klügste Mensch, über alles Weltgeschehen orientiert, ist sich dessen bewußt, daß sie die Gestapo nicht so leicht frei gibt. Sie weiß ganz genau, daß derzeit keine Entlassungsinterventionen sind und vielleicht erst mit Kriegsende eine Entlassung zu rechnen ist. Sie ist wohl erschreckend mager, und ein wenig

---

[16] Lenczi Kux – Käthe Leichters Tante Helene Kux –, geb. 16. 6. 1877, wurde am 17. 8. 1942 nach Maly Trostinec bei Minsk deportiert und nach der Ankunft am 21. 8. 1942 ermordet. Siehe Datenbank Shoah-Opfer auf http://www.doew.at/ausstellung.

ergraut, aber sprudelnd vor Witz und Geist, sie hat sich nicht eine Sekunde niedergedrückt gefühlt, sie hat sich vor nichts zu fürchten, Strafe oder schlechte Behandlung gibt es nicht! Das Essen ist nur leider furchtbar wenig und es ist kaum zu fassen, daß dieses Wenige genügen muss – doch man sieht, daß dieses Minimum genügt um zu leben. Dazu kaufen ist außer Zahnpasta, Kamm, Briefpapier, keine Möglichkeit. Das Lager als solches ist äußerst sauber und hygienisch gehalten, Blockhäuser, zirka 20 nebeneinandergereiht umgeben von hoher Mauer (dekoriert mit elektrisch geladenen Drähten), inmitten eines Tannewaldes, gutes Klima, leider aber ziemlich kalt im Winter (weil zu wenig Brennstoff). Die Kleidung ist nett und rein, Wäsche wird allwöchentlich gewechselt. Es ist ein Revier (Spital, Ambulanz, 2 Ärzte, 2 Ärztinnen, Zahnarzt da), eigene Waschanstalt, Brausebäder, Büglerei, Näherei, Strohflechterei (hier werden nur Zigeunerinnen beschäftigt) und Küchenbaracke, anschließend Kanzleiräume, Kleiderkammer, Effektenräume etc. – Inhalt: 5.000 oder 5.500 Frauen, sämtliche Nationen: Tschechinnen, Polinnen, Holländerinnen etc. und zirka 300 Jüdinnen, alle Arten von „Verbrecherinnen", hauptsächlich politischer Natur (es sind auch harmlose „Meckerinnen" dabei, ein unbedachtes unzufriedenes Wort genügt), ziemlich viel asoziale Elemente und einige wenige Berufsverbrecherinnen (z. B. § 144[17]). Am „Judenblock" gibt es staatenlose „Verbrecherinnen" und so wie ich, Leute die versucht haben illegal über die Grenze zu gehen, dann sogenannte „Rassenschänderinnen" etc.

Die Tageseinteilung: ½5h geht die Sirene, bis½ 6h aufräumen des Schlafraumes, gründlich waschen, Frühstück, schwarzer Kaffee(ersatz), 1 Schnitte Brot ausreichend für den ganzen Tag, Sonntags eine „Idee" von Margarine und Marmelade. Nachher Appell: blödsinniges Aufstellen in fünfer Reihe, zirka 30 Minuten warten bis die Oberaufseherin kommt, ein Weib im „S.S" Rang in Uniform, sich von der „Blockältesten" Bericht erteilen läßt, dann blockweise die Frauen zählt. Fluchtversuch ist streng bestraft, sehr selten, da überhaupt ausgeschlossen, reiner Selbstmord. Dann folgt Arbeitsformierung, z. B. Küchendienst, Wäscherei etc. Katterl und ich waren bei der übrigens sehr leichten „Straßenbau-Kolonne", das heißt, Kies in Schubkarren fahren, Sand streuen, Schnee kehren, Abfallholz von Baustellen klauben, Steine, Schutt schleppen etc. Aber ich gebe Ihnen vollste Versicherung: unsere Arbeitskolonne geführt von einer sehr lustigen Mitgefangenen namens Neumann (Arierin) war zweifellos die leichteste und

---

17 Paragraph 144 des Strafgesetzbuches stellte den Schwangerschaftsabbruch unter Strafe.

beste, denn die Arbeit wurde selten von Aufseherinnen kontrolliert. Wir waren uns überlassen, konnten uns gegenseitig auswechseln, von der Arbeit drücken, waren viel im Freien und konnten unbekümmert sprechen mit den Anderen, die auf anderen Blöcken wohnten – so erfuhren wir immer von anderen Neuankömmlingen was vor und hinter den Kulissen ist. Die Zeitung, Der Völkische Beobachter durften einige Häftlinge abonnieren, so daß alle sie gelesen haben. Samstag nachm. [Nachmittag] und Sonntag wird nicht gearbeitet.

Um 11h vormittag beginnt Mittagspause, einrücken im Blockhaus, Essen wird in Kübeln geholt, dabei ist Katterl mit Leidenschaft, denn unterwegs und beim „fassen" trifft sie ihre Freundinnen Rosl Jochmann, und eine Menge anderer Frauen, die eine politische Rolle hatten – es sind viele Kommunistinnen da, durchwegs wunderbare sehr interessante, aufrechte Frauen, vollkommen über und von einer Änderung überzeugt, es ist keine unter ihnen die „schlapp" ist, dadurch halten sie so wunderbar durch! Von 2h–5h wird gearbeitet – manche Arbeitskolonnen können ins Brausebad gehen –, dann wieder Essen holen, das entweder eine Suppe, oder Kartoffel, oder Gemüse ist, – ein großer Schöpflöffel voll – und das war auch nur vorher zu Mittag. Frauen, die älter sind bleiben am Block, stricken, gehen vor- und nachmittags je 1 Stunde zwischen den Blockhäusern spazieren, allerdings jeder Block für sich auf der vor dem Hause liegenden Kiesstraße. Die Behandlung ist gut, es gibt wohl Strafen für boshaftiges beschädigen der Sachen, Arbeitsverweigerung, keckes Benehmen der Stubenältesten gegenüber, oder sonstiger Undisziplin d. [das] ist Kostentzug, Arrest, Strafe stehen (täglich 3 Stunden, 1 Woche lang …) oder sogenannter Strafblock, da wird Sonntags gearbeitet. Unterschied der Rasse wird nicht gemacht, alle haben gleiche Behandlung. Unter den Häftlingen sind, bedingt durch zu lange Haft und Entbehrungen leider auch ziemlich streitsüchtige, nervöse Frauen, doch im allgemeinen kommen alle sehr gut miteinander aus. Um Katterl schart sich natürlich die Gruppe Intellektueller, die „Creme" der Gesellschaft, denn Katterl ist geistiges Oberhaupt, politischer Berater, Zeitungsvorleserin, etc. und ich als „Hanswurst" waren schon wegen der Gegensätze unzertrennlich. Ich wußte, daß meine Entlassung, meine Verhaftung war ein Irrtum (!) täglich zu erwarten war, und dadurch gelang es mir die lieb gewordenen Freundinnen zu erheitern. Sehr schwere Tage verlebten wir, Katterl und ich, als wir den deutschen Einzug nach Frankreich verfolgten und dann den Einzug nach Paris waren schlimme Tage für uns, denn Katterl wähnte Sie alle 3 dort, tapfer war sie, die Gute, schmal und blass war ihr Gesichterl und abends haben wir uns angesehen und still und stumm die Hand gedrückt,

Katterl hat nachts leise gestöhnt, als ich ihr drohte, hat sie sich abgewandt, aber nicht geweint! Wie war sie glücklich als sie von den Kindern und Ihnen hörte. Frau Lenczi sandte ihr auch auf mein Anraten das eine Bild von den Buben, das sie freudig bestätigte. – Wenn es nur irgendwie ihnen möglich ist trachten Sie, die fehlenden Punkte zum Affidavit zu erlangen, ich fiebere danach, daß sie alles in den Papieren in Ordnung hat, und die Schiffskarte, die sehr viel ist, da ist. Aber diese nützt nichts, die ärztl. [ärztliche] Untersuchung, die auf Grund eines richtigen Affid. [Affidavits] folgt ist das Wichtigste. Vielleicht kommt wieder einmal der Augenblick eines Personenwechsels in der Gestapo und sind dann wieder Entlassungsgesuche erlaubt, deshalb wäre ich so glücklich, wenn Katterl's Papiere da sind, Frau Lenczi, die überaus rührig ist, weiß genau wie und was zu machen ist. – Ich bin so naiv an Wunder zu glauben und da mein ganzes Leben aus wild überstürmenden Zufällen besteht, ich manchmal dabei wirkliche Freuden erlebe, so glaube ich auch, daß ich einmal Katterl wieder habe!

[...] Jetzt auf meiner Durchreise durch Berlin besuchte ich Frau Abraham, die 3 Monate später als ich und als Letzte freiging. Sie bestätigte mir, daß Gottseidank alle gesund waren, ein großer Teil, darunter auch Katterl, jetzt von der Arbeit befreit sind! Ich habe von anderen Mithäftlingen, mit deren Verwandten ich in steter Verbindung bin, Nachrichten. Alle werden durchhalten! – Ich bin auf fieberhafter Suche nach Affidavits für 4 Personen im Lager, an deren Existenz die Verwandten vergessen haben, die „leichte Fälle" sind und heraus könnten, ansonsten such ich hier „Brot" und ein Fleckerl auf dem ich meiner Mutter ein neues Heim gründe.

Fragen Sie nur weiter, ich antworte gerne, inzwischen Grüße Ihre Rosl.

Brief von Rosl Triger vom 9. 7. 1941 an Otto Leichter

Lieber Freund!
Es ist gar keine Ursache, daß Sie mir für mein Schreiben danken! Denn das ist ganz selbstverständlich, daß ich Ihnen jede Mitteilung über mein Katterl zukommen lassen will. Leider nur brieflich, wie Vieles würde mir noch einfallen, was ich so gerne Ihnen erzählen will. Vor allem einmal Antwort auf die gestellten Fragen.

K. [Katterl] hat bis zur Zeit (21. August 1940, Tag meiner Entlassung) nie daran gezweifelt an Englands Niederlage! [sic!] Die Siege über Polen, Holland, Belgien schmerzten sie sehr, der Verrat der Maginot-Linie empörte sie und der Gedanke, daß die Hakenkreuzflagge über Paris weht schien uns allen einfach unfaßbar. Die Kämpfe bei Narvik verfolgten wir genau auf der in den Zeitungen abgebildeten Landkarte, eine große Karte Englands hatten wir, auf der wir mit banger Sorge die Einflüge verzeichneten. Zu dieser Zeit auch begann Italien im Mittelmeer zu operieren, die Teilung: besetztes und unbesetztes Frankreich war uns nicht klar, und schon damals wünschten wir uns den Eintritt Amerika's in den Krieg. Auch von der Möglichkeit eines Krieges Russland – Deutschland sprach unsere Prager Kommunistin Hede Bass, die Berliner Kommunistinnen Ruth Grünspann, Oppenheim. Olga Benario-Prestes, eine Berlinerin deren Mann eine „16-jährige" Strafe in Mexiko (politischer Putsch) sitzt schon knapp 5 Jahre und dürfte der interessanteste Fall sein, das ist eine bewundernswerte 32-jährige Frau, ungefähr gleicher Art wie Katterl, unerhört klug, gefaßt, ganz seltene Charaktereigenschaften und unbeugsam. Das in der Haft geborene Kind wurde von der Mutter des Gatten geholt und nach Mexiko gebracht, fallweise bekommt sie Nachricht von ihrem Mann, der scheinbar wie sie den Kerker leicht trägt. Dann ist Dr. Irene Langer da, eine Ärztin, von der ich vermute, daß sie Katterl von früher her kannte. Dann Dr. Hertha Breuer, (verwickelt in der Affaire Dr. Zahlmann – Irene Harand). Dann Erna Ascher, Josefine Schneider. Die Pilsnerin Erna Pollak, Prof. Juliska Pomalis aus Zlin, Prof. Redlich aus Berlin, – dann „harmlose Fälle": Frau Aldaz, Franziska Bukowitz, Grete Lahmersdorfer sind gute Freundinnen von Katterl. Und dann gibt es noch sehr viele nette Frauen, die ein anderes Schicksal verdient hätten. Auch die Fürstin Schaumburg-Lippe unterhält sich gerne über Musik mit Katterl, ebenso die Geigerin Amelie Weil (die Gattin Erwin Weil's Homunkulus), hie und da hört man entfernt einen Lautsprecher am Sonntag. Es sind noch massenhaft Frauen auf anderen Blocks, es ist mir aber unbekannt ob sie Katterl von früher her kennt, glaube mit Sicherheit, daß außer Steffi Kunke (aus Mödling) und der Rosl J. [Jochmann] sonst keine Bekannte aus dem „Privatleben" da ist. Die Polinnen, die alle das „politische Verbrecher Abzeichen" haben, ebenso die Holländerinnen sehen wir wohl, da sie aber auf geschlossenen Blocks gehalten sind, ein dünnes Drahtgitter teilt die „Spaziergangsstraße" hat man keine Gelegenheit sie zu sprechen, doch hie und da, beim Zahnarzt oder Ambulanz konnte man leise einige Worte wechseln, ich sprach oft mit einigen polnischen Nonnen, und der Frau eines getöteten Bürgermeisters. Von den Holländerinnen erkannte ich (ich lebte in Amsterdam) eine Journalistin und eine Dame vom Hochadel (der Name ist mir leider entfallen.) – Es sind nur „Nummern". – Eine sieht äußerlich ganz wie die Andere aus, durchwegs abgeklärte Gesichter, alle, alle, durchwegs, klammern sich an den Gedanken Freiheit, Zukunft und endlich das Kriegsende. Katterl sagte jedesmal, wenn wir am Ende einer der endlosen Debatten waren: die Geschichte lehrte, daß man sich auch zu Tode siegen kann! Es war zum Staunen, wie sie es verstand uns als gewiegte Zeitungsleserin, den Inhalt zwischen den Zeilen zu erklären. Sie begann stets damit uns auf die sinkende Börse aufmerksam zu machen, mit den Scherzworten: Leute aber schnell verkaufen, unsere Papiere sinken. Bank, Wirtschaft und Börse, Spiegel der Zeit, so sagte sie immer (mit tief gemachter erhobener Stimme) und mit Pathos las sie mit Vorliebe die Todesanzeigen der Gefallenen (sie starben für den Führer und das Reich). Katterl dichtete, darunter das Lied, das wir nach einer revolutionären Musik sangen, leider kann ich es nicht mehr, aber die Erinnerung daran wird mir unvergesslich sein, der Refrain: warum? – wozu? und der Schluß sagt: wir bauen eine Straße (nicht mehr, warum, wozu) – in die neue Welt! – Und darin liegt Katterl's Lebensbekenntnis. – Charmante freisinnige Parodien ungemein lustig auf unsere Freundin Loni Samuel gewürzt schrieb sie auch, und was sie sonst gerne schreibt sind ihre Individualskizzen, Anmerkungen über Interview's mit anderen Häftlingen und als Prüfung ihres Gedächtnisses notiert sie Erinnerungen aus ihrer Kindheit, macht ein bissl Lateinstudien mit Pomališ, ein bissl lernten wir Englisch. Mit einer Französin aus Straßbourg hörte ich sie oft fließend sprechen. Katterl mit Hornbrille und Bleistift ist untrennbarer Begriff, – aber sie kann auch stricken!! Jawohl, mit unendlicher Liebe und Hingabe strickt sie Socken, können Sie sich das vorstellen?

Ihre Frage: hat sie politische Differenzen, über die muß ich lachen, nein, und zugleich ja! Debatten über sozialdemokratische und kommunistische Ansichten regnen sehr häufig, wobei Katterl unerhört energisch ihren Standpunkt vertritt, den Kommunismus sehr verurteilt, ihn des Plagiates beschuldigt, mit einem Wort, nicht damit einverstanden ist, es werden große Worte gemacht, Bücher zitiert, und was ist dann der Schluß? Frauen im KZ. – man zieht sich das Kopftuch an, bindet die Schürze vorschriftsrichtig, eilt zum Appell mit banger Sorge: ist heute wieder die Suppe so dünn, daß man gleich so schreckliches Magenknurren vor Hunger hat?

Über die Todesursache ihrer Mutter war Katterl bis vor einigen Wochen im Unklaren. Sie hatte die Vorstellung, daß die Mutter vielleicht lebt, da sie aber nicht schrieb, nahm sie an, daß sie entweder gelähmt oder irgendwie geistig behindert ist. Daß Selbstmord vorlag ist ihr selbstverständlich unbekannt. Eine, von Frau Kux (durch deren Anwalt) eingesendete Vollmacht in der Erbschaftssache gab ihr die Klarheit, daß die Mutter nicht mehr ist. – Sie schrieb darüber einen ganz wunderbaren Brief.

Sie spricht mit inniger Liebe von ihren 3 Buben, man fühlt es, daß ihr ganzes Denken und Sinnen, sie spricht sehr selten und mit scheuer Zartheit, sie fürchtet, daß sie die Sentimentalität überfallen könnte, ein Wieder-Finden mit Ihnen allen Dreien ist! Sie baut auf ihre Buben! Katterl weiß, daß ihre Verschickung in das KZ. – ebenso das gleiche Schicksal Anderer – reine Willkürsache war, sie sprach nicht davon, daß ihr eine persönliche feindlich gesinnte Gehässigkeit schadete. Ich habe auch nichts gehört von ihr, bezüglich „Geisel". Sie weiß, unbequeme Menschen, wenn man sie erwischt, werden halt eingesperrt gehalten!

Ich bin untröstlich, daß die Visaangelegenheit so aussieht, mit meinem Unverstand klammere ich mich wie irrsinnig an den Gedanken, nur kein Krieg, obwohl nur das die Erledigung auslösen könnte. Ich bitte Sie, nachdem ich hier abgesehen davon, daß ich in einer kleinen Provinzstadt bin, noch außerdem 1 Stunde davon entfernt in einer Villenkolonie wohne und mit fast Niemandem spreche, daß Sie mich am Laufenden halten, ob Schiffe verkehren, ob und wie Visa verteilt werden. Ich bin hier, wie gesagt, in paradiesischer Gegend, bei meinem Affidavit-Spender, ein unbekannt (gewesener) Gönner, soll mich noch einige Tage erholen, und gut essen. Vielleicht finde ich hier Arbeit – was ich mir dringend wünsche und endlich ins Verdienen zu kommen, und da Mrs. Chason mir ein Affid. [Affidavit] für meine Mutter zusagte, so spiele ich hier Haushalt, koche, wasche, bügle, nähe und zeige, daß Refugees brauchbar sind. Erwünscht wäre es mir, entweder als Millinary[18] oder dressmaker[19] in einem kleineren aber guten feinen Betrieb unterzukommen und vorerst einzugewöhnen. Denn Mr. Chason (ein guter amerikanischer Geschäftsmann) will mir eventuell ein kleines Kapital für Material borgen, damit ich mich bald wieder selbständig machen kann. In zirka 14 Tagen werde ich vielleicht an einem Autoausflug nach Boston oder N.-York teilnehmen können und falls ich da oder dort was finde, mein „Leben" aufbauen. Ich gebe Ihnen, da wir doch beide so ohne Adresse „in der Luft hängen" eine Adresse an [...] Es ist die des Sohnes einer Dame, Frau Aldaz, die Katterls beste Freundin seit eineinhalb Jahren ist [...] Viele Grüße, schreiben Sie mir doch mal Rosl.

---

18 Milliner, engl.: PutzmacherIn, ModistIn.

19 Dressmaker, engl.: DamenschneiderIn.

FLORIAN SCHWANNINGER

„MEINE AUFGABE IN HARTHEIM BESTAND LEDIGLICH DARIN, AKTEN ZU VERNICHTEN.“[1]

Das Projekt „Gedenkbuch Hartheim“ als Beitrag zur Rekonstruktion der NS-Euthanasieverbrechen im Schloss Hartheim 1940–1944

„Am 13. Dezember 1944 fuhren wir mit einem Kraftwagen in Stärke von 20 Häftlingen nach dem Schloss Hartheim, 27 km westlich von Linz. Dort fuhren wir in einen Schuppen aus Brettern, welcher von außen mit Dachpappe verschlagen war, fest verschlossen werden konnte und keine Fenster besaß. Aus diesem Schuppen ging es direkt in das Schloss und von hier in den Hof. Das erste, was ins Auge fiel, war ein Fabriksschornstein von 26 m Höhe [...] Aus einem Zimmerchen führte eine Tür in einen anderen Raum, welcher den Eindruck eines kleinen Baderaumes machte. Der Eingang war sehr klein, die Tür aus Eisen, mit Gummi verdichtet, der Verschluss von massiven Hebelriegeln, in der Tür ein kleiner, runder Ausguck. Die Wände dieses Raumes waren bis zur Hälfte mit Fliesen ausgelegt. Es waren sechs Brausen [...] Aus diesem Raum führte eine Tür zum Krematorium. Dieses hatte zwei Öfen. Links vom Eingang fanden wir einen Haufen Asche mit Teilen von Menschenknochen [...]
Wir haben den Schornstein auseinandergenommen, einen Teil der Schlacke haben wir unter die Bäume im Wirtschaftshof gefahren. Im Bäderraum haben wir die Fliesen von den Wänden entfernt und alle Werkzeuge, welche zum Morden bestimmt waren. Unsere Arbeit dauerte 8 Tage. Die Männer haben die Räume zum ehemaligen Stand ge-

[1] Hessisches Hauptstaatsarchiv Wiesbaden Abt. 631a/881 Zeugenaussage Ursula Kregelius, 7. 9. 1965, in: Brigitte Kepplinger, Die Tötungsanstalt Hartheim 1940–1945, in: Oberösterreichisches Landesarchiv/Lern- und Gedenkort Schloss Hartheim (Hrsg.), Tötungsanstalt Hartheim, Linz 2005, S. 41–94, hier 86.

bracht, die Wände verputzt [...] Das zweite Mal fuhren wir nach dort am 2. Jänner 1945 für 10 Tage und arbeiteten weiter daran, diesem Schloss das ehemalige Ansehen wiederzugeben. Wir haben also eine Tür vermauert, eine andere in die Wand geschlagen usf. Nun hat man hier ein Kinderheim eingerichtet. Gegen Ende unseres Verweilens hat man hierher 35 Kinder, 6 Schwestern und 1 Lehrerin gebracht.“[2]

Wenige Wochen vor der erwähnten Beseitigung der baulichen Spuren im Schloss Hartheim waren die Verwaltungsaufzeichnungen der Tötungsanstalt systematisch vernichtet worden. Zeugen gaben in späteren Erhebungen und Gerichtsverfahren an, dass tagelang Akten und Karteien verbrannt und Einrichtungsgegenstände abtransportiert worden waren. Offenbar sollten im Schloss Hartheim alle Spuren der „Euthanasie“ getilgt werden, damit die Beteiligten nicht befürchten mussten, nach dem absehbaren Ende des Krieges zur Verantwortung gezogen zu werden. Eine Angestellte des „T4“-Apparats, Ursula Kregelius, gab beispielsweise im Zuge des Verfahrens gegen den stellvertretenden Leiter von Hartheim, Dr. Georg Renno, zu Protokoll:

> „Meine Tätigkeit in Hartheim bestand lediglich darin, Akten zu vernichten. Ich weiß noch, dass die vernichteten Akten aus Fotografien und Krankengeschichten bestanden. [...] Man sagte uns, das Aktenmaterial sollte bei Beendigung des Krieges nicht aufgefunden werden.“[3]

Die Büroangestellte Helene Hintersteiner schilderte die Vernichtung bzw. Verschickung der Unterlagen folgendermaßen:

> „Alle die hier eingelagerten Akten und Schriftstücke sind in der Zeit vom Oktober 1944 bis Dezember 1944 entweder zur Papiermühle gefahren und vernichtet worden und ein Teil in Waggons mit Einrichtungsgegenständen nach Bad Schönfließ in der Neumark, Gut

---

2 Aussage des polnischen Häftlings Adam Golebski, IMT: D 626 (USA, Ex. 810), NA, case no. 000-50-5, RG 238, zit. bei: Andreas Baumgartner, „Die Kranken sind dann vergast worden“. Die Ermordung von KZ-Häftlingen in Hartheim, Oberösterreichisches Landesarchiv/Lern- und Gedenkort Schloss Hartheim (Hrsg.), Tötungsanstalt Hartheim, S. 95–106, hier 103 f.

3 Siehe Fußnote 1.

Steineck [im heutigen Brandenburg; Anm. d. Verf.] versandt worden.“[4]

Das Ausmaß der Verbrechen im Schloss Hartheim war immens. In den Jahren 1940 und 1941 fanden rund 18.000 InsassInnen von psychiatrischen Kliniken, Fürsorge- und Pflegeheimen aus der damaligen „Ostmark“ (inkl. Gebiete des heutigen Sloweniens), einem großen Teil Bayerns und Teilen der heutigen Tschechischen Republik (dem Deutschen Reich angeschlossene Gebiete) in Hartheim den Tod („Aktion T4“). Vom Sommer 1941 bis zum Dezember 1944 wurden hier auch Tausende KZ-Häftlinge aus Dachau, Gusen und Mauthausen mittels Gas ermordet („Aktion 14f13“). Insgesamt geht man von einer Gesamtopferzahl von bis zu 30.000 Personen aus.

Obwohl nach Kriegsende in Österreich eine Reihe von Prozessen gegen Beteiligte an den NS-Euthanasiemorden geführt wurde und auch die Presse über diese Verfahren sowie die Geschehnisse in Hartheim berichtete[5], spielte dieses Thema über Jahrzehnte nur eine marginale Rolle in der historischen Forschung sowie im öffentlichen Gedächtnis[6]. Im Zuge der Ermittlungen für die Nachkriegsverfahren konnten bereits in den unmittelbaren Jahren nach 1945 zum Teil sehr umfangreiche Materialien gesam-

4 NARA II, RG 549, Records of HQ, UAREUR, War Crimes Branch, War Crimes case Files („Cases not Tried“), Box 490, Case 000-12-463 Hartheim, Niederschrift Helene Hintersteiner vom 29. 6. 1945, in: Kepplinger, Die Tötungsanstalt Hartheim.

5 Zum Beispiel kamen Mitte der 1960er Jahre aufgrund eines Dossiers von Simon Wiesenthal Journalisten nach Hartheim. Siehe Brigitte Kepplinger / Hartmut Reese, Das Gedenken in Hartheim, in: Oberösterreichisches Landesarchiv/Lern- und Gedenkort Schloss Hartheim (Hrsg.), Tötungsanstalt Hartheim, S. 189–211, hier 190. Siehe auch eine Reportage über die BewohnerInnen von Alkoven bzw. Hartheim 20 Jahre nach den NS-Euthanasie-Verbrechen: Christian Geissler, Ende der Anfrage, in: Werkhefte. Zeitschrift für Probleme der Gesellschaft und des Katholizismus, Jg. 19, H. 3, März 1965, S. 71–82.
Häufiger als in der Tagespresse kam das Thema „NS-Euthanasie“ in den Publikationen der Opferverbände zur Sprache, beispielsweise in „Der neue Mahnruf“, 17. Jg., Nr. 3, März 1964: „Wusste FPÖ-Abgeordneter Mahnert um Mörderschule Hartheim?“ (Dokumentationsstelle Hartheim [DSH] des OÖLA 474) oder ders., 34. Jg., Nr. 6, Juni 1981: „Faschismus und Behinderung“, „Mordanstalt Hartheim“ (DSH 476).

6 Zur wissenschaftlichen und öffentlichen Auseinandersetzung mit dem Thema NS-Euthanasie siehe: Wolfgang Neugebauer, Zur Aufarbeitung der NS-Euthanasie in Österreich nach 1945, in: Sonia Horn / Peter Malina (Hrsg.), Medizin im Nationalsozialismus – Wege der Aufarbeitung, Wien 2001, S. 11–17.

melt und in einigen Fällen nahezu vollständige Opferlisten für einzelne Anstalten bzw. Regionen angelegt werden.[7] Trotz der Tatsache, dass in den ersten Jahren der Zweiten Republik erstaunlich viel zu den Opfern der Massentötungen im Schloss Hartheim erhoben werden konnte[8], fanden die NS-Euthanasieaktionen auf österreichischem Boden erst in den 1980ern Eingang in die Geschichtsforschung.[9] Eine Ausnahme bildet dabei sicher die Arbeit von Florian Zehethofer aus dem Jahr 1975, welche erstmals umfassend die Ereignisse in Hartheim während der NS-Zeit behandelte.[10] Ein Jahr zuvor hatte sich auch bereits Hans Maršálek im Rahmen einer größeren Arbeit mit den Opfern der „Aktion 14f13“ aus dem KZ Mauthausen beschäftigt.[11]

In den 1980ern und vor allem mit Beginn der 1990er Jahre stieg das Interesse am Forschungsgegenstand NS-Euthanasie rasant, vor allem auch

---

7 Siehe beispielsweise den Forschungsbericht über die „Erfassung von T4-Opfern der ‚Landesheil- und Pflegeanstalt für Geistes- und Nervenkranke Hall‘ (heute ‚Psychiatrisches Krankenhaus des Landes Tirol‘), verfasst von Oliver Seifert, 20. 2. 2006, weiters den Projektbericht „NS-Euthanasieopfer 1940/1941 im Bundesland Salzburg“, verfasst von Johannes Hofinger, November 2004. Beide wurden, wie die übrigen in diesem Artikel erwähnten Erfassungsprojekte, im Auftrag des Lern- und Gedenkortes Schloss Hartheim/Dokumentationsstelle Hartheim durchgeführt. Die Forschungsberichte liegen in Letzterer auf. Auch auf dem Gebiet der ehemaligen Untersteiermark (heute Slowenien) wurde nach 1945 von jugoslawischen Behörden ermittelt: Archives of the Republic of Slovenia, Commission for the investigation of the crimes of the occupiers and their collaborationists (Commission), the report of the commission 22. 12. 1945, report of the commission's branch in Celje, 20. 12. 1945, in: Bojan Himmelreich, The Nazi „Euthanasia“ in Slovenia in 1941, Manuskript seines Referats auf der Tagung „Die nationalsozialistische ‚Euthanasie‘-Aktion T4 und ihre Opfer“ in Heidelberg, 21. 9. 2006.

8 Man beachte beispielsweise auch die Broschüre „Felieferhof“ aus dem Jahr 1946, in der u. a. die am Grazer Zentralfriedhof beigesetzten Urnen von „T4“-Opfern aufgelistet werden: Hans Janeschitz, Felieferhof. Ein Bericht über die amtlichen Untersuchungen der Massenmorde in der Schießstätte Felieferhof, Graz 1946.

9 Als erste Arbeiten sind hier zu nennen: Wolfgang Neugebauer, Zur Psychiatrie in Österreich 1938–1945 – Euthanasie und Sterilisierung, in: Erika Weinzierl / Karl R. Stadler (Hrsg.), Justiz und Zeitgeschichte. Symposium: Schutz der Persönlichkeitsrechte am Beispiel der Behandlung von Geisteskranken, 1780–1982, Wien 1983, S. 197–285; Dokumentationsarchiv des österreichischen Widerstandes (Hrsg.), Widerstand und Verfolgung in Oberösterreich 1934–1945, Wien–Linz 1982.

10 Florian Zehethofer, Die Abläufe im Schloss Hartheim 1938–1945, Linz 1975.

11 Hans Maršálek, Die Geschichte des Konzentrationslagers Mauthausen, Wien 1974. An dieser Stelle sollte auch die Arbeit von Rabitsch angeführt werden, in welcher Hartheim Erwähnung findet: Gisela Rabitsch, Konzentrationslager in Österreich 1938–1945, Diss., Wien 1967, S. 84.

Schloss Hartheim (Aufnahme 2003).
Rund 30.000 Personen fielen hier der NS-Euthanasie zum Opfer.

Foto: Lern- und Gedenkstätte Schloss Hartheim

auf regionaler Ebene.[12] Parallel dazu kam es zur Errichtung von Mahnmälern „in nennenswerter Anzahl“. Die Initiativen dazu kamen in vielen Fällen aus der Ärzteschaft der betreffenden Krankenhäuser.[13]

Wolfgang Neugebauer merkt zum Umstand der verschleppten Aufarbeitung der NS-Euthanasie-Thematik an, dass es allgemein gesehen „[...] bis Ende der 70er Jahre weder eine öffentliche Auseinandersetzung noch eine

12 Einen Überblick über das vielfältige Forschungsinteresse zur NS-Euthanasie in den 1980ern und bis zur Hälfte der 1990er Jahre, vor allem in der BRD, erhält man bei Betrachtung der Bibliographie von Christoph Beck, Sozialdarwinismus, Rassenhygiene, Zwangssterilisation und Vernichtung „lebensunwerten“ Lebens – Eine Bibliographie zum Umgang mit behinderten Menschen im „Dritten Reich“ – und heute, Bonn 1995.

13 Brigitte Kepplinger, Gedenkstätten für die Opfer der NS-Euthanasie in Österreich, in: Oberösterreichisches Landesarchiv/Lern- und Gedenkort Schloss Hartheim (Hrsg.), Tötungsanstalt Hartheim, S. 241–284, hier 248.

wissenschaftliche Beschäftigung mit der NS-Medizin und deren verbrecherischen Aspekten“[14] gab. Bezeichnenderweise begann auch das Gedenken im Schloss Hartheim in den 1950ern auf Initiative von ausländischen KZ-Häftlingsverbänden für die Opfer der „Aktion 14f13“. Ein eigener Gedenkraum im Schloss selbst wurde erst im Jahr 1969 eingerichtet.[15] Das Gedenken an die Opfer der „Aktion T4“, zumeist behinderte oder psychisch kranke Menschen, spielte jedoch noch lange Zeit eine nur untergeordnete Rolle.[16] Es sollte schließlich noch bis zum Jahr 2003 dauern, bis mit der Einrichtung des Lern- und Gedenkortes Schloss Hartheim die Bedeutung dieses Ortes in umfassender sowie würdiger Art und Weise dargestellt werden konnte.[17]

Die verspätete Beschäftigung der Geschichtsforschung mit diesen Themen ist aber neben den allgemeinen gesellschaftlichen Rahmenbedingungen auch in der mangelhaften Quellenlage zu verorten. Zum einen wurden die Akten der Tötungsanstalt Hartheim selbst, wie schon erwähnt, kurz vor Kriegsende vernichtet, zum anderen hatten viele Forscher lange Zeit keinen Zugang zu den entsprechenden Akten der Nachkriegsgerichte sowie der Anstalten, aus denen InsassInnen abtransportiert wurden.[18] Dies ist sowohl auf die Sperrfristen in den Archiven, als auch den Unwillen nicht weniger Zuständiger in den Akten verwahrenden Einrichtungen zurückzuführen. Erst nach Einrichtung entsprechender Lehrstühle bzw. Institute erfuhren zeitgeschichtliche Fragestellungen in Österreich Ende der 60er / Anfang der 70er Jahre einen Aufschwung und konnten sich in der Geschichtsforschung ihren Platz erkämpfen.

Die Tötungsvorgänge in Hartheim konnten trotz der fehlenden Unterlagen der dortigen Verwaltung in ihren Grundzügen weitestgehend geklärt werden.[19] Da Hartheim in das Gesamtunternehmen „T4“ integriert war, konnten

---

14 Wolfgang Neugebauer, NS-Medizin in Österreich. Bruch oder Kontinuitäten?, auf: www.doew.at (Download 18. 1. 2007).

15 Kepplinger / Reese, Das Gedenken in Hartheim, S. 189 ff.

16 Kepplinger, Gedenkstätten für die Opfer der NS-Euthanasie in Österreich, S. 253 f.

17 Ebenda, S. 257.

18 Vgl. ein Gespräch des Verfassers mit Dr. Florian Zehethofer vom 9. 1. 2007. Zehethofer standen für seine Arbeit aus dem Jahr 1975 weder Akten aus den Gerichtsverfahren nach 1945 noch die Unterlagen der Anstalt Niedernhart (heute Landesnervenklinik Wagner-Jauregg in Linz) zur Verfügung. Er stellte im Rückblick ein fehlendes Interesse der Öffentlichkeit an diesem Thema fest und beschrieb die „Mauer des Schweigens“, die ihm oftmals bei seinen Recherchearbeiten gegenüberstand.

19 Zum Verwaltungsablauf in der Organisation „T4“ siehe: Annette Hinz-Wessels / Petra Fuchs / Gerrit Hohendorf / Maike Rotzoll, Zur bürokratischen Abwicklung eines Massen-

die fehlenden Quellen durch Materialien übergeordneter Stellen und durch Analogieschlüsse ausgeglichen werden. Die Namen und Aktivitäten der Täter und Beteiligten wurden bereits in mehreren Strafprozessen und auch von der zeitgeschichtlichen Forschung eingehend recherchiert und nachgezeichnet.[20] Dem gegenüber stand lange Zeit die Tatsache, dass über die Opfer von Hartheim nur sehr wenig bekannt war und vor allem ihre Namen und Daten nicht erfasst worden waren.

Nachdem die Akten der ehemaligen „Heil- und Pflegeanstalt Niedernhart“ (heute Landesnervenklinik Wagner-Jauregg in Linz) im Jahr 1989 vom Oberösterreichischen Landesarchiv übernommen worden waren, entstand während der anschließenden Forschungstätigkeit in diesem Bestand auf Betreiben des heutigen Leiters des Landesarchivs, Dr. Gerhart Marckhgott, das Konzept eines „Gedenkbuchs Hartheim“. Die Bearbeitung dieses Bestandes zeigte nämlich, dass anhand von Sekundärquellen die Namen der Opfer, die aus Niedernhart nach Hartheim transportiert wurden, identifiziert werden konnten, da man diese Transporte in den Büchern der Anstalt genau verzeichnet hatte.[21]

Zur Formulierung des Projekts „Gedenkbuch Hartheim“, welches schließlich im Jahr 1998 unter Leitung von Marckhgott und mit Unterstützung des Landes Oberösterreich sowie des Bundesministeriums für Unterricht und Kunst ins Leben gerufen wurde, führten mehrere Überlegungen. Man wollte die Ermordeten nicht „[...] in der – von den Tätern bewusst herbeigeführten – Anonymität statistischer Zahlen ‚verschwinden‘ lassen“, sondern ihnen ihre Individualität zurückgeben. Weiters sollte die namentliche Erfassung den Angehörigen oder Nachkommen der Opfer eine Hilfestellung bei der Suche nach Spuren der in Hartheim getöteten Personen geben. Das „Gedenkbuch“ sollte „[...] als Vermittlungsstelle für weitere Auskünfte auf diesem Gebiet Abhilfe schaffen“. Nicht zuletzt wollte man mit diesem Projekt auch alle nachprüfbaren personenbezogenen Zeugnisse sammeln, welche auf die in Hartheim begangenen Verbrechen hinweisen und damit

---

mords. Die „Euthanasie“-Aktion im Spiegel neuer Dokumente, in: Vierteljahrshefte für Zeitgeschichte, H. 1/2005, S. 79–107.

20 Gerhart Marckhgott, Gedenkbuch Schloss Hartheim. Ein Beitrag zur NS-„Euthanasie“ in Österreich, in: Horn / Malina, Medizin im Nationalsozialismus, S. 41–45, hier 42 f.

21 Magdalena Peherstorfer, „Wir bedauern Ihnen mitteilen zu müssen...“, in: Oberösterreichisches Landesarchiv/Lern- und Gedenkort Schloss Hartheim (Hrsg.), Tötungsanstalt Hartheim, S. 213–240, hier 217. Siehe auch: Gerhart Marckhgott, „Euthanasie in Oberdonau“, in: Zeitgeschichte, 21. Jg., H. 5/6, Mai/Juni 1994, S. 165–182, hier 168 f.

„[...] die Diskussion und Bildungsarbeit auf eine verlässliche, allgemein nachvollziehbare Tatsachenbasis“ stützen.[22]

Mit Herbst 2002 erfolgte die Übernahme des Projekts durch die Dokumentationsstelle Hartheim (DSH), die als Außenstelle des Oberösterreichischen Landesarchivs eingerichtet und bis zum Sommer 2005 von Mag.[a] Magdalena Peherstorfer geleitet wurde. Die Errichtung der Dokumentationsstelle fand im Rahmen der vorbereitenden Arbeiten für die Sonderausstellung des Landes Oberösterreich „Wert des Lebens“ im Schloss Hartheim statt und sollte diese wissenschaftlich unterstützen.[23]

Als Quellen für das „Gedenkbuch“ dienten und dienen vor allem die Aufzeichnungen jener Anstalten, aus denen InsassInnen nach Hartheim transportiert wurden. Die verwendeten Unterlagen setzen sich dabei aus Aufnahme- und Abgangsbüchern, Hauptbüchern, Standesprotokollen und/oder Indexbüchern zusammen. In der Regel wurde dort genau verzeichnet, wann und wohin man die PatientInnen entließ bzw. verlegte. In einigen der ehemaligen Anstalten bzw. deren Nachfolgeeinrichtungen taucht hier jedoch das Problem auf, dass die Unterlagen entweder gar nicht oder nur bruchstückhaft vorhanden bzw. keine Hinweise über ihren Verbleib vorzufinden sind.[24] Als Ergänzung dienen Akten von Gerichten (vor und nach 1945)[25] sowie Akten(-reste) verschiedener lokaler bzw. regionaler Gesundheitsbehörden.[26] Aufzeichnungen von Friedhofsverwaltungen stellen zum Teil ebenfalls eine Quelle für die Recherche nach „T4“-Opfern dar,[27] auch können sich Melderegister als eine nützliche Quelle erweisen.[28] Probleme bezüglich des Zugangs zu den entsprechenden Materialien konn-

22 Marckhgott, Gedenkbuch Schloss Hartheim, S. 43.

23 Peherstorfer, „Wir bedauern Ihnen mitteilen zu müssen...“, S. 219.

24 Ebenda, S. 221.

25 Beispielsweise wurden im Rahmen des Erfassungsprojektes Tirol/Vorarlberg zur Überprüfung der Vorarlberger T4-Opfer Listen aus dem Verfahren gegen den Leiter der Anstalt Valduna herangezogen (Projektbericht „NS-Euthanasieopfer 1940–1942 in den Bundesländern Tirol und Vorarlberg“, verfasst von Johannes Hofinger, Oktober 2006).

26 Marckhgott, Gedenkbuch Schloss Hartheim, S. 44. Vgl. auch den Projektbericht von Hofinger zu Tirol und Vorarlberg.

27 Norbert Aas wertete beispielsweise im Jahr 2000 im Auftrag der DSH die Aufzeichnungen der Urnenbestattungen am Nürnberger Westfriedhof aus (Forschungsbericht „Nürnberger Westfriedhof“).

28 Peherstorfer, „Wir bedauern Ihnen mitteilen zu müssen...“, S. 223 (siehe auch den in der DSH aufliegenden Forschungsbericht von Helge Stromberger – Erläuterungen zur Datenbank Kärntner T4-Opfer 1940/41).

ten in der Zwischenzeit zur Gänze ausgeräumt werden und stellen derzeit im Gegensatz zur teilweise mangelhaften Quellenlage in den verschiedenen Archiven kein Hindernis mehr für die Forschungsarbeit dar.

In manchen Anstalten blieben auch sogar Teile der Krankenakten der abtransportierten Personen erhalten. In den meisten Fällen wurden diese gemäß der Anweisung der „T4“-Verwaltung jedoch als Ganzes mit auf den Transport gegeben.[29] Zum Abgleich sowie zur Korrektur der gefundenen Namen und Daten können auch die im Bestand R 179 im Bundesarchiv Berlin enthaltenen PatientInnenakten von über 30.000 Opfern der „Aktion T4“ verwendet werden. Diese Akten stammen aus der Verwaltung der „T4“, welche vorübergehend in Hartheim ihren Sitz hatte. Sie wurden kurz vor Kriegsende über Bad Schönfließ in Brandenburg nach Mühlhausen in Thüringen gebracht und kamen später von dort zum Zweck der täterbezogenen Auswertung in das Ministerium für Staatssicherheit der DDR. Anfang der 1990er Jahre gelangte dieser Aktenbestand in den Besitz des Bundesarchivs und wurde in der Folge für die Forschungsarbeit erschlossen.[30] Diese Akten bilden eine wichtige Quelle zur Erforschung der Opfer der „Aktion T4“.

Für die Erfassung der Opfer aus den KZ Dachau, Gusen und Mauthausen wurden Unterlagen der zuständigen Gedenkstättenarchive bzw. Auszüge aus den dortigen Datenbanken verwendet, welche der Dokumentationsstelle zur Verfügung gestellt wurden.[31]

Bis dato konnte ein Großteil der Anstalten, aus denen InsassInnen nach Hartheim gebracht wurden, untersucht werden. Da inzwischen eine möglichst umfassende Datenbasis angestrebt wird, kamen in den letzten beiden Jahren auch Projekte zu Anstalten zur erneuten Durchführung, welche bereits in den Anfangsjahren erfasst worden waren. Durch diese Neuerfassungen unter ausgeweiteten Vorgaben sollte die Datenbasis der Dokumentationsstelle verbreitert werden, denn in den ersten Jahren des Projekts wurden aufgrund knapper personeller und materieller Ressourcen nur jene Daten erhoben, die

---

29 Im OÖLA finden sich die Krankenakten der abtransportierten Niedernharter PatientInnen. Beispielsweise wurden auch aus der Anstalt Gabersee in Oberbayern zumindest Teile der Krankenakten den PatientInnen mit auf den Weg nach Hartheim gegeben (vgl. Projektbericht Gabersee, verfasst von Norbert Aas).

30 Hinz-Wessels / Fuchs / Hohendorf / Rotzoll, Zur bürokratischen Abwicklung eines Massenmords, S. 79 f.

31 Zum Thema „14f13“ in Hartheim siehe wie oben erwähnt: Baumgartner, „Die Kranken sind dann vergast worden“, S. 95–105.

„[…] eine eindeutige und zweifelsfreie Identifikation“ der Opfer ermöglichen sollten.[32]

Aufgrund der bisherigen Forschungsarbeiten zu den Abläufen der „Aktion T4“ ist das Gebiet, aus denen Menschen nach Hartheim transportiert wurden, inzwischen verhältnismäßig klar abgesteckt. Dieses umfasste wie oben bereits erwähnt das heutige Österreich, einen Teil Bayerns, einen Teil des heutigen Slowenien (frühere Untersteiermark) und einen Teil Tschechiens (frühere Sudetengebiete).[33] Mit Hilfe von Unterlagen der „T4“-Verwaltung konnte man schließlich die von der Meldebogen-Aktion der „T4“-Verwaltung erfassten Abgabeanstalten eruieren und diese anhand des Bestandes R 179 im Bundesarchiv Berlin abgleichen.[34] In einem nächsten Schritt wurde von der Dokumentationsstelle Hartheim nach erhalten gebliebenen Unterlagen in den einzelnen Anstalten, ihren Nachfolgeeinrichtungen, den zuständigen Gemeindeämtern oder regionalen Archiven recherchiert. Ließ sich auf diesem Wege Material zu den Transporten nach Hartheim erschließen, wurde dieses in der Folge von ProjektmitarbeiterInnen der Dokumentationsstelle ausgewertet und die gewonnenen Daten wurden in die hiesige Datenbank eingespeist. Es wurde und wird dabei versucht, möglichst umfassende Informationen zu erhalten und sich nicht nur auf Name, Geburtsdatum und -ort zu beschränken, sondern auch u. a. die Diagnose, die Aufenthaltsdauer in der Anstalt, den vorangegangenen Aufenthaltsort und ähnliche Informationen aufzunehmen. Dies hängt jedoch immer vom Umfang des zur Verfügung stehenden Aktenmaterials ab.

Vollständig abgeschlossen werden konnte bislang die (Neu-)Erfassung der Bundesländer Salzburg[35], Kärnten[36], Oberösterreich[37], Tirol/Vorarlberg[38]

---

32 Marckhgott, Gedenkbuch Schloss Hartheim, S. 44.

33 Vgl. Kepplinger, Die Tötungsanstalt Hartheim 1940–1945, S. 64 ff.

34 Die Recherchearbeiten im Bundesarchiv Berlin wurden im Juli 2006 vom Verfasser durchgeführt.

35 Projektbericht „NS-Euthanasieopfer 1940/1941 im Bundesland Salzburg“, verfasst von Johannes Hofinger, November 2004.

36 Forschungsbericht Helge Stromberger – Erläuterungen zur Datenbank Kärntner T4-Opfer 1940/41, Februar 2005.

37 Projektbericht „NS-‚Euthanasie‘-Opfer 1940/41 im Bundesland Oberösterreich/‚Reichsgau Oberdonau‘“, verfasst von Jürgen Tröbinger, 2006.

38 Forschungsbericht über die Erfassung von T4-Opfern der „Landesheil- und Pflegeanstalt für Geistes- und Nervenkranke Hall“ (heute „Psychiatrisches Krankenhaus des Landes Tirol“), verfasst von Oliver Seifert, 20. 2. 2006. Projektbericht „NS-Euthanasieopfer 1940–1942 in den Bundesländern Tirol und Vorarlberg“, verfasst von Johannes Hofinger, Oktober 2006.

sowie Niederösterreich und Wien[39]. Derzeit laufen Recherchen in Bayern, wobei hier der größte Teil bereits fertig gestellt werden konnte[40], und in den ehemaligen steirischen Anstalten[41]. Die frühere Untersteiermark soll in diesem Jahr in Zusammenarbeit mit slowenischen Stellen nochmals Gegenstand eines Forschungsprojekts werden. Zu den Anstalten auf dem Gebiet des heutigen Tschechien wurde in Zusammenarbeit mit der Gedenkstätte Pirna-Sonnenstein sowie der tschechischen Akademie der Wissenschaften ein Projekt konzipiert, welches mit EU-Mitteln durchgeführt werden soll und sich zur Zeit in der Begutachtungsphase durch die zuständigen Stellen in Brüssel befindet.

Für Personen aus Anstalten, zu denen keine Unterlagen mehr existieren, wie z. B. der Anstalt Gschwendt/Neuhofen an der Krems in Oberösterreich, der „Pflegeanstalt des Landes Niederdonau in St. Andrä v. d. Hagentale“ in Niederösterreich oder dem „Landes-Alters- und Siechenheim Neudörfl“ im Burgenland, deren Krankenakten sich aber im Bestand R 179 im Bundesarchiv Berlin befinden[42] oder deren Nachkommen über eine Sterbeurkunde aus der „T4“-Verwaltung verfügen, wird eine eigene Tabelle im Rahmen der Datenbank eingerichtet.

Derzeit umfasst die Datenbank der Dokumentationsstelle Hartheim Einträge zu über 24.000 Opfern der Tötungsanstalt, bei einer geschätzten Gesamtzahl von bis zu 30.000. Im Zuge der Abschlussarbeiten des Projekts müssen aber noch Doppelnennungen überprüft bzw. ausgeschieden werden. Auch das Problem der Rückstellungen muss noch berücksichtigt werden. Es gibt einige Hinweise, dass PatientInnen von den Abgangsanstalten in die Zwischenanstalt Niedernhart in Linz transportiert wurden und von dort aus verschiedenen Gründen nicht weiter nach Hartheim gebracht, sondern wieder in die ursprüngliche Einrichtung rücküberstellt wurden.

---

39 Siehe Forschungsberichte zu Biedermannsdorf, Lainz, Mauer-Öhling, Mauerbach, Obersteinergasse, Reservelazarett 20a, Sanatorium Inzersdorf, Steinhof und Ybbs, verfasst von Pia Schölnberger und Susanne Üblackner, 2006. Die Anstalt Gugging wurde von Andrea Kammerhofer im Jahr 2005 erfasst.

40 Die Arbeiten in Bayern werden seit dem Beginn dieses Teil-Projekts im Jahr 2001 von Norbert Aas, Bayreuth, durchgeführt.

41 Die Arbeiten werden von Helge Stromberger, Klagenfurt, durchgeführt

42 Wenn sich in diesem Bestand ein Krankenakt zu einer Person findet, kann dies als sicherer Hinweis für eine Ermordung im Rahmen der „Aktion T4“ gelten. Vgl. dazu: Hinz-Wessels / Fuchs / Hohendorf / Rotzoll, Zur bürokratischen Abwicklung eines Massenmords, S. 79–107.

Es kann davon ausgegangen werden, dass mit Abschluss der Erfassungsprojekte die in der „Hartheimer Statistik“[43] genannte Zahl von etwas über 18.000 Opfern der „Aktion T4“ annähernd erreicht werden dürfte. Größere Forschungslücken bestehen hingegen noch im Bereich der Häftlingstransporte im Rahmen der „Sonderbehandlung 14f13“ aus den KZ Dachau, Gusen und Mauthausen. Es ist zu befürchten, dass diese Transporte von Häftlingen nach Hartheim aufgrund der zum Teil mangelhaften Quellenlage in den Archiven der KZ-Gedenkstätten nicht mehr vollständig rekonstruiert werden können. Von Seiten der Dokumentationsstelle ist jedoch geplant, im Laufe des Jahres 2007 ein weiteres Forschungsprojekt zum Bereich „14f13“ zu beginnen.

Um die Forschungsergebnisse der insgesamt fünf Gedenkstätten[44] in den Tötungsanstalten der „Aktion T4“ zu verknüpfen, wurde weiters im Jahr 2004 der Aufbau einer gemeinsamen Opferdatenbank beschlossen. Die zusammengeführten Daten werden von der Dokumentationsstelle Hartheim verwaltet und laufend aktualisiert, denn auch in den übrigen vier Gedenkstätten ist die Erfassung der Opfer noch nicht gänzlich abgeschlossen.

Die praktische Nutzung der Opferdatenbank besteht derzeit vor allem in der Betreuung von Anfragen durch Angehörige bzw. Nachkommen der in Hartheim ermordeten Personen sowie in der Betreuung von Forschungsvorhaben. Aufgrund der strengen Vorschriften des Datenschutzes – Daten zu Opfern der NS-Euthanasie gelten als medizinische und damit als besonders geschützte Daten – wird derzeit nicht an eine Veröffentlichung der Einträge des „Gedenkbuches“ gedacht. Verwandte und Angehörige erhalten von der Dokumentationsstelle die vollständigen Datensätze[45], ForscherInnen müssen sich vor einer Übergabe der Informationen im Rahmen einer Datenschutzerklärung verpflichten, die Namen nicht ohne Anonymisierung bzw. ohne

---

43 Diese Aufstellung über die Tötungen im Rahmen der „Aktion T4“ 1940/41 wurde von Bediensteten der Tötungsanstalt Hartheim angefertigt und hier im Sommer 1945 aufgefunden. Siehe dazu: Andrea Kammerhofer, Die „Hartheimer Statistik“. „Bis zum 1. September 1941 wurden desinfiziert: Personen: 70.273…“, in: Oberösterreichisches Landesarchiv/Lern- und Gedenkort Schloss Hartheim (Hrsg.), Tötungsanstalt Hartheim, S. 27–38.

44 Die Gedenkstätte in Brandenburg befindet sich erst in der Planungsphase. Die anderen Gedenkstätten neben Hartheim befinden sich in Bernburg/Sachsen-Anhalt, Grafeneck/Baden-Württemberg Hadamar/Hessen und Pirna/Sachsen.

45 Sie werden auch auf den Bestand R 179 hingewiesen, sofern sich dort ein Krankenakt der entsprechenden Person befindet. Ein der DSH vorliegendes Verzeichnis dieses Bestandes gibt darüber Auskunft. Angehörige bzw. Nachkommen können eine Kopie des Krankenaktes im Bundesarchiv anfordern.

das Einverständnis noch lebender Angehöriger der entsprechenden Person zu publizieren oder an Dritte weiterzugeben. Es erscheint nahe liegend, dass diese Handhabung zum Teil auf Widerspruch stößt, da nach Meinung von KritikerInnen auch das öffentliche Gedenken für die Opfer der NS-Euthanasie beeinträchtigt werden könnte. An dieser Stelle ist aber anzuführen, dass hier den Bestimmungen des Datenschutzes sowie den Empfindungen und Wünschen von Angehörigen und Verwandten Rechnung getragen werden muss.

Als Ergänzung zur rein datenmäßigen Erschließung der Opfer initiierte die Dokumentationsstelle Hartheim im Jahr 2005 ein Projekt zur Sammlung von biografischen Unterlagen und Materialien wie z. B. von Fotos, amtlichen Dokumente, Briefen etc. der hier ermordeten Menschen. Dies soll verhindern, dass der einzelne Mensch, der als „lebensunwertes Leben“ oder „unnützer Esser“ getötet wurde, mit seinem individuellen Lebens- und Leidensweg hinter den Zahlen und Statistiken „verschwindet“ und sozusagen auf diesem Wege ein zweites Mal seiner Persönlichkeit beraubt wird. Im Zuge eines neuen Ausstellungsteiles im Lern- und Gedenkort mit dem Titel „Lebensspuren“ (ab März 2007) sollen diese biografischen Zeugnisse aufbereitet und dargestellt werden und den BesucherInnen somit den Blick auf die verschiedenen Biografien der in Hartheim getöteten Personen ermöglichen.

OLIVER KÜHSCHELM

DIE SOZIALE HERKUNFT DER ÖSTERREICHISCHEN EMIGRANTiNNEN IN URUGUAY

Im Rahmen eines vom DÖW getragenen Projekts forschten Regula Nigg, Philipp Mettauer und der Verfasser über die Emigration in die La-Plata-Staaten Argentinien und Uruguay. Methodisch fußte das Projekt primär auf lebensgeschichtlichen Interviews. Dazu kamen schriftliche Selbstzeugnisse, Korrespondenz und Dokumente, erschlossen über die Kontakte zu den InterviewpartnerInnen.[1]

Von Anbeginn stand uns aber auch eine Datenbank zur Verfügung, erstellt zunächst, um die biographischen Eckdaten von InterviewpartnerInnen und einem weiteren Kreis von Personen aufzunehmen, die auf – mit Hilfe des Nationalfonds der Republik Österreich durchgeführte – Aussendungen von Fragebögen geantwortet hatten. Fragen zum sozialen und demographischen Profil der EmigrantInnen sowie zu den Bedingungen ihrer Flucht aus Österreich und ihrer Immigration in Uruguay ließen es bald geboten scheinen, die über Oral history eröffneten Perspektiven durch quantifizierende Verfahren zu ergänzen. Die Auffindung geeigneter Archivmaterialien in Montevideo resultierte in einer dynamischen Weiterung der Datenbankfelder und einer

1 Die Ergebnisse werden als Buch in der vom DÖW herausgegebenen Reihe „Österreicher im Exil" erscheinen. Kleinere bisherige Veröffentlichungen u. a.: Oliver Kühschelm / Philipp Mettauer / Regula Nigg, EmigrantInnen in den La-Plata-Staaten – Forschungsprojekte von Gedenkdienst und DÖW, in: Martin Horváth / Anton Legerer u. a. (Hrsg.), Jenseits des Schlussstrichs. Gedenkdienst im Diskurs über Österreichs nationalsozialistische Vergangenheit, Wien 2002, S. 240–250; Philipp Mettauer / Regula Nigg, „Wir sind für euch immer noch Emigranten". Eine österreichisch-argentinische Lebensgeschichte, in: Dokumentationsarchiv des österreichischen Widerstandes (Hrsg.), Jahrbuch 2003, Wien 2003, S. 12–41; Philipp Mettauer, „Weißt was, mein Name ist Paul ..." Die nach Argentinien vertriebenen Juden und die Republik Österreich, in: Jüdisches Echo 54 (2005), S. 81–83; Philipp Mettauer, Um vom Alltag des Exils nicht ganz zu schweigen. Auszüge aus Biografien österreichischer Emigrantinnen und Emigranten in Buenos Aires, in: Sandra Wiesinger-Stock / Erika Weinzierl / Konstantin Kaiser (Hrsg.), Vom Weggehen. Zum Exil von Kunst und Wissenschaft, Wien 2006, S. 113–129.

neuen Positionierung des Instruments Datenbank im Forschungsdesign des mit Uruguay befassten Teilprojekts.

Einen zusätzlichen Anreiz bot die Aussicht, dass sich die Ergebnisse auch auf Argentinien und Buenos Aires übertragen lassen würden. Die zwei Nachbarländer an der La-Plata-Mündung und insbesondere die Hauptstädte sind einander durch gemeinsame Geschichte, kulturelle Nähe sowie vergleichbare soziale und wirtschaftliche Bedingungen verbunden. Zudem verfolgten beide Staaten in den 1930er Jahren – wie schon zuvor – eine ähnliche Einwanderungspolitik.

Die in Uruguay erhobenen Daten hätten für sich genommen jedoch nur eine unvollständige Rekonstruktion des sozialen Profils der EmigrantInnen erlaubt. Diese sind, zumal es sich um eine sehr abrupt aus ihrem gewohnten Umfeld gerissene Gruppe handelt, auch über ihre Herkunft zu beschreiben. Wo hatten sie vor ihrer Flucht gelebt, welche Berufe hatten sie ausgeübt, wie hatte sich ihre Vermögenssituation dargestellt? Über die ersten beiden Dimensionen der sozialen Existenz gaben die uruguayischen Quellen zwar häufig Auskunft, doch ein Abgleich mit in Österreich vorhandenen archivalischen und publizierten Datenbeständen versprach Aufschluss über die Zuverlässigkeit der Angaben, die im Zuge der Immigration und später von Institutionen in Uruguay gesammelt worden waren. In vielen Fällen konnte das Bild korrigiert oder ergänzt werden und es kamen auch neue Namen hinzu.

Im gegenwärtigen Zustand spiegelt die Datenbank den Prozess der Erhebung von Daten wie die Anforderungen ihrer Auswertung wider. Neben Feldern, die – oft im Wortlaut – Eintragungen aus Quellen aufnehmen, stehen andere, die Codierungen vornehmen, um z. B. die empirische Vielfalt von Berufsbezeichnungen in zählbare Kategorien umzuwandeln. Insgesamt weist das Instrument einen eher „handgestrickten" Charakter auf. Es ist kein Vorzeigestück relationalen Datenbankaufbaus, sondern basiert auf einer durch immer neue Felder immer länger werdenden Tabelle – denkbar simpel also, flexibel den Bedürfnissen des Verfassers angepasst, um für eine Publikation Aussagen über die Emigration generieren zu können. Damit sind aber auch die Grenzen der Datenbank angesprochen: Ihre Erstellung war nicht Hauptziel eines eigenständigen Projekts, das künftigen ForscherInnen und einer interessierten Öffentlichkeit ein Suchinstrument zur Verfügung stellen wollte, sondern Element eines schwerpunktmäßig auf qualitativen Methoden abgestellten Vorhabens. Was nach dem Abschluss des La-Plata-Forschungsprojekts mit der Datenbank geschieht, ist daher ungeklärt; um ihre Benutzbarkeit für uneingeweihte Dritte zu garantieren, bedürfte es

Veränderungen, die von der Umgestaltung der BenutzerInnenoberfläche, der Bearbeitung einzelner Feldinhalte bis hin zur Berücksichtigung von Datenschutz-Überlegungen reichen.

Wie viele ÖsterreicherInnen?

Wie viele ÖsterreicherInnen flüchteten ab März 1938 nach Uruguay? Das ist eine jener Fragen, die sich sofort aufdrängen, ebenso leicht zu stellen wie schwer zu beantworten sind. Zu dem Thema kursieren die verschiedensten Schätzungen. Auf einer Statistik der Israelitischen Kultusgemeinde Wien von 1945 beruht die verschiedentlich genannte, aber sicherlich zu hoch gegriffene Zahl von 1800 Personen.[2] Gemäß einer durch Patrick von zur Mühlen kolportierten „Faustregel" stellten die ÖsterreicherInnen rund ein Zehntel der deutschsprachigen Flüchtlinge.[3] In Uruguay sollen zwischen 7000 und 9000 Deutschsprachige Rettung vor der NS-Verfolgung gefunden haben.[4] Somit müsste man von 700 bis 900 ÖsterreicherInnen ausgehen. Die US-Botschaft in Montevideo bezifferte 1942 die ÖsterreicherInnen im Land mit rund 1000 Personen.[5] Zieht man davon die circa 400[6] ÖsterreicherInnen ab, die zwischen 1919 und März 1938 nach Uruguay ausgewandert waren (ohne dass allerdings bekannt wäre, wie viele sich hier auf Dauer niedergelassen hatten), so gelangt man zu einer Zahl von rund 600 Flüchtlingen. In einer ähnlichen Größenordnung bewegen sich die Angaben Jonny Mosers auf Basis von Unterlagen der Israelitischen Kultusgemeinde Wien. Ihm zufolge hielten sich im Mai 1945 760 jüdische ÖsterreicherInnen in Uruguay auf. Davon waren je 100 zunächst nach Frankreich oder Bolivien emigriert.[7]

2 Uwe Naumann, Uruguay, in: Alisa Douer / Ursula Seeber, Wie weit ist Wien? Lateinamerika als Exil für österreichische Schriftsteller und Künstler, Wien 1995, S. 259–261, hier 259. Der Autor beruft sich auf: Hugo Gold, Geschichte der Juden in Wien, Tel Aviv 1966, S. 133.

3 Patrick von zur Mühlen, Die österreichische Emigration nach Lateinamerika, in: Douer / Seeber, Wien, S. 13–19, hier 14.

4 Sonja Wegner, German-speaking Emigrants in Uruguay 1933–1945, in: Leo Baeck Institute Year Book 42 (1997), S. 239–271.

5 DÖW 11.163, Schreiben des US-Botschafters, 25. 9. 1942.

6 Genau 408 laut einer Statistik vom März 1938. ÖStA, AdR, Bundeskanzleramt Inneres, Wanderungsamt 2236/346.

7 Jonny Moser, Demographie der jüdischen Bevölkerung Österreichs 1938–1945, Wien 1999 (= Schriftenreihe des DÖW zur Geschichte der NS-Gewaltverbrechen 5), S. 78.

560 Personen hätten somit den kleinen La-Plata-Staat als Erstemigrationsland aufgesucht. Das stimmt insofern mit den Forschungen des Autors überein, als sich rund 540 ÖsterreicherInnen ausmachen ließen, die nachweislich von 1938 bis 1940 nach Uruguay kamen.

Doch wer ist überhaupt ÖsterreicherIn? Tappt man nicht schon mit der Frage in eine nationalistische Falle, die eine bestimmte Form von Zugehörigkeit gegenüber anderen privilegiert? In Zeiten der Ersten Republik galt die nationale Identifikation ihrer BürgerInnen überdies zumeist nicht einem österreichischen Staat oder einer imaginierten österreichischen Gemeinschaft, sondern Deutschland und dem Deutschtum. Die Willkür der Abgrenzung sollte man jedenfalls vor Augen haben, auch wenn es für statistische Zwecke – und um diese soll es in der Folge gehen – aus pragmatischen Gründen erforderlich ist, eine Grundgesamtheit möglichst präzise nach möglichst eindeutigen Merkmalen zu bestimmen. Für die Forschungen zur Emigration nach Uruguay wurde ein weit gefasster Begriff der ÖsterreicherIn verwendet: Personen, die in Österreich geboren wurden oder 1938 hier lebten. Außerdem jene, die sich selbst als ÖsterreicherInnen bezeichneten, es sei denn, es war aus der Quelle ersichtlich, dass es sich bloß um eine aus der Monarchie ererbte Zuschreibung handelte, die mit dem kleinen Österreich nach 1918 keine aktuelle Berührung mehr aufwies. Insgesamt wurden nach diesen Kriterien 770 Personen erfasst, fast ausschließlich Menschen, die das NS-Regime als Jüdinnen und Juden verfolgte.

Datenquellen

Den Anfang machte die Auswertung eines Bestands von alten Mitgliedsanträgen bei der Nueva Congregación Israelita (NCI) in Montevideo, der 1936 gegründeten Gemeinde der deutschsprachigen Jüdinnen und Juden. Die erhaltenen Formulare umfassen einen Zeitraum von 1940 bis in die späten 1970er Jahre. Das älteste von einem Österreicher ausgefüllte Beitrittsansuchen trägt das Datum 12. Dezember 1940, das jüngste stammt vom 21. September 1978. Eckdaten zu 458 ÖsterreicherInnen, vom Namen über Adressen bis hin zu Geburtsdaten, Beruf, etc., wurden in die Datenbank aufgenommen.

Eine weitere Quelle waren die Landungslisten der Schiffe, die aus Übersee in Uruguay eintrafen. Diese „listas de desembarque“ werden in der Einwanderungsbehörde aufbewahrt. Sie führen den Namen des Schiffs, manchmal sein Abfahrtsdatum, stets den Abfahrtort. Zu entnehmen ist ihnen außerdem die Klasse, in der die Person reiste, ihr Alter, Familienstand, Beruf, meist die Religion und natürlich das Datum der Ankunft in Uruguay. Aus Gründen der Zeitökonomie wurden nur sieben Monate von November 1938 bis Ende Mai 1939 durchgesehen. Für diese Auswahl sprach, dass erst mit einer gewissen Verzögerung nach dem „Anschluss" die Fluchtwelle in Gang kam, die dann durch den Novemberpogrom einen neuerlichen Schub erhielt. Je weiter man sich aber vom März 1938 entfernt, desto üblicher wurde es, die flüchtenden ÖsterreicherInnen in den Passagierlisten der Schiffe als deutsche StaatsbürgerInnen zu führen. 403 Reisende wurden als ÖsterreicherInnen identifiziert, zunächst oft nur als Vermutung, die sich erst durch andere Quellen verifizieren ließ: 175 firmierten als ÖsterreicherInnen in den Listen, 177 schienen als Deutsche auf, bei 13 wurde „indecisa" (unentschieden) vermerkt. 26 hatten die tschechoslowakische Staatsbürgerschaft bzw. die eines anderen europäischen Landes, oder es fehlte auch jegliche Angabe.

Aus 1946 – und leider nur aus diesem Jahr – haben sich im Archiv des uruguayischen Außenministeriums so genannte „llamadas" erhalten. Nur ein kleiner Teil dieser Ansuchen um eine Einwanderungsbewilligung für nahe Verwandte bezieht sich auf ÖsterreicherInnen, genau gesagt 28 Stück. Wer einen oder mehrere seiner Angehörigen ins Land holen wollte, musste belegen, über entsprechende Mittel zu verfügen, um die Neuankömmlinge zu erhalten. In den llamadas finden sich deshalb Angaben zur beruflichen Tätigkeit sowie manchmal sehr detaillierte Informationen zur Einkommenssituation. Außerdem werden Eckdaten der einwanderungswilligen Personen angeführt.

Ausgehend von der bereits erarbeiteten Namenliste von Uruguay-EmigrantInnen wurden in Österreich die Vermögensanmeldungen gemäß der Verordnung vom 26. April 1938 konsultiert. Auf eine Erläuterung dieser Quelle, die als Instrument des Raubzugs gegen die jüdische Bevölkerung entstand, kann hier verzichten werden. Die Vermögensanmeldungen wurden bereits vielfach beschrieben und insbesondere für die Forschungen der Historikerkommission intensiv genützt.[8] Der Verfasser hat 160 Formulare ausgehoben und die jeweils einbekannten Aktiva und Passiva in die Daten-

[8] Clemens Jabloner / Brigitte Bailer-Galanda / Eva Blimlinger / Georg Graf / Robert Knight / Lorenz Mikoletzky / Bertrand Perz / Roman Sandgruber / Karl Stuhlpfarrer / Alice Teichova, Schlussbericht der Historikerkommission der Republik Österreich, Wien 2003 (= Veröffentlichungen der Österreichischen Historikerkommission 1), S. 87–92.

bank aufgenommen.[9] Zu allen EmigrantInnen wurde außerdem in der 1938 erschienenen Ausgabe des „Lehmann“, des Wiener Adressverzeichnisses, nachgesehen und in vielen Fällen Adress- und Berufsdaten gefunden.

Die Konturierung des sozialen Profils – methodische Probleme

Die 28 Personen, die im Rahmen des Projekts in Uruguay interviewt wurden, hatten in Österreich größtenteils einem bürgerlichen Milieu angehört. Es lag auf der Hand zu fragen, in welchem Verhältnis das soziale Profil der InterviewpartnerInnen zu dem der EmigrantInnengruppe insgesamt steht. Die Literatur über die vom NS-Regime erzwungene deutschsprachig-jüdische Emigration nach Lateinamerika betont die Mittelstands- bzw. Mittelschichtslastigkeit der Gruppe.[10] Die Behauptung wird manchmal als evidentes Faktum präsentiert, manchmal stützt sie sich auf Berufsstatistiken. Ob und inwiefern sie auf die aus Österreich stammenden Flüchtlinge zutrifft, galt es zu klären.

Die quantifizierende Auswertung von Datensätzen zu Beruf, Bildung, Vermögensstatus, die dem Anspruch auf statistische Repräsentativität genügen, kann wichtige Einsichten liefern, allerdings ebenso Fehleinschätzungen zuarbeiten, deren Überzeugungskraft auf dem Nimbus der exakten Zahl beruht. Eine mangelnde Klarheit der verwendeten Begriffe und eine dementsprechend defiziente Codierung der in den Quellen vorgefundenen Angaben sind zwei der Fallen, in die man nur allzu leicht tappt.

Die Analyse der Sozialstruktur muss sich primär auf die Auswertung von Berufsbezeichnungen stützen. Da in kapitalistischen Gesellschaften der soziale Status maßgeblich über die Erwerbsarbeit erzeugt wird,[11] jedenfalls

---

9 143 im Österreichischen Staatsarchiv (ÖStA), AdR 06, 17 im Niederösterreichischen Landesarchiv. 158 Anmeldungen enthalten Angaben zu Vermögen und/oder Einkommen, die Übrigen sind nur Fragmente.

10 Patrick von zur Mühlen, Fluchtziel Lateinamerika. Die deutsche Emigration 1933 bis 1945: politische Aktivitäten und soziokulturelle Integration, Bonn 1988, S. 75; Leo Spitzer, Hotel Bolivia. The culture of memory in a refuge from Nazism, New York 1998, S. 28; Alfredo Schwarcz, Y a pesar de todo … Los judíos de habla alemana en la Argentina, Buenos Aires 1991, S. 249, 289; Sonja Wegner, Deutschsprachiges Exil in Uruguay 1933–1945, Dipl., Essen 1994, S. 18. Ein Forschungsprojekt von uruguayischen HistorikerInnen: www.upaz.edu.uy/equipaje/equipaje/judios/judios5.htm (Zugriff 7. 10. 2005).

11 Thomas Albrich / Wolfgang Meixner, Zwischen Legalität und Illegalität. Zur Mitgliederentwicklung, Alters- und Sozialstruktur der NSDAP in Tirol und Vorarlberg vor 1938, in: Zeitgeschichte 22 (1995), S. 149–187, hier 153.

aber auch abseits einer kausalen Deutung dieser Beziehung ein starker Zusammenhang zwischen der Position eines Individuums in der Gesellschaft und ihrem Beruf besteht, bietet sich dieser als Ansatzpunkt für Zuordnungen in modellhaften Repräsentationen des sozialen Raums an.[12] Freilich haben die HistorikerInnen nicht mit den Berufen als Dingen an sich zu tun, sondern mit den sprachlichen Vermittlungen einer sozialen Praxis. Die Berufsbezeichnungen werden in vielen Kontexten eingesetzt, um eine ganze Existenz in einem Wort zu bündeln – in Stellenanzeigen oder Behördenformularen ebenso wie im Alltagsgespräch: Ich bin Schuhmacher, Anwalt, Beamter, Ärztin, Handelsangestellte, Hausfrau. Die Berufsbezeichnungen sind also Wörter, die in unserer Gesellschaft besondere Kraft besitzen. Das relativ isolierte Auftreten dieser Berufsetiketten, wie sie Karteiblätter und andere amtlichen Quellen charakterisiert, macht ihre Ambivalenz besonders deutlich. Einerseits versprechen sie als privilegierte Signifikanten, eine von ihnen abhängige Kette weiterer Signifikanten zu stabilisieren, dadurch Identität zu stiften – im Interesse von Behörden und/oder AuskunftsgeberInnen.[13] Sie stellen somit den Versuch dar, die für das soziale Universum grundlegende Polysemie zu bändigen. Diese Mehrdeutigkeit kommt andererseits sofort wieder zum Vorschein, wenn man fragt, was die Bezeichnungen Kürschnermeister, Kaufmann, Chemiker denn „wirklich“ bedeuten, man also die angebliche Eindeutigkeit für darauf aufbauende Einschätzungen nützen will. Die Polysemie entsteht im Spiel unterschiedlicher sozialer und kultureller Interessen. Diese sind den Bezeichnungen eingeschrieben, wenngleich für die HistorikerInnen oft nur schwer oder gar nicht entschlüsselbar. Die Quellen, aus denen die Berufsbezeichnungen stammen, geben keinen objektiven Zustand wieder, es handelt sich um Instrumente der Fremdwahrnehmung und Selbstdarstellung, eingesetzt unter mehr oder minder großem äußeren Druck zum Anschluss an bestimmte Etiketten.[14]

---

12 Peter Lundgreen / Margret Kraul / Karl Ditt, Bildungschancen und soziale Mobilität in der städtischen Gesellschaft des 19. Jahrhunderts, Göttingen 1988, S. 351; Pierre Bourdieu, Wie eine soziale Klasse entsteht, in: Ders., Der Tote packt den Lebenden. Schriften zu Politik & Kultur 2, hrsg. v. Margareta Steinrücke, Hamburg 1997, S. 102–129, hier 108.

13 Zur Polysemie der Zeichen und zu privilegierten Signifikanten: Philipp Sarasin, Geschichtswissenschaft und Diskursanalyse, Frankfurt/M. 2003, S. 41–48, 164–169.

14 Differenzierte Überlegungen zur Kategorie Beruf und den Berufsbezeichnungen: Alexander Mejstrik / Therese Garstenauer / Peter Melichar u. a., Berufsschädigungen in der nationalsozialistischen Neuordnung der Arbeit. Vom österreichischen Berufsleben 1934 zum völkischen Schaffen 1938–1940, Wien–München 2004 (= Veröffentlichungen der Österreichischen Historikerkommission 16), S. 11–13.

Aus vier Quellen wurden die Berufsbezeichnungen geschöpft. Da wäre, um eine chronologische Folge zu wählen, zunächst der „Lehmann" von 1938, in dem sich Daten zu rund 120 Personen fanden. Sie wurden noch vor dem „Anschluss" erhoben, stellen also einen Zustand knapp vor dem Einsetzen der Repression durch das NS-Regime dar. Die Vermögensanmeldungen sind hingegen bereits Produkt der Verfolgung, die „Entjudung" der Wirtschaft befand sich in vollem Schwange. Viele der eingesehenen Formulare enthalten Hinweise auf anstehende oder schon erfolgte Entlassungen, in ein paar Fällen wurde auch die Berufsbezeichnung der veränderten Situation angepasst. Es hieß dann „gekündigter Industriebeamter", „gewesener Kaufmann" oder ganz lapidar „ohne Beruf". Die meisten Berufsangaben, ca. 400 an der Zahl, bezog der Verfasser aus den in der uruguayischen Einwanderungsbehörde erhaltenen Landungslisten. Die Angaben entstammen einem Kontext, in dem die bisherige berufliche Stellung durch Intervention des NS-Regimes bereits verlustig gegangen war und die Fortsetzung der Tätigkeit im Aufnahmeland zumindest ungewiss scheinen musste. Die Frage nach der Beschäftigung siedelte sich in einem Vakuum an, was die Flüchtlinge aber mit dem Ziel einer problemlosen Immigration zu kaschieren trachteten. Der Schwebezustand zwischen geraubter Vergangenheit und ungeklärter Zukunft war in den Mitgliedsbeiträgen der NCI in Montevideo bereits aufgelöst. Die Formulare enthielten eine Rubrik für den aktuellen Beruf und eine für die „ocupación anterior". Letztere folgte in den frühesten erhaltenen Formularen den Feldern „llegada al país" (Ankunft im Land) und „domicilio anterior" (früherer Wohnort). Sie war somit unmissverständlich als Frage nach dem Beruf im Herkunftsland angelegt. Die meisten BeitrittswerberInnen nannten den Zeitpunkt ihrer Ankunft in Uruguay, oft sogar das genaue Datum. Damit markierten sie den neuen Lebensabschnitt Exil, das sich für den Großteil zur dauerhaften Bleibe wandelte. Nur ein Drittel der AntragstellerInnen füllte hingegen das Feld für den ehemaligen Wohnsitz aus und noch wesentlich weniger trugen ihren Beruf in Österreich ein. Die Angaben zu regionaler und sozialer Herkunft besaßen ja – anders als der Name, aktuelle Adresse und allenfalls Geburtsdatum – auch wenig praktischen Nutzen für die Verwaltung der Kultusgemeinde; die EmigrantInnen waren daher vermutlich nicht von der Dringlichkeit dieser Informationen überzeugt. Die Eintragungen in einem Datenblatt sind eben stets Verhandlungsgegenstand zwischen der fragenden Institution und ihren FunktionsträgerInnen einerseits und den Befragten andererseits.

Gemeinsam mit der trivialen Regel, dass je nach Befragungskontext die Antworten variieren, erklärt das die häufige Uneinheitlichkeit oder gar

Widersprüchlichkeit der Berufsangaben, wenn sie aus mehreren Quellen vorliegen. So bezeichnete der Altwarenhändler Walter Abeles in den Landungslisten seine Beschäftigung mit „agricultur". Mit seiner bisherigen Tätigkeit war das nicht in Übereinstimmung zu bringen, jedoch mit seinen vorgeblichen Absichten in seinem vorgeblichen Zielland. Den Weg nach Südamerika hatte ihm ein Visum nach Paraguay eröffnet. Die Einwanderungsbestimmungen des Lands verlangten aber von ImmigrantInnen eine landwirtschaftliche Betätigung.[15] Oft fielen die Angaben nur unterschiedlich spezifisch aus: Herbert Stein war „Angestellter" laut dem NCI-Antrag, „Bankbeamter" gemäß „Lehmann" und „Beamter der Österreichischen Creditanstalt Wiener Bankverein" laut Vermögensanmeldung. Die Etikettierung konnte der Anwendung verschiedener Ordnungsprinzipien auf denselben Beruf entspringen. Die Stellung im Betrieb, das erworbene Bildungspatent, die Zugehörigkeit zu einem Berufsstand standen als gängige Schemata zur Verfügung. Moses Hindes war daher je nachdem – und auch alles zugleich – „Handelsangestellter", „dottore" oder „Anwalt". Nicht immer lassen sich die Bezeichnungen problemlos kumulieren, weil für die Beurteilung ihres Verhältnisses zueinander die nötige Information fehlt. Die Berufsbezeichnungen weisen oft eine enorme Spannweite auf, die eine Bestimmung der durch sie indizierten sozialen Position erschwert. Die Landungslisten führen den Versicherungsdirektor Szilard Cserey, der bis 1938 umgerechnet 6000 Reichsmark im Jahr verdiente, ebenso als „empleado", als Angestellten, wie den kleinen Commis Walter Gelles, der mit 818 Reichsmark pro Jahr ein Dasein unter dem Existenzminimum[16] fristete. Abgesehen von der enormen Einkommensdifferenz lagen zwischen den beiden auch über 30 Lebensjahre und somit eine ganze Berufslaufbahn.

Das Bild, das wir aus den Berufsbezeichnungen gewinnen können, leidet hinsichtlich des Gender-Aspekts unter einem erheblichen Defekt. Im „Lehmann" blieben verheiratete oder im Elternhaus lebende Frauen meist ungenannt, und die Vermögensanmeldungen stammen zu über zwei Dritteln von Männern. Demgegenüber eröffnen die Landungslisten in einem höheren Maß den Blick auf beide Geschlechter, denn sie sahen für jede Person, ob

15 Philo-Atlas. Handbuch für die jüdische Auswanderung. Reprint der Ausgabe von 1938, Bodenheim bei Mainz 1998, S. 151.

16 Dieses lag für einen unverheirateten Angestellten, der in Untermiete lebte, bei rund 1200 Reichsmark, wenn man frühere Berechnungen eines österreichischen Wirtschaftsblatts auf die Kaufkraft von 1938 umlegt. Philipp Knab, Die Kosten der Lebenshaltung, in: Der österreichische Volkswirt Jg. 22, Nr. 27, 5. 4. 1930, S. 741.

Mann, Frau oder Kind, eine Eintragung in der Berufsrubrik vor. Aber auch hier wirkte sich die bürgerliche Ideologie aus, die zwischen Öffentlichkeit und Privatsphäre strikt trennte und die Frauen letzterem Bereich zuschlug. Das verringerte die Wahrnehmung weiblicher Erwerbstätigkeit. So verzeichnen die Landungslisten vier Frauen, die bis 1938 ein eigenes Einkommen bezogen, nur mehr als „casera“ (Hausfrau). Aus den wenigen nachweisbaren Fällen auf das Ausmaß der Verzerrung zu schließen wäre verfehlt, sie indizieren weniger deren quantitative Dimension, als sie uns auf ihre Existenz stoßen. Nur zu 14 von 124 erwachsenen[17] Frauen finden sich Bezeichnungen (in Deutsch oder oft ungelenkem Spanisch/Italienisch) wie „Angestellte“, „comerciante“, „doctoresa“, „jornalista“, „medico“, die sich auch auf erwerbstätige Männer hätten anwenden lassen. Listen, die auf einem patriarchalischen Verständnis des Berufs fußen und diesen weitgehend mit Erwerbsarbeit gleichsetzen, verwenden das Etikett „Hausfrau“ als eine Residualkategorie. Dank des Prinzips, dass jede Frau neben eventuellen anderen Beschäftigungen auch eine Hausfrau ist, mangelt es der Bezeichnung an Unterscheidungswert. Das macht es nahe liegend, überhaupt auf sie zu verzichten, getreu auch dem geringeren Prestige der Haushaltsführung, in dem sich das Machtgefälle zwischen der weiblich konnotierten Sphäre des Familienlebens und der männlich dominierten Berufswelt ausdrückt. Es ist also keine Selbstverständlichkeit, dass die Landungslisten durch Etiketten wie „su casa“, „casera“, „domestica“ oder „labores“ für 59 Frauen den Haushalt als Tätigkeit explizit machen. Allerdings sind unter den 66 erwachsenen Personen, bei denen ausdrücklich Berufslosigkeit vermerkt wurde („sin“ „S.P.“ für sin profesión, „ninguna [profesión]“) oder zu denen Angaben fehlen, Frauen mit 70 % stark überrepräsentiert, berücksichtigt man ihren Anteil von 39 % an den mittels der „listas de desembarque“ erfassten Erwachsenen. Die Beschaffenheit der Quellen hat zur Folge, dass auch in der hier vorgestellten Analyse die Arbeit von Frauen eine Restgröße bleibt und sie die Statuszuweisung meist über den Ehegatten vornehmen muss.

In ihrer individuellen Gestalt lassen sich Berufsbezeichnungen kaum zu einem Gesamtbild fügen. Es sind daher Schematisierungen gemäß Kriterien erforderlich, deren Relevanz für die Sozialstruktur der Gesellschaft angenommen wird. Von welcher Gesellschaft ist hier aber die Rede? Das Herkunftsland Österreich, insbesondere dessen städtischer und großstädtischer

---

[17] Personen, die vor 1921 geboren wurden, also 1938 zumindest das 18. Lebensjahr vollendeten.

Teil, bildet einen zentralen Bezugspunkt, das Aufnahmeland am Río de La-Plata einen weiteren. Allerdings lässt sich die Datenbank nur in begrenztem Maß für die Beurteilung der Entwicklung in Uruguay heranziehen. Dem steht abgesehen von einer geringeren Dichte und breiteren zeitlichen Streuung der erhobenen Berufsbezeichnungen ein Mangel an sozialstatistischen Daten zur uruguayischen Gesellschaft entgegen. So führte der uruguayische Staat zwischen 1908 und 1963 keine Bevölkerungszählungen durch.[18]

Die Sozialstruktur wird also ausgehend von österreichischen Parametern zu rekonstruieren sein. Gleichzeitig wird die österreichische und Wiener Gesellschaft ein Vergleichsterminus sein, denn die Sozialstruktur der EmigrantInnen-Gruppe lässt sich nur in Relation zu anderen sozialen Kollektiven interpretieren. Wünschenswert ist auch die Gegenüberstellung mit den Ergebnissen der Forschungen zu anderen Ländern des Exils. Partiell sind solche Vergleiche möglich,[19] allerdings bilden Unterschiede in der Quellengrundlage und den methodischen Optionen sowie die häufige Intransparenz der angewandten Kriterien, mit deren Explizierung die AutorInnen ihre Publikationen nicht belasten wollen oder können, schwer überwindliche Hindernisse.

Die Orientierung der Forschungsfrage an der österreichischen Gesellschaft lässt es sinnvoll erscheinen, sich bei der Suche nach tauglichen Schematisierungen vor allem der deutschsprachigen historischen Sozialwissenschaft zuzuwenden. In den 1970er und 1980er Jahren, als eine strukturgeschichtlich orientierte Sozialgeschichte die Fortschritte der EDV für den Einsatz quantifizierender Methoden zu nützen begann, wurden im Zuge von Studien zu sozialer Mobilität die Erkenntnispotentiale und Grenzen der Codierung von Berufsdaten und von darauf fußenden Schichtmodellen ausgelotet.[20] Uns geht es um eine Überprüfung der Hypothese, dass die

---

[18] Magdalena Bertino / Reto Bertoni u. a., La larga marcha hacia un frágil resultado. 1900–1955, in: El Uruguay del Siglo XX, Bd. 1 La Economía, Montevideo 2003, S. 9–63, hier 28.

[19] Am besten mit: Thomas Kiem, Das österreichische Exil in Schweden 1938–45, Innsbruck u. a. 2001, S. 44–46.

[20] Hartmut Kaelble, Soziale Mobilität und Chancengleichheit im 19. und 20. Jahrhundert. Deutschland im internationalen Vergleich, Göttingen 1983; Reinhard Schüren, Soziale Mobilität. Muster, Veränderungen und Bedingungen im 19. und 20. Jahrhundert, St. Katharinen 1989. Verschiedentlich wurde auch die soziale Rekrutierung der NSDAP mit solchen Methoden in den Blick genommen: Gerhard Botz, Die österreichischen NSDAP-Mitglieder: Probleme einer quantitativen Analyse aufgrund der NSDAP-Zentralkartei im Berlin Document Center, in: Reinhard Mann (Hrsg.), Die Nationalsozialisten. Analysen faschis-

EmigrantInnen schwerpunktmäßig aus der Mittelschicht stammen. Es bietet sich daher an, bei Untersuchungen zur Klientel von höheren Bildungseinrichtungen Maß zu nehmen, weil solche Arbeiten ebenfalls den Fokus auf die oberen und mittleren Positionen in der Gesellschaft legen mussten.[21] Daraus ergab sich eine enge Nähe zu der in den 1980er und 1990er Jahren intensiv betriebenen Bürgertumsforschung. Die in diesem Umfeld entwickelten Überlegungen zu den konstitutiven Merkmalen der heterogenen bürgerlichen Gruppen besitzen auch für die Beschäftigung mit den ExilantInnen Relevanz.[22] Die Verwendung von Schemata, die mit Blick auf das lange 19. Jahrhundert entwickelt wurden, findet ihre Rechtfertigung in der Stagnation der österreichischen Gesellschaft während der Zwischenkriegszeit. Die Beschäftigungsstruktur blieb gegenüber der späten Monarchie im Wesentlichen gleich, auffällig ist vor allem eine Zunahme der

---

tischer Bewegungen, Stuttgart 1980, S. 98–136. Eine Anwendung von Schürens Modell: Albrich / Meixner, Zwischen Legalität und Illegalität. Problematisierung der methodischen Fragen auch bei: Kurt Bauer, Sozialgeschichtliche Aspekte des nationalsozialistischen Juliputsches 1934, phil. Diss., Wien 2001, S. 169–182. Interessant ist sein Versuch, drei Milieus zu unterscheiden, das bäuerliche, das Arbeitermilieu und das kleinbürgerlich/bürgerliche Milieu. Letzteres ist das für uns entscheidende, das Bauer aber nur vage konturiert. Veröffentlichte Fassung: Kurt Bauer, Elementar-Ereignis. Die österreichischen Nationalsozialisten und der Juliputsch 1934, Wien 2003.

21 Konrad Jarausch, Frequenz und Struktur. Zur Sozialgeschichte der Studenten im Kaiserreich, in: Peter Baumgart (Hrsg.), Bildungspolitik in Preußen zur Zeit des Kaiserreichs, Stuttgart 1980, S. 119–149; Lundgreen / Kraul / Ditt, Bildungschancen; Michael Gehler, Studenten und Politik. Der Kampf um die Vorherrschaft an der Universität Innsbruck 1918–1938, Innsbruck 1990 (= Innsbrucker Forschungen zur Zeitgeschichte 6). Genauere Diskussion des angewandten Schichtungsmodells, das Kiem für die EmigrantInnen nach Schweden übernommen hat, in der unveröffentlichten Fassung: Michael Gehler, Die Studentenschaft an der Universität Innsbruck 1918–1938 unter Berücksichtigung der Korporationen und ihrer Verbände. Ein sozial-, wirtschafts- und politikgeschichtlicher Beitrag zur österreichischen Geschichte der Zwischenkriegszeit, phil. Diss., Innsbruck 1987. Peter Goller, Die Medizinstudenten an der Universität Innsbruck (1869–1900), in: Die Matrikel der Medizinischen Fakultät 1, Innsbruck 1995, S. 9–75; Gary B. Cohen, Education and Middle-Class Society in Imperial Austria 1848–1918, West Lafayette 1996.

22 Jürgen Kocka, Bürgertum und bürgerliche Gesellschaft im 19. Jahrhundert. Europäische Entwicklungen und deutsche Eigenarten; in: Ders. (Hrsg.), Bürgertum im 19. Jahrhundert. Deutschland im europäischen Vergleich 1, München 1988, S. 11–76; M. Rainer Lepsius, Zur Soziologie des Bürgertums und der Bürgerlichkeit, in: Jürgen Kocka (Hrsg.), Bürger und Bürgerlichkeit im 19. Jahrhundert, Göttingen 1987, S. 79–100. Einen repräsentativen Querschnitt der österreichischen Forschung bietet die Reihe: Ernst Bruckmüller / Hannes Stekl u. a. (Hrsg.), Bürgertum in der Habsburgermonarchie, Bd. 1–10, Wien u. a. 1990–2003.

Angestellten.[23] Die nivellierende Wirkung von Geldvermögens- und Einkommensverlusten, vor allem aber die ideologische Verunsicherung bürgerlicher Gruppen änderte nichts an der Fortexistenz von Distinktionsmustern, die erst in der Wohlstandsgesellschaft seit den 1960er Jahren drastisch an Bedeutung verloren.[24]

Die Absicht des Vergleichs mit sehr verschieden aufgebauten Statistiken legt den Versuch nahe, die vorgefundenen Berufsbezeichnungen in mehrere Codierungen umzumünzen, die getrennt voneinander betrachtet oder kumuliert werden können, um die Position von Personengruppen im sozialen Gefüge zu präzisieren. Für eine solche Vorgangsweise gibt es zahlreiche Vorbilder, darunter in der deutschsprachigen Forschungslandschaft das aus Wirtschaftssektoren und einer hierarchischen Gliederung unten-Mitte-oben zusammengesetzte Schichtmodell von Peter Lundgreen u. a. oder das Modell von Reinhard Schüren, der sechs vertikal angeordnete Berufsschichten, acht Kategorien von Berufsstellungen und zehn Wirtschaftsbereiche überschneidet.[25]

Für die vorliegende Studie wurden auf Basis der Berufsbezeichnungen, zum Teil unter Heranziehung zusätzlicher Informationen, Zuordnungen in vier Rastern vorgenommen. Diese Codierungen bringen ihre je eigenen Unschärfen mit sich, erlauben es aber verschiedene Aspekte der sozialen Position in den Blick zu nehmen und andere Vergleiche zu ziehen: 1) 21 Berufsgruppen[26] im Anschluss an ständische Organisationsmuster und funktionale Gemeinsamkeiten, angelehnt auch an die Gepflogenheiten der österreichischen Statistik; 2) die Stellung im Beruf, wobei ein auf drei Möglichkeiten reduziertes Schema angesetzt wurde (selbstständig, unselbst-

---

23 Erich Bodzenta, Änderungen der österreichischen Sozialstruktur in der Ersten und Zweiten Republik, in: Erich Zöllner (Hrsg.), Österreichs Sozialstruktur in historischer Sicht, Wien 1980, S. 155–171; Heinz Fassmann, Der Wandel der Bevölkerungs- und Sozialstruktur in der Ersten Republik, in: Emmerich Tálos / Herbert Dachs / Ernst Hanisch (Hrsg.), Handbuch des politischen Systems Österreichs. Erste Republik 1918–1933, Wien 1995, S. 11–21.

24 Ernst Bruckmüller, Das österreichische Bürgertum zwischen Monarchie und Republik, in: Zeitgeschichte 20 (1993), S. 60–84; Panajotis Kondylis, Der Niedergang der bürgerlichen Denk- und Lebensform. Die liberale Moderne und die massendemokratische Postmoderne, Weinheim 1991.

25 Lundgreen / Kraul / Ditt, Bildungschancen; Schüren, Soziale Mobilität.

26 Anwalt, Angestellter, Arbeiter, Gewerbetreibender, Kaufmann, Industrieller, Jurist (angestellt), Künstler/Schriftsteller, Landwirt, Lehrer, Manager, Mediziner, Techniker/Architekt, außerdem für nicht Erwerbstätige: Pensionist, Privat, Hausfrau, Kind (bis 14 Jahre), Schüler/Student. Vorgesehen, aber nicht mit Daten belegt: Bankier, Beamter, Häuslicher Dienst.

ständig beschäftigt, unterstützt); 3) eine Gliederung nach Wirtschaftssektoren (Landwirtschaft, Industrie und Gewerbe, Handel/Geld- und Verkehrswesen, öffentlicher Dienst, freie Berufe, Berufslose); 4) die Anordnung auf der Vertikalen als Oberschicht, obere, zentrale und untere Mittelschicht, obere und untere Unterschicht. Durch Kreuzung der Gliederung nach Berufsgruppen mit jener nach Schichten ergibt sich als weitere Perspektive die Unterscheidung einzelner bürgerlicher Fraktionen in Außenabgrenzung gegenüber der Arbeiterklasse, ländlichen Unter- und Mittelklassen, die in der Erhebungsgesamtheit nicht vertreten sind.

Die Entscheidung für einen bestimmten Darstellungsmodus von sozialer Ungleichheit hat weitreichende Implikationen. Die Vor- und Nachteile des Konzepts der Schichtung treten klar zu Tage, wenn man es mit jenem der Klasse kontrastiert. Der Marx'sche Klassenbegriff bietet in der Verfügungsgewalt über Produktionsmittel ein umfassend theoretisch begründetes Kriterium für die Scheidung von gesellschaftlichen Gruppen; die empirische Realität komplexer kapitalistischer Gesellschaften fügt sich aber nur schwer einem dichotomen Schema. Der Begriff der Schicht ist demgegenüber unbestimmter, d. h. auch flexibler. Als unproblematisch stellt sich das Operieren mit Schichtungen dar, wenn man sie als sozialhistorisches Werkzeug versteht, das nur zu Analysezwecken Gruppen zusammenstellt,[27] ohne ihre Existenz als objektives Faktum zu behaupten oder anzunehmen, dass sie das Bewusstsein der jeweils in dieselbe Kategorie eingereihten Individuen prägen. Schichtungsmodelle konturieren die in der Gesellschaft wirksamen Dynamiken der Statuszuschreibung nur auf einer Oberflächenebene, indem sie meist Einkommen, Berufsprestige und Bildung als Faktoren heranziehen. Eine gewisse Willkür bei den Abgrenzungen zwischen den Schichten ist die Folge eines Modells, das nicht durch diskontinuierliche Strukturen voneinander getrennte Klassen oder Stände vorsieht.[28]

Der Aufbau des Schichtungsmodells

Die konkrete Umsetzung der Schichtzuordnungen folgt mit geringen Abweichungen Lundgreen und Schüren, die jeweils detaillierte und gut

---

27 Im Sinn von „Klassen auf dem Papier". Bourdieu, Wie eine soziale Klasse entsteht, S. 112–114.

28 Hartmut Esser, Soziologie. Spezielle Grundlagen 2. Die Konstruktion der Gesellschaft, Frankfurt/M. 2000, S. 143–153.

begründete Klassifikationen von Berufsbezeichnungen publiziert haben. Entsprechend dem Fokus auf die soziale Gruppe der EmigrantInnen wurde die Mittelschicht stärker gegliedert. Ihr oberer Teil entspricht weitgehend der unteren Oberschicht der beiden genannten Autoren, die diese Unterteilung aber aufgrund der geringen Fallzahl in ihren Studien aufgegeben haben. Würde die Analyse allein auf den Berufsbezeichnungen aufbauen, müsste sie sich aber mit teilweise unbefriedigenden pauschalen Zuordnungen begnügen. Auf mehreren Wegen wurden daher korrigierende und präzisierende Einschätzungen angestrebt.

Bei Kaufleuten und Gewerbetreibenden galt es, Hinweise auf die ungefähre Dimension des Unternehmens zu eruieren, denn Etiketten wie Kaufmann und selbst noch scheinbar eindeutige Denominationen wie „Fabrikant" geben darüber keinen verlässlichen Aufschluss.[29] Größere Firmen waren jedoch in der Regel beim Handelsgericht protokolliert. Bis 1928 bestand ab 20 Beschäftigten und/oder einem Jahreseinkommen von über 8500 Schilling (das entsprach 1938 rund 5500 Reichsmark) sogar die Verpflichtung zur Registrierung. Wir haben es hier mit einer ebenso von der zeitgenössischen Statistik wie von der späteren sozialhistorischen Forschung verwendeten Abgrenzung des Kleingewerbes gegenüber fabriksmäßiger Produktion zu tun. Ab 10 MitarbeiterInnen beginnt eine Übergangszone des Großgewerbes, in der die InhaberIn sich nicht mehr am Produktionsprozess beteiligte, sondern auf die Bereitstellung des Kapitals, die technische und kaufmännische Leitung beschränkte.[30] Der „Lehmann" enthält eine Auflistung der protokollierten Firmen, der ebenfalls jährlich erscheinende „Industrie-Compass" oft darüber hinausgehende Daten zur Beschäftigtenzahl und der verfügbaren Motorleistung.

Als systematische Ergänzung der Auswertung von Berufsbezeichnungen wurden aber vor allem die Vermögensanmeldungen herangezogen. Der Anmeldepflicht unterlagen alle Personen ab einem Aktivvermögen von 5000 RM. Mit einigem Recht kann man annehmen, dass die Anhäufung eines solchen Kapitals außer Reichweite von ArbeiterInnen lag, sich also erst durch höhere Berufspositionen realisieren ließ. 5000 RM entsprachen immerhin 2,5-mal dem Jahreseinkommen eines Facharbeiters, konkret eines Mechanikers, in der Wiener Metallindustrie und dem 4,5fachen Jahreslohn

[29] Michael Pammer, Umfang und Verteilung von Unternehmervermögen in Wien 1852–1913, in: Zeitschrift für Unternehmensgeschichte 41 (1996), S. 40–64, hier 44.

[30] Stefan Eminger, Das Gewerbe in Österreich 1930–1938. Organisationsformen, Interessenpolitik und politische Mobilität, Innsbruck 2005, S. 16 f., 25–32.

einer durchschnittlichen Arbeiterin.[31] Bei Arbeiterfamilien waren außerdem die Spielräume zur Kapitalbildung, selbst durch Anschaffung dauerhafter Konsumgüter, äußerst gering, denn Mitte der 1930er Jahre wendeten sie noch immer annähernd die Hälfte des Haushaltsbudgets für Nahrungsmittel auf.[32] Bezeichnenderweise finden sich in dem von Michael Pammer untersuchten Sample von 5769 Fällen mit einem Aktivvermögen ab 5000 RM nur etwas über 1 % Personen, die man aufgrund ihrer beruflichen Tätigkeit als kleine Existenzen (Häuslicher Dienst, gewerbliche Unterschicht) ansehen würde, zuzüglich eines nicht näher bestimmbaren Prozentsatzes an Personen, die, von den globalen Etiketten Angestellte und Beamte verdeckt, am unteren Ende der Einkommens- und Prestigehierarchie angesiedelt waren.[33] Die Vermögensanmeldungen verweisen also auf ein Bevölkerungssegment, das man der Mittel- und Oberschicht zurechnen muss. Bloß bei jenen, die der Mittelschicht an ihrem unteren Rand angehörten, hat man damit zu rechnen, dass sie der Anmeldepflicht nicht unterlagen. Die Plausibilität von auf den Vermögensanmeldungen basierten Kriterien der Schichtzuordnung steigt dadurch, dass Anmeldepflichtige, sieht man von besonderen Umständen wie einer sehr raschen Emigration nach dem 12. März 1938 ab, angesichts des enormen Verfolgungsdrucks nur schwer die Deklarierung ihres Vermögens umgehen oder große Kapitalteile unterschlagen konnten.[34]

Hinsichtlich der Unter- und Obergrenzen der Mittelschicht kann man sich an Emanuel Januschka orientieren, der 1938 eine einschlägige Studie veröffentlichte.[35] Den Beginn der Mittelschicht setzt er bei den Selbstständigen mit einem Einkommen von 3000 Schilling (= 2000 RM) an, weil dies dem Jahreseinkommen der meisten (männlichen) Arbeiter entsprach. Die Begründung ist einleuchtend, sofern man von einer Mittelschicht ausgeht, zu deren Vergesellschaftung als Bürgertum die soziale Distanzierung von der

31 Statistisches Jahrbuch der Stadt Wien 1937, Wien 1938, S. 128. Hier sind Stundenlöhne angegeben. Durch Multiplikation mit 48 Wochenstunden und 52 Wochen wurde der Jahresverdienst berechnet.

32 Franz X. Eder, Privater Konsum und Haushaltseinkommen im 20. Jahrhundert, in: Ders. u. a. (Hrsg.), Wien im 20. Jahrhundert. Wirtschaft, Bevölkerung, Konsum, Innsbruck u. a. 2003 (= Querschnitte 12), S. 201–285, hier 205–208.

33 Michael Pammer, Jüdische Vermögen in Wien 1938, Wien–München 2003 (= Veröffentlichungen der österreichischen Historikerkommission 8), S. 57, Tabelle 5.

34 Ebenda, S. 47 f. Eine andere Auffassung: Helen B. Junz / Oliver Rathkolb u. a., Das Vermögen der jüdischen Bevölkerung Österreichs. NS-Raub und Restitution nach 1945, Wien–München 2004 (= Veröffentlichungen der Österreichischen Historikerkommission 9), S. 14 f., 24.

35 Emanuel Januschka, Die soziale Schichtung der Bevölkerung Österreichs, Wien 1938.

Industriearbeiterschaft wesentlich beiträgt. Als Schwelle zur Oberschicht nimmt Januschka ein Einkommen von über 12.000 Schilling (= 8000 RM) an. Diese Einteilung begründet er nicht näher, aber gegenüber der willkürlichen Grenzziehung durch HistorikerInnen ist einem zeitgenössischen Maßstab der Vorzug zu geben. Die Unterteilungen innerhalb der Mittelschicht sind zum einen an den Einkommensteuerschlüssel angelehnt, der bei umgerechnet 3533 und 4800 RM Sprünge nach oben macht.[36] Zum anderen sind sie das Resultat des Versuchs einer Abstimmung mit auf Berufsbezeichnungen gegründeten Vermutungen und Informationen zum Status einzelner Personen aus anderen Quellen.

Nur in einem Drittel der eingesehen Vermögensanmeldungen ist der Jahresverdienst angegeben. Es handelt sich entweder um ein Angestelltengehalt oder eine Pension. Einkünfte aus selbstständiger Tätigkeit wurden nicht angeführt, der gemeldete Kapitalumfang muss daher als Kriterium hinzutreten. Der Verfasser hat 5000 Reichsmark Nettovermögen[37] als Untergrenze der zentralen Mittelschicht angenommen. Die Vermögensteuer, die freilich nicht das tatsächliche Vermögen, sondern ein Vielfaches des Einkommens für die Bemessung heranzog, setzte bei 36.000 Schilling (= 24.000 RM) mit 0,5 % ein und machte bei 120.000 Schilling (80.000 RM) einen Sprung auf 1 %.[38] An diesen beiden Punkten wurden die Schwellen für die Zurechnung zu oberer Mittelschicht und Oberschicht angelegt. Sie sollen nach Art von Quantilen Unterschiede sichtbar machen und wurden auch in vager Konkordanz mit Informationen über Lebensstil und berufliche Tätigkeit einiger Personen getroffen.

Für die Zuordnung einer BerufsträgerIn (ganz überwiegend handelt es sich allerdings um Männer – auch aus den oben bereits diskutierten Gründen) zur zentralen Mittelschicht oder einer noch höheren Statusgruppe war daher das Vorliegen einer Vermögensanmeldung eine Voraussetzung. Diese Regel ist nicht bloß einem Formalismus geschuldet, sondern stimmt mit Ableitungen aus spezifischeren Berufsbezeichnungen überein und auch mit dem Bild, das in einer Reihe von Fällen aus anderen Quellen gewonnen wurde. Die genaue Zurechnung zu einer Teilschicht basierte auf Vermögensumfang und/oder Einkommen, wobei im Zweifelsfall die höhere Einstufung entschied. Da auch einige nicht anmeldepflichtige Personen ihre Vermögens-

---

36 Adalbert Tautscher, Einkommen-, Erwerb-, Besoldungs- und Rentensteuer sowie Vermögenssteuer, Krisensteuer und Sonderabgabe, Leipzig–Wien–Berlin 1937, S. 91.

37 Ohne Einrechnung von kapitalisierten Einkommen.

38 Tautscher, Einkommensteuer, S. 98–102.

und Einkommenssituation offenlegten, kann es zu Zuordnungen kommen, die unter jenen liegen, die für die Berufsbezeichnungen nach Lundgreen und Schüren definiert wurden.

Keine Regel ohne Ausnahmen – daher wurden in einer Reihe von Fällen unabhängig von der Vermögensanmeldung Untergrenzen für die Positionierung im Modell fixiert. InhaberInnen von protokollierten Firmen und Personen, deren Berufsbezeichnung („Industrieller“) sie als große Unternehmer darstellt, wurden zumindest der oberen Mittelschicht eingereiht. Auch bei bildungsbürgerlichen Gruppen gab die Annahme bestimmter „Wechselkurse“ für die Konversion von Bildung und ökonomischem Kapital den Ausschlag: Akademiker wurden entsprechend dem hohen Prestige dieser Bildungspatente und den ihnen innewohnenden Autoritätschancen stets der oberen Mittelschicht zugeschlagen, Ingenieure, Architekten, Chemiker mindestens der zentralen Mittelschicht, ebenso Personen, die ihre Berufsbezeichnung als leitende Angestellte kenntlich machte. Aus der Zahl jener EmigrantInnen, zu denen keine Vermögensanmeldungen vorlagen, wurden Techniker, Kaufleute, Handwerksmeister und Spezialhandwerker der unteren Mittelschicht hinzugefügt. Personen, deren Beruf nur als „Angestellte“ angegeben war, finden sich ebenso der oberen Unterschicht zugeordnet wie Gewerbetreibende, die nicht als Meister firmierten.

147 Frauen ohne nachweisbare Erwerbstätigkeit und 101 Kinder und Jugendliche standen in enger familiärer Beziehung zu den 238 BerufsträgerInnen, bei denen eine Schichtzuordnung möglich war. Diese Personen waren vermutlich von der BerufsträgerIn finanziell abhängig und wurden derselben Schicht wie das (meist männliche) Familienoberhaupt zugewiesen. Diese Vorgangsweise trägt den Realitäten einer patriarchalischen Gesellschaft Rechnung. In Fällen, wo Ehemann und Ehefrau erwerbstätig waren, was die Zuweisung zu unterschiedlichen Statuskategorien zur Folge hätte, wurde für beide die höhere Einstufung gewählt. Wenn beide Vermögen besaßen, wurde die Schichtzuordnung nach dem Gesamtvermögen der Eheleute vorgenommen.

Damit sind die Grundregeln des Modells dargelegt, die trotzdem nicht als Automatismus funktionieren können. Jedes Schichtungsmodell produziert Ungereimtheiten, die auch durch immer feingliedrigere Regelsysteme nicht gänzlich zu beheben sind. Das hier präsentierte Modell versteht sich nicht als Maschine, sondern als Werkzeug für eine reflektierende Bastelarbeit. Gerade bei einem so überschaubaren Sample ist die Korrektur im Einzelfall sinnvoll, wenn – wie es immer wieder vorkommt – zusätzliche Informationen greifbar sind, die sich einer Quantifizierung entziehen. Gerade beim La-Plata-Projekt war an autobiographische Texte oder lebensgeschichtliche Interviews zu denken, die es gestatten, ein differenziertes Bild des Lebensstils einer Person zu zeichnen.

Ein Beispiel, wie durch die Überschneidung verschiedener Quellen eine recht genaue Einschätzung von beruflicher Tätigkeit und Sozialstatus gelingt, ist der Unternehmer Alexander Deutsch. Er repräsentiert den seltenen Fall einer Person, die sich in allen durchgehend herangezogenen Quellen verzeichnet findet. Im „Lehmann" scheint er nur als Kaufmann auf. Laut „Compass" war er gemeinsam mit einem Kompagnon Inhaber der Firma Wilhelm Haas & Cie. in Wien 20, die 15 bis 18 Personen beschäftigte. Die Erzeugung von Leimen, Soda und Seifen erfolgte zumindest teilweise unter Maschineneinsatz, denn der Betrieb verfügte über einen Elektromotor mit 26 PS. Ende Juni 1938 bestand das von Deutsch angemeldete Vermögen aber nur mehr aus einem „Restkaufpreis" von 6000 RM. Die „Entjudung" der „chemischen Fabrik" war also rasch vollzogen worden. In einem Schreiben an die Vermögensverkehrsstelle im Oktober 1938 erklärte Alexander Deutsch sich um ein „Einreisevisum nach Amerika" zu bemühen, was aber noch einige Monate dauern werde. Ob Amerika als Synonym für USA zu verstehen ist oder bereits Uruguay gemeint war, entzieht sich unserer Kenntnis. Im März 1939 kam er jedenfalls mit seiner bereits hochschwangeren Frau Luise, die bald darauf einen Sohn gebar, in Montevideo an. Die Landungsliste führt ihn als „químico" (Chemiker), vielleicht ein Hinweis auf eine diesbezügliche Ausbildung als Grundlage seiner unternehmerischen Tätigkeit in Wien. Alexander Deutsch blieb in Montevideo, 1946 betrieb er laut einer „llamada" für Verwandte seiner Frau eine Werkstatt im Bereich Mode und Konfektion. 1950 war er dem NCI-Antrag zufolge „representante". Die Handelsvertretung ausländischer, oft deutscher Firmen in Uruguay war ein häufiges Betätigungsfeld von Emigranten, die auf diese Weise ihre in beide Richtungen vorhandenen Sprach- und Ortskenntnisse als Kapital verwerten konnten.

Eine bürgerliche Emigration

Betrachten wir zunächst die Verteilung nach Berufsgruppen und Wirtschaftssektoren. Auffällig ist der hohe Anteil der Kaufleute, die auf rund 40 % aller BerufsträgerInnen kommen. Dem entspricht ein Schwergewicht auf dem Sektor Handel, Geld- und Verkehrswesen, dem 60 % der BerufsträgerInnen (ohne Berufslose) unter den Uruguay-EmigrantInnen zurechnen, gegenüber nur 29 % der Wiener BerufsträgerInnen.[39] Es liegt auch über dem Anteil von 54 %, den der jüdische Statistiker Leo Goldhammer für die Wiener Jüdinnen und Juden 1934 angibt.[40] Ein Charakteristikum der jüdischen Gruppe war der hohe Anteil an Selbstständigen,[41] auch dieses Merkmal weist die EmigrantInnengruppe auf. Selbst wenn man alle Angestellten, zu denen keine Betriebsangabe vorliegt, dem Sektor Handel, Geld- und Verkehrswesen zuschlägt,[42] kommt man auf einen Anteil von 67 % Selbstständige an den in diesem Bereich Tätigen.

Eine weitere Berufsgruppe mit überproportionalem Gewicht waren die FreiberuflerInnen. Sie machten unter den Uruguay-EmigrantInnen rund 15 % der BerufsträgerInnen aus, die Vergleichszahl für alle Wiener Erwerbstätigen lautet 7,6 %.[43] Unterrepräsentiert war der Sektor Industrie/Gewerbe, drastisch gemessen an den Wiener Verhältnissen insgesamt, weniger dramatisch verglichen mit den Zahlen von Goldhammer. Die Land- und Forstwirtschaft hatte – wie bei einer urbanen Population nicht anders zu erwarten – keine Bedeutung.

Bemerkenswert ist auch das Fehlen bestimmter Berufskategorien. Beamte, in Wien rund 5 % der Berufstätigen, waren unter den EmigrantInnen mit Ausnahme von zwei Lehrern nicht vertreten – kein Wunder, denn der grassierende Antisemitismus behinderte seit jeher Karrieren im öffentlichen Dienst. Damit hängt – z. B. bei Juristen – die häufige Entscheidung für freie Berufe zusammen. Eine IndustriearbeiterIn findet man im Sample nicht, DienstbotInnen sind ebenso nicht nachgewiesen.

Damit sind wir bei der Schichtung der EmigrantInnen angelangt (siehe Tabelle 1, S. 130 f.). Ein Drittel entfällt auf die obere Mittelschicht, einer mit ökonomischem und kulturellem Kapital sehr gut ausgestatteten Formation. Die Besonderheiten des Sozialprofils der Uruguay-EmigrantInnen treten klar hervor, wenn man sie zur Schichtung der österreichischen Gesellschaft in Relation setzt. Von Emanuel Januschka liegt eine grobe Schätzung für die 1930er Jahre vor, die mit vielen Problemen behaftet ist, aber doch einen

39 Statistisches Jahrbuch der Stadt Wien 1937, Wien 1938, S. 14 f.

40 Leo Goldhammer, Über die Berufsgliederung der Wiener Juden, in: Der Jude. Organ für das arbeitende Palästina, 5. Jg., Nr. 1, 7. 1. 1938, S. 2 f.

41 Für Wien im Jahr 1910: Ivar Oxaal, Die Juden im Wien des jungen Hitler: Historische und soziologische Aspekte; in: Ders. / Gerhard Botz u. a. (Hrsg.), Eine zerstörte Kultur – Jüdisches Leben und Antisemitismus in Wien seit dem 19. Jahrhundert, hrsg. v. demselben / Gerhard Botz, Wien 2002, S. 47–64, hier 63.

42 Nach dem Muster von Schüren, Soziale Mobilität, S. 319.

43 Gerechnet ohne Berufslose.

Eindruck von einer krisengeschüttelten Industriegesellschaft vermittelt, die sich durch massive soziale Disparitäten kennzeichnet. Januschka unterschied nur drei Schichten, ein Vergleich erfordert daher die Adaptierung des für die Uruguay-EmigrantInnen konstruierten Modells. Die untere Mittelschicht kann man im Sinne einer konservativen Schätzung der Unterschicht zuschlagen, obwohl sie Personen enthält, die nach Januschkas Kriterien als Mittelschichtsangehörige gelten würden. Die Unterschiede zwischen der österreichischen Gesellschaft und dem kleinen Kollektiv der nach Uruguay Vertriebenen sind dennoch markant. Während sich in ersterem Fall 87 % der Population aus der Unterschicht rekrutiert, ist bei den EmigrantInnen die Mittelschicht mit 56 % die mit Abstand größte Teilformation.

Abbildung 1: Schichtung im Vergleich

Quelle: EmigrantInnendatenbank

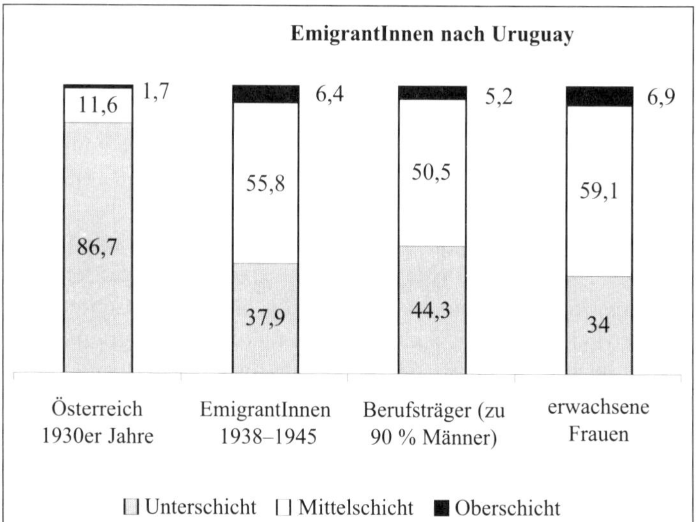

Eine inhaltliche Dimension in vager Parallelität zu der formalen Gliederung nach Schichten eröffnen jene in der ersten Spalte von Tabelle 1 fett gesetzten Begriffe, die eine bürgerliche Mittelklasse konstruieren, ausgezeichnet durch soziale, kulturelle und ökonomische Ressourcen gegenüber den Unterklassen. Das Bürgertum verband im 19. Jahrhundert Menschen unterschiedlicher Erwerbsarten, Einkommens- und Bildungsniveaus in einer sozialen Formation, die M. Rainer Lepsius als spezifische Vergesellschaftung der Mittelklassen bezeichnet hat.[44] Abgesehen von gemeinsamen materiellen Interessen, die bei aller Heterogenität an der Frontstellung zu alten Eliten, vor allem aber gegenüber ländlichen und städtischen Unterklassen ablesbar waren, wirkten bestimmte Ordnungsvorstellungen als Katalysatoren der Vergesellschaftung. Zu den Kernbeständen bürgerlicher Weltanschauung gehörten die Hochschätzung von Selbstbestimmung und -verwaltung, von Marktwirtschaft und freier Interessenformierung, von Bildung als Instrument des sozialen Aufstiegs und der Persönlichkeitsveredelung. Die Juden und Jüdinnen waren eine ethnische/konfessionelle Gruppe, die aufgrund ihrer sozialstrukturellen Merkmale besonders intensiv von Prozessen der Verbürgerlichung erfasst wurde. Die Bildungsfreundlichkeit wirkte in einem stärkeren Maß als Klammer, als es für das christliche Bürgertum zutraf. So schlugen die Söhne des alten Mittelstands christlicher Religionszugehörigkeit signifikant seltener den Weg von Gymnasialbildung und Studium ein als die Sprösslinge jüdischer Kaufleute und Gewerbetreibender.[45] Die zunehmend schärfere Entgegensetzung von liberaler Bourgeoisie und der sich um Mittelstandsideologien mit antiliberaler Stoßrichtung scharenden Gewerbetreibenden andererseits wird man in der jüdischen Gruppe nicht finden, zumal jüdischen Kleingewerblern die antiliberale Option durch den vehementen Antisemitismus der Mittelstandsbewegung und der ihr verbundenen Christlichsozialen versperrt war. Wenn man den Begriff Bürgertum als eine mit Bourdieu zumindest wahrscheinliche Klasse oder ein wahrscheinliches Ensemble von Klassen betrachten kann, so muss man für ihr jüdisches Segment eine Dichte annehmen, die ihren christlichen Teilen abgeht. Allerdings war das jüdische Bürgertum nicht bruchlos einem christlichen, nicht-jüdischen integriert, denn der steigende Antisemitismus wirkte auf seine Isolierung hin. Das zeigte sich an den Kreisen des privaten Verkehrs: Freunde, Freundinnen und Bekannte von Jüdinnen und Juden rekrutierten sich vorwiegend aus der eigenen Gruppe.[46] Der Logik des Klassenbegriffs

---

44 Lepsius, Soziologie des Bürgertums.

45 Steven Beller, Wien und die Juden 1867–1938, Wien–Köln–Weimar 1993 (= Böhlaus zeitgeschichtliche Bibliothek 23), S. 59–78. Über Wien hinausgehende Samples: Gary B. Cohen, Education and Middle-Class Society in Imperial Austria 1848–1918, West Lafayette 1996, S. 146 f., 153–155, 159–164.

46 So die Ergebnisse einer Erhebung zu österreichischen Israel-EmigrantInnen und aus Fragebögen der Austrian Heritage Collection in New York. Albert Lichtblau, Erfahrungen,

Tabelle 1: Sozialstruktur der EmigrantInnen

Quelle: EmigrantInnendatenbank; n=545 (EmigrantInnen, die von 1938 bis 1945 nach Uruguay kamen und bei denen eine Schichtzuordnung möglich war)

	Untere/Obere Unterschicht	**Untere Mittelschicht**	**Zentrale Mittelschicht**	**Obere Mittelschicht**	**Oberschicht**
Einkommensschwelle in RM	----	2000	3500	5000	8000
Vermögensschwelle in RM	----	----	5000	24.000	80.000
EmigrantInnen insgesamt	9,5 %	28,3 %	24,2 %	31,6 %	6,4 %
Berufsgruppen	*Unten stehende Angaben in absoluten Zahlen*				
Besitzbürgertum 14,4 %*					
Großgrundbesitzer	0	0	0	0	**2**
Industrielle/Fabrikanten	0	0	0	**5**	**1**
Großkaufleute	0	0	0	**26**	**7**
Bildungsbürgertum 18,2 %*					
Anwälte	0	0	0	**9**	0
ÄrztInnen	0	0	0	**12**	0
„Doktoren“[1]	0	0	0	**4**	0
KünstlerInnen/Schrift-stellerInnen	0	**6**	**6**	0	0
Lehrer an höheren Schulen	0	0	0	**1**	0
Leitende Angestellte/Manager	0	0	**3**	**7**	**4**
Hohe Beamte (öffentl. Dienst)	0	0	0	0	0

Alter Mittelstand **37,2 %***					
Landwirte	0	**1**	0	0	0
Gewerbetreibende[2]	0	**17**	**5**	**2**	0
Kaufleute	0	**55**	**26**	0	0
Neuer Mittelstand **16,8%***					
Techniker	0	**4**	**7**	**3**	0
Mittlere Angestellte[3]	0	**6**	**16**	**10**	**1**
Lehrer	0	**1**	0	0	0
Unterklassen **13,3 %***					
Einfache Angestellte[3]	**19**	0	0	0	0
KleingewerblerInnen/ArbeiterInnen[4]	**18**	0	0	0	0
Land- u. IndustriearbeiterInnen	0	0	0	0	0
DienstbotInnen	0	0	0	0	0
Berufslose					
Pensionisten/Private (männl.)	0	0	**2**	**1**	0
Sonstige (männl.)[5]	0	**2**	**3**	**4**	**1**
Frauen[6]	**10**	**40**	**34**	**50**	**13**
Kinder/Schüler/Studenten	**5**	**22**	**26**	**42**	**6**

* Anteil an den BerufsträgerInnen (ohne Berufslose); [1] Doktoren ohne nähere Berufsangabe oder Spezifizierung des akademischen Titels; [2] kleine UnternehmerInnen, Handwerksmeister, Gastwirte; [3] auch Beamte im öffentlichen Dienst; [4] prekäre Selbstständigkeit und ArbeiterInnen im Gewerbe; [5] keine Berufsangabe verfügbar, zumeist engen Verwandten zugeordnet; [6] Hausfrauen, Private, Pensionistinnen, keine Angabe

entspräche für das gehobene Bürgertum eine herrschende Position in der Gesellschaft. Durch die gegenläufigen Ordnungsprinzipien, die eine Kombination aus Nationalismus und Rassismus bereitstellte, traf das auf sein jüdisches Segment nur eingeschränkt zu.

Nochmals zurück zu Abbildung 1: Die dritte Säule des Diagramms enthält nur die BerufsträgerInnen, berücksichtigt hingegen weder Frauen, bei denen keine Erwerbstätigkeit belegt ist, noch Kinder und in Ausbildung befindliche Jugendliche. Der Anteil der Unterschicht nimmt nun etwas zu und verweist dadurch auf bestimmte Aspekte der sozialen Selektivität der Emigration. Diese wird in Tabelle 2 noch deutlicher. Auf eine BerufsträgerIn kamen in der Unterschicht 0,4 berufslose Frauen, Kinder und in Ausbildung befindliche Jugendliche, in der Oberschicht beträgt derselbe Wert 1,3. In einfachen Worten interpretiert: Je wohlhabender die erwerbstätige EmigrantIn, desto größer die Wahrscheinlichkeit, dass er/sie (meist handelt es sich um einen „er“) Familienangehörige ins Exil mitnehmen konnte. Für Frauen aus kleinbürgerlichen Verhältnissen standen, wie die vierte Säule des Diagramms zeigt, die Chancen deutlich schlechter als für Männer sich nach Uruguay zu retten. Nicht zuletzt damit hängt vermutlich der höhere Männeranteil (60 %) an der Emigration zusammen. Auch das Faktum, dass Ledige unter den Emigrantinnen einen wesentlich geringeren Teil als bei ihren männlichen Schicksalsgenossen ausmachen (9 % gegenüber 36 %), verweist wieder einmal darauf, dass soziale Ungleichheit ein Geschlecht hat.

Tabelle 2: Berufslose Frauen, Kinder und Jugendliche pro BerufsträgerIn

Quelle: EmigrantInnendatenbank

Unterschicht	Untere Mittelschicht	Zentrale Mittelschicht	Obere Mittelschicht	Oberschicht
0,4	0,7	1	1,1	1,3

Erinnerungen und Bewertungen. Österreichisch-jüdische Emigranten in den USA, in: Werner Hanak / Niko Wahl (Hrsg.), Vom Großvater vertrieben, vom Enkel erforscht? Zivildienst in New York, Wien 2002, S. 63–105, hier 67 f.

Ein „Exil der kleinen Leute“[47] war die Uruguay-Emigration allenfalls, wenn groß im Sinn von Berühmtheiten aus Wissenschaft und Kunst verstanden wird. Ein unternehmendes Bürgertum prägte das Profil der Gruppe. Die Gründe sind mannigfaltig: Die Einwanderungsbestimmungen, administrative Kosten wie Visumsgebühren und die teuren Schiffspassagen privilegierten jene, die erst vom NS-Regime aller Habe entledigt wurden, gegenüber denjenigen, die von vornherein nichts besaßen. Zum ökonomischen trat das soziale und kulturelle Kapital des Bürgertums: Auslandskontakte, Gewandtheit im Umgang mit Konsularbehörden, ein dem bürgerlichen Habitus eingeschriebenes Selbstbewusstsein, Fremdsprachenkenntnisse und allgemein ein weiterer Bildungshorizont. Die Regelmäßigkeiten, die man für Uruguay beobachten kann, treffen mit hoher Sicherheit auch auf Argentinien zu, ähnliche Mechanismen ließen sich aber vermutlich für die meisten Exilländer in Übersee aufzeigen.

47 Wolfgang Benz, Das Exil der kleinen Leute. Alltagserfahrungen deutscher Juden in der Emigration, München 1991.

HEIDE GSELL

JEHOVAS ZEUGEN UNTER DEM NS-REGIME

Würdigung und Rehabilitierung einer Opfergruppe

Hubert Mattischek, ehemaliger Häftling mit dem lila Winkel in den Konzentrationslagern Dachau, Mauthausen und Gusen, schrieb 1967 an das Dokumentationsarchiv des österreichischen Widerstandes:

> „Was nützt es, wenn die Verfolgten die jetzige junge Generation mahnen und ihnen alles erzählen, wenn sie selbst nicht rehabilitiert werden."[1]

Er selbst durfte nicht mehr miterleben, wie das Urteil gegen seinen Bruder Franz Mattischek[2], der im Dezember 1939 als Wehrdienstverweigerer in Berlin-Plötzensee hingerichtet worden war, beinahe sechzig Jahre später aufgehoben wurde.

Die Rehabilitierung von Franz Mattischek soll nicht nur eine symbolische Geste sein. Sie dient vor allem der Bewusstseinsbildung, indem für die Nachwelt unmissverständlich festgehalten wird, dass während der NS-Zeit das Gewissen Einzelner gröblichst missachtet wurde und die deshalb gefällten Urteile Unrecht waren.

Rehabilitation kann aber nicht nur durch eine gerichtliche Entscheidung erfolgen oder durch ein generelles Rehabilitierungsgesetz, sosehr dies zu begrüßen wäre. Formale Urteilsaufhebungen allein sind zu wenig, um der Bevölkerung die Folgen von religiöser Intoleranz im Dritten Reich bewusst zu machen. „Rehabilitierung" ist die offizielle, öffentliche und individuelle Wiederherstellung der Rechte und auch der persönlichen Ehre der Opfer. In juristischem Sinne versteht man darunter die Beseitigung des Makels einer

---

1 DÖW 709, JZ-Ö/Ga (Jehovas Zeugen Österreich/Geschichtsarchiv) 390, Hubert Mattischek (1919–1997), war von 1939 bis 1945 in Konzentrationslagern inhaftiert.

2 JZ-Ö/Ga 389, Franz Mattischek, geb. 25. 3. 1915, hingerichtet am 1. 12. 1939, rehabilitiert am 24. 11. 1999.

Strafe durch offizielle Aufhebung der Verurteilung.[3] Rehabilitierung muss sich aber auch in den Köpfen der Menschen abspielen, und dieses Thema muss daher einer breiten Öffentlichkeit nahegebracht werden. Darum sind Geschichtsprojekte, Ausstellungen, wissenschaftliche Arbeiten und Veranstaltungen unabdingbar.

Noch vor wenigen Jahren zählten die Zeugen Jehovas zu den „vergessenen Opfern" des Nationalsozialismus. Die Gründe sind wohl darin zu suchen, dass sie keine Lobby hatten, aus ihren eigenen Reihen keine HistorikerInnen kamen und die wissenschaftliche Forschung durch eine gewisse Reserviertheit und Voreingenommenheit gegenüber einer als „Sekte" diskreditierten Religionsgemeinschaft oft behindert wurde.[4] Das Dokumentationsarchiv des österreichischen Widerstandes jedoch hat in allen Bänden der Reihe „Widerstand und Verfolgung" schon ab 1975 den Zeugen Jehovas jeweils ein Kapitel gewidmet.[5]

Seit Mitte der 90er Jahre haben Zeugen Jehovas und engagierte WissenschafterInnen unter Mitwirkung der Opfer selbst viel für die Aufarbeitung getan, wodurch die öffentliche Wahrnehmung der Opfergruppe und die museale Thematisierung stark verbessert wurden.

Kurzer Überblick über die Verfolgungsgeschichte der Zeugen Jehovas

In Österreich entwickelte sich die christliche Glaubensgemeinschaft der Zeugen Jehovas[6] Anfang des 20. Jahrhunderts. Die christliche Religions-

3 Reinhard Kohlhofer / Reinhard Moos (Hrsg.), Österreichische Opfer der NS-Militärgerichtsbarkeit – Rehabilitierung und Entschädigung, Wien 2003 (= Schriftenreihe Colloquium 8), S. 10.

4 Vgl. Sybil Milton, Zeugen Jehovas – vergessene Opfer?, in: Dokumentationsarchiv des österreichischen Widerstandes (Hrsg.), Zeugen Jehovas: Vergessene Opfer des Nationalsozialismus?, Wien 1998, S. 21–26, hier 21.

5 Dokumentationsarchiv des österreichischen Widerstandes (Hrsg.), Widerstand und Verfolgung in den österreichischen Bundesländern 1934–1945. Eine Dokumentationsreihe, Wien 1975–1991: Wien, 3 Bd.e, 1975, 2. Aufl. 1984; Burgenland, 1 Bd., 1979, 2. Aufl. 1983; Oberösterreich, 2 Bd.e, 1982; Tirol, 2 Bd.e, 1984; Niederösterreich, 3 Bd.e, 1987, Salzburg, 2 Bd.e, 1991.

6 Zur Religionsgemeinschaft allgemein, siehe www.JehovasZeugen.de. Vgl. Franz Aigner, Jehovas Zeugen in Österreich, in: Johann Hirnsperger / Christian Wessely / Alexander

gemeinschaft war damals vor allem durch den Namen *Ernste* bzw. *Internationale Bibelforscher* (IBV) bekannt, was den Konflikt mit national eingestellten Kreisen heraufbeschwor, die die Bibel als jüdisches Buch verwarfen. 1931 nahmen sie den Namen „Jehovas Zeugen" an, wurden jedoch bis über die NS-Zeit hinaus weiterhin von den Behörden und der Öffentlichkeit als Bibelforscher oder Angehörige der IBV bezeichnet.

Die nationalsozialistische Verfolgung der christlichen Glaubensgemeinschaft der Zeugen Jehovas setzte in Deutschland bereits 1933 ein. Der Grund lag in der Verkündigung des Friedensreiches Gottes auf Erden wie auch in der Ablehnung von Führerkult, Rassenwahn, Nationalismus und Beteiligung am Krieg. Vor allem durch die rege Missionstätigkeit und die Verbreitung von religiösen Schriften wie *Der Wachtturm* erregte die zahlenmäßig kleine Glaubensgemeinschaft große Aufmerksamkeit.

Die Gläubigen zeichnete eine urchristliche Naherwartung des verheißenen Reiches Gottes auf Erden aus und sie verstanden sich als Evangeliumsverkündiger, die eine weltweit geeinte, friedliche Bruderschaft, eine Art Übergangsgesellschaft für die „neue Welt", bildeten. Konsequenterweise verhielten sie sich in allen Staaten parteipolitisch neutral, übten Wahlenthaltung und leisteten keinen Wehrdienst. Sie „gaben dem Kaiser, was des Kaisers ist, und Gott, was Gottes ist" (nach Markus 12,17). Sie waren gesetzestreue, friedsame Bürger und Bürgerinnen, widerstanden aber aus christlicher Überzeugung[7] dem Totalitätsanspruch des NS-Staates.

In der Zeit des Austrofaschismus bekam der österreichische Zweig der Watch Tower Society[8], der sich seit Anfang der 1920er Jahre einer heftigen Gegnerschaft von Seiten der katholischen Kirche zu erwehren hatte, staatliche Sanktionen zu verspüren. Nach der Aufhebung der Verfassung im März 1933 unter Bundeskanzler Dollfuß wurden auch die Bibelforscher-Zeitschriften der Zensur unterworfen. Ab 1935 konnten keine öffentlichen Zusammenkünfte mehr durchgeführt werden. Unter Bundeskanzler Schuschnigg wurde

---

Bernhard (Hrsg.), Wege zum Heil? Religiöse Bekenntnisgemeinschaften in Österreich: Selbstdarstellung und theologische Reflexion, Graz–Wien–Köln 2001 (= Theologie im kulturellen Dialog 7), S. 101–114.

7 Zum Begriff „Widerstand aus christlicher Überzeugung", vgl. Wolfgang Benz, Widerstand aus christlicher Überzeugung, in: Informationen zur politischen Bildung, H. 243: Deutscher Widerstand 1933–1945, 2. Quartal 1994, S. 20–21.

8 Die „Watch Tower Bible and Tract Society", das organisatorische Zentrum der religiösen Bewegung, wurde von Charles Taze Russell (1852–1916) 1881 in den USA gegründet. Ihr Leitungsgremium befindet sich in Brooklyn.

die „Wachtturm-Gesellschaft, Zweigstelle der Watch Tower Bible and Tract Society, Brooklyn, N.Y." am 17. Juni 1935 verboten.

Nach dem „Anschluss" Österreichs an Hitlerdeutschland im März 1938 verschärfte sich die Verfolgung auch der Zeugen Jehovas dramatisch. Im Juni 1938 kam es auf ehemals österreichischem Gebiet zu den ersten Verhaftungen durch die Gestapo meist wegen Wehrkraftzersetzung und erste Einlieferungen ins KZ folgten. In Hitlerdeutschland hatten die Zeugen Jehovas auf Grund ihrer Anzahl 1937 eine eigene Kennzeichnung im Konzentrationslager erhalten, den lila Winkel.

Am 26. September 1939 wurden in Salzburg-Glanegg die ersten beiden Zeugen Jehovas – Johann Pichler und Josef Wegscheider – wegen Wehrdienstverweigerung erschossen.

Erforschung der Verfolgungsgeschichte

Tätigkeit des Geschichtsarchivs der Zeugen Jehovas

Durch die Gründung von Geschichtsarchiven der Glaubensgemeinschaft vor allem in Deutschland und Österreich, aber auch in der Schweiz, in Holland, Polen und Tschechien wurde seit Mitte der 1990er Jahre die Basis für Forschungen, Ausstellungen und Filmproduktionen gelegt.

Nachdem bereits im Sommer 1996 das Geschichtsarchiv der Zeugen Jehovas in Deutschland[9] eingerichtet wurde, begann man im Frühjahr 1997, ein Archiv bei Jehovas Zeugen Österreich aufzubauen.[10] Ein bereits vorhandener Bestand – vor allem Erinnerungsberichte, Opferlisten und persönliche Dokumente, die das Grundmaterial für den Verfolgungsbericht im Jahrbuch der Zeugen Jehovas 1974 gebildet hatten – musste gesichtet und erfasst werden. Es wurden weiters Anfragen an Überlebende oder deren Verwandte gerichtet, mit der Bitte um Fotos, Dokumente und Berichte aus der NS-Zeit. Außerdem wurde durch das Forschen vor allem in den Archiven des Dokumentationsarchivs des österreichischen Widerstandes, den diversen Landesarchiven bzw. den Opferfürsorgeämtern und dem Mauthausen-Archiv wertvolles Dokumentenmaterial zusammengetragen.

9 Geschichtsarchiv der Zeugen Jehovas in Deutschland: Jehovas Zeugen, Geschichtsarchiv, Am Steinfels, D–65617 Selters/Taunus, Tel. 0049 6483 41 3117.

10 Geschichtsarchiv der Zeugen Jehovas in Österreich: Jehovas Zeugen, Geschichtsarchiv, Gallgasse 42–44, 1134 Wien, 0043 1 804 53 45.

Ein Geschichtsprojekt in den Bundesländern Steiermark und Kärnten, bei dem vorwiegend jüngere, ehrenamtliche Zeugen Jehovas mitarbeiteten, führte zu hervorragenden Ergebnissen, indem durch die persönliche Kontaktherstellung zu ZeitzeugInnen nicht nur Archivmaterial gesammelt, sondern auch ein besseres Verständnis zwischen den Generationen bewirkt wurde.

Eine personenbezogene Datenbank wurde aufgebaut, die eine Abfrage nach Konzentrationslager, Geschlecht, Nationalität usw. ermöglicht. In Österreich konzentrierte man sich auf die Sammlung von Archivalien zu NS-Opfern, die aus Österreich stammten bzw. im KZ Mauthausen und seinen Nebenlagern inhaftiert waren. Es fand hierfür ein reger Austausch mit den bereits erwähnten ausländischen Geschichtsarchiven der Zeugen Jehovas statt. Das Archiv in Wien beinhaltet nun eine Sammlung von Archivalien wie Briefe, Dokumente, Erlebnisberichte und ZeitzeugInnenaussagen sowie Bild-, Ton- und Filmmaterial zu über 1000 Personen.

Das Archiv stellte Material für Ausstellungsprojekte, Schulprojekte, wissenschaftliche Arbeiten usw. zur Verfügung. Eine wesentliche Aufgabe des Geschichtsarchivs bestand auch darin, die ehemalig Verfolgten bei der Antragstellung nach den verschiedenen gesetzlichen Bestimmungen für NS-Opfer zu unterstützen.

Ergebnisse und Forschungsstand

Die Verfolgung von Jehovas Zeugen in Deutschland setzte bald nach der nationalsozialistischen Machtübernahme 1933 ein. Zwischen Sommer 1933 und Frühjahr 1934 waren bereits über 500 Bibelforscher in die frühen Konzentrationslager Colditz, Heuberg, Hohnstein, Osthofen, Sachsenburg und Sonnenburg verschleppt worden.[11]

Jehovas Zeugen zeigten einen hohen Grad an Geschlossenheit und Beteiligung an Widerstandsaktionen. Es gab eine konzentrierte Telegramm- und Briefaktion aus dem In- und Ausland am 7. Oktober 1934 und Protestaktionen mit Flugblättern am 12. Dezember 1936 und 20. Juni 1937, an der sich auch österreichische Zeugen Jehovas beteiligten. Die Unbeugsamkeit und der Bekennermut der Zeugen Jehovas verursachte im NS-Staat die so genannte „Bibelforscherfrage“, mit der sich zeitweilig höchste Stellen in Justiz, Polizei

---

11 Johannes Wrobel, Die Verfolgung der Zeugen Jehovas im Nationalsozialismus – Forschung, Rezeption und Erinnerung. Kurzreferat über die Opfergruppe vor dem Beirat der Stiftung Denkmal für die ermordeten Juden Europas, 2001 (auf www.standfirm.de, Download vom 23. 1. 2007).

und SS beschäftigten. Das führte zu Verhaftungswellen und so genannten „Bibelforscherprozessen“, die nicht selten Gruppen- und Massenprozesse waren. Hitler selbst reagierte wütend auf die Telegrammaktion vom 7. Oktober 1934 mit den verbürgten Worten: „Diese Brut wird aus Deutschland ausgerottet werden!“[12]

Jehovas Zeugen waren die einzige Gruppe, die aus religiösen Gründen in ihrer Gesamtheit die Kriegsdienstverweigerung praktizierte. Das Geschichtsarchiv der Zeugen Jehovas unterstützte das vom österreichischen Wissenschaftsministerium in Auftrag gegebene Projekt „Opfer der NS-Militärjustiz“. Am 6. Juni 2003 wurden im Parlament in Wien die Ergebnisse dieses zweijährigen Projektes präsentiert. Thomas Walter erforschte das Schicksal der Kriegsdienstverweigerer und kam zu dem Schluss, dass der überwiegende Teil den Wehrdienst aus Gewissensgründen verweigerte, wobei die Zeugen Jehovas die größte Gruppe bildeten. Thomas Walter zieht folgendes Resümee:

> „Mit ihrer Verweigerung und dem erduldeten Opfertod stellen die Zeugen Jehovas eine absolute Ausnahme im Nationalsozialismus dar: Sie waren die Einzigen, die sich geschlossen und kompromisslos dem System verweigerten.“[13]

> „Vor allem angesichts der Tatsache, dass die Zeugen Jehovas auf dem Gebiet Österreichs zu jener Zeit mit nur etwa 550 Personen eine winzige Randgruppe darstellten, ist es auffallend, dass sie 89 Prozent aller offen bekennenden Wehrdienstverweigerer ausmachten. Für das Jahr 1939 konnten keine Personen erhoben werden, die außerhalb dieser Glaubensgruppe den Wehrdienst verweigerten. Wenn die Kriegsdienstverweigerung im Nationalsozialismus untersucht wird, handelt es sich bei den Opfern überwiegend um Zeugen Jehovas.“[14]

---

12 Vgl. Jehovas Zeugen Österreich (Hrsg.), Die vergessenen Opfer der NS-Zeit. Standhaft trotz Verfolgung, Ausstellungskatalog, Wien 1999, S. 19.

13 Thomas Walter, Standhaft bis in den Tod. Die Zeugen Jehovas und die NS-Militärgerichtsbarkeit, in: Walter Manoschek (Hrsg.), Opfer der NS-Militärjustiz. Urteilspraxis, Strafvollzug, Entschädigungspolitik in Österreich, Wien 2003, S. 342–357, hier 356; vgl. auch Manoschek (Hrsg.), Opfer der NS-Militärjustiz, S. 7, 9 f., 805 f.

14 Thomas Walter, Die Kriegsdienstverweigerer in den Mühlen der NS-Militärgerichtsbarkeit, in: Manoschek (Hrsg.), Opfer der NS-Militärjustiz, S. 114–132, hier 123. Die Prozentsätze beziehen sich auf die durch das Projekt „Opfer der NS-Militärjustiz“ erfassten 119 Fälle von Wehrdienstverweigerung von 116 Österreichern.

Das namentliche Erfassungsprojekt von Marcus Herrberger zum Thema „Verfolgung religiöser Kriegsdienstverweigerer“ mit dem Schwerpunkt Zeugen Jehovas, das in Zusammenarbeit mit den Geschichtsarchiven der Zeugen Jehovas in Österreich und Deutschland entstand, ergab folgende Ergebnisse: Gegen 453 Personen (davon 81 Österreicher) wurde ein kriegsgerichtliches Verfahren eingeleitet. Das Reichskriegsgericht verhängte 287 Todesurteile über Zeugen Jehovas (davon 74 Österreicher). 233 Urteile (davon 38 Österreicher) wurden vollstreckt.[15] Herrberger kommt zu dem Schluss, dass die Kriegsdienstverweigerung als ein eigenständiger Teil der Verfolgungsgeschichte der Zeugen Jehovas zu betrachten ist.

In den Konzentrationslagern mit dem lila Winkel gekennzeichnet hätten die Zeugen Jehovas durch eine Unterschrift unter die „Verpflichtungserklärung“ ihre Freilassung selbst bewirken können. Nur wenige unterschrieben diese Verpflichtungserklärung. Ihre Widerständigkeit machte sie zu einem besonderen „Hassobjekt“ der SS. Im Konzentrationslager Ravensbrück beispielsweise peinigte die SS im Winter 1939 vergeblich eine Gruppe von Zeuginnen Jehovas vier Wochen lang mit Dunkel- und Hungerarrest, weil sich die Frauen standhaft weigerten, Arbeiten für den Krieg zu verrichten.

Wie neuere Forschungen des Historikers Hans Hesse bestätigen, stellten z. B. die Zeuginnen Jehovas im Frauen-KZ Moringen[16] bis 1937 mit 45,9 % die größte Häftlingsgruppe.[17] In den Männer-KZ stellten die Zeugen Jehovas bei Kriegsbeginn 5 bis 10 % der Häftlinge, während der Anteil der Zeuginnen Jehovas im Frauen-KZ Ravensbrück – zu diesem Zeitpunkt – nahezu 40 % ausmachte.[18]

Für einige Konzentrationslager oder deren Außenkommandos wurden vor allem ab Mitte 1942 – damals gewann der ökonomische Einsatz von Häftlingen mehr an Bedeutung – Zeugen Jehovas ausgewählt. Der Grund lag in ihrem Ruf als fleißige und gewissenhafte Arbeitskräfte, die darüber hinaus auch als fluchtsicher galten. Dies traf z. B. für die Frauen-KZ St. Lambrecht,

---

15 Marcus Herrberger (Hrsg.), Denn es steht geschrieben: „Du sollst nicht töten!“ Die Verfolgung religiöser Kriegsdienstverweigerer unter dem NS-Regime mit besonderer Berücksichtigung der Zeugen Jehovas (1939–1945), Wien 2005, S. 68.

16 Das KZ Moringen war 1933 ein Männer-KZ, 1933–38 ein Frauen-KZ. Von 1940 bis 1945 waren männliche Jugendliche in Moringen inhaftiert. Siehe http://www.gedenkstaette-moringen.de.

17 Hans Hesse / Jürgen Harder, „... und wenn ich lebenslang in einem KZ bleiben müßte ...“ Die Zeuginnen Jehovas in den Frauenkonzentrationslagern Moringen, Lichtenburg und Ravensbrück, Essen 2001, S. 12 f.

18 Ebenda.

Mittersill und Lannach zu. Anita Farkas erforschte für ihre Dissertation das Schicksal der 23 Zeuginnen Jehovas in St. Lambrecht.[19]

2001 wurde eine Gesamtdarstellung über Jehovas Zeugen im KZ Dachau von einem Gedenkstättenmitarbeiter veröffentlicht.[20] Er gibt die Zahl der in Dachau inhaftierten Zeugen Jehovas mit etwa 500 an (darunter 79 Österreicher), darin inbegriffen sind 31 Zeugen Jehovas (darunter 3 Österreicher), die mit dem Invalidentransport nach Schloss Hartheim zur Vergasung gebracht wurden. Die Biographien von acht österreichischen Zeugen Jehovas werden in dieser Arbeit veröffentlicht.[21]

Im Deutschen Reich gab es einen aktiven Kern von rund 25.000 Zeugen Jehovas. Von 1933 bis 1945 wurden fast 10.000 von ihnen unmittelbar Opfer des Nationalsozialismus (d. h. Verlust des Arbeitsplatzes oder der Rente, Kindesentführungen, Verurteilung zu Geld- oder Haftstrafen usw.). Rund 6000 (ca. 500 aus Österreich) waren in Gefängnissen und Konzentrationslagern inhaftiert, wobei etwa 2000 (154 Österreicher) ihr Leben verloren, davon wiederum über 250 (etwa 50 Österreicher) durch Verurteilung zum Tod meist wegen Wehrkraftzersetzung. Kinder wurden von der Schule verwiesen, den Eltern weggenommen und landeten in Umerziehungslagern.[22]

Tagungen, Buchprojekte, wissenschaftliche Arbeiten

Am Anfang stand die umfassende Dissertation von Detlef Garbe „Zwischen Widerstand und Martyrium. Die Zeugen Jehovas im ‚Dritten Reich'", die 1993 publiziert wurde.[23] Vor diesem Standardwerk erschienen andere wichtige Beiträge meist mit regionalem Bezug bei Friedrich Zipfel[24] und Michael Kater.[25]

---

19 Vgl. Anita Farkas, Geschichte(n) ins Leben holen. Die Bibelforscherinnen des Frauenkonzentrationslagers St. Lambrecht, Graz 2004.

20 Erhard Klein, Jehovas Zeugen im KZ Dachau. Geschichtliche Hintergründe und Erlebnisberichte, Bielefeld 2001.

21 Josef Buchner, Franz Desch, Vinzenz Kuglitsch, Hubert Mattischek, Alois Moser, Matthäus Pibal, Valentin Thaller, Johann Zimmermann.

22 Laut Forschungsstand des JZÖ/Ga.

23 Detlef Garbe, Zwischen Widerstand und Martyrium. Die Zeugen Jehovas im „Dritten Reich", hrsg. v. Institut für Zeitgeschichte, München 1993, 1994, 1997, 1999.

24 Friedrich Zipfel, Kirchenkampf in Deutschland 1933–1945. Religionsverfolgung und Selbstbehauptung der Kirchen in der nationalsozialistischen Zeit, Berlin 1965.

25 Michael H. Kater, Die Ernsten Bibelforscher im Dritten Reich, in: Hans Rothfels / Theodor Eschenburg (Hrsg.), Vierteljahreshefte für Zeitgeschichte, hrsg. v. Institut für Zeitgeschichte, 17. Jg., 2. H., Stuttgart 1969, S. 181–218.

Am 29. September 1994 trug das 1. Internationale Seminar „Die Verfolgung der Zeugen Jehovas unter dem NS-Regime“ im U. S. Holocaust Memorial Museum, Washington (D.C.), wesentlich zur weiteren Beschäftigung mit dieser Opfergruppe bei.

Publikationen über die Verfolgungsgeschichte der Zeugen Jehovas waren in Österreich bis 1997 nur spärlich vorhanden. Das DÖW muss in besonderer Weise erwähnt werden, denn als „überparteiliche und pluralistische Institution war es von Anfang an bemüht, alle Gruppen des Widerstandes und alle Opfer des Nationalsozialismus in seiner wissenschaftlichen Arbeit und Dokumentationstätigkeit zu erfassen“.[26]

So kann auch die 1. wissenschaftliche Tagung in Österreich zum Thema „Zeugen Jehovas: Vergessene Opfer des Nationalsozialismus?“ am 29. Jänner 1998, die das DÖW zusammen mit dem Institut für Wissenschaft und Kunst in Wien veranstaltete, als Meilenstein in der österreichischen Aufarbeitung der Geschichte der Zeugen Jehovas betrachtet werden. Im April 1998 wurde der gleichnamige Tagungsband präsentiert, der u. a. die Referate von Sybil Milton, Detlef Garbe, Erika Weinzierl, Vinzenz Jobst, Franz Aigner und den ZeitzeugInnen Franz Wohlfahrt sowie Horst und Hermine Schmidt beinhaltet.

Die systematische Aufarbeitung der Geschichte und auch die Ausstellungsserie veranlasste österreichische Autoren, sich mit dem Schicksal einzelner Opfer auseinanderzusetzen. Die folgende chronologische Auflistung einiger Publikationen soll aufzeigen, wie Einzelpersonen aus der anonymen Masse der NS-Opfer herausgeholt wurden.

Die Dokumentation von Vinzenz Jobst „Anton Uran, verfolgt – vergessen – hingerichtet“[27] bringt das Schicksal des 23-jährigen Holzarbeiters aus Kärnten an die Öffentlichkeit, der mit 18 Jahren aus der katholischen Kirche austrat und ein Zeuge Jehovas wurde. Am 22. Jänner 1943 wurde er nach 3-jähriger Haft und Zwangsarbeit wegen Wehrdienstverweigerung zum Tode verurteilt und am 23. Februar 1943 in Brandenburg-Görden enthauptet. Übrig geblieben sind die sechzehn Briefe, die Uran aus den Gefängnissen nach Hause schrieb. Das Buch von Jobst über Anton Uran erfuhr durch die Präsentation, die der damalige Nationalratspräsident Dr. Heinz Fischer im

---

[26] DÖW (Hrsg.), Zeugen Jehovas: Vergessene Opfer des Nationalsozialismus?, Wien 1998, S. 5. Siehe auch die Bände Widerstand und Verfolgung in den österreichischen Bundesländern 1934–1945. Eine Dokumentationsreihe, hrsg. v. DÖW, Wien 1975–1991.

[27] Vinzenz Jobst, Anton Uran, verfolgt – vergessen – hingerichtet, Klagenfurt 1997.

österreichischen Parlament am 24. September 1997 vornahm, eine besondere Auszeichnung.

Große Aufmerksamkeit erweckt nach wie vor die Biographie und Videodokumentation „Nein statt Ja und Amen“, die Bernhard Rammerstorfer im April 1999 über den Zeugen Jehovas Leopold Engleitner aus dem Salzkammergut im Eigenverlag veröffentlichte.[28] „Jägerstätters Pendant – Die lang erwartete Parallel-Biographie eines Zeugen Jehovas“, der den Wehrdienst verweigerte, titelte beispielsweise *Die Furche.* Engleitner hatte bereits in den 1930er Jahren aufgrund seiner religiösen Betätigung als Zeuge Jehovas Schwierigkeiten mit der Obrigkeit. Im April 1939 wurde er von den Nazis verhaftet und bis 1943 in Konzentrationslagern festgehalten. Kurz vor Kriegsende konnte er sich einer Einberufung zum Militärdienst durch Flucht entziehen. Dem unermüdlichen Engagement Bernhard Rammerstorfers ist es zu verdanken, dass Leopold Engleitner mittlerweile auch im Ausland wohl einer der bekanntesten noch lebenden, österreichischen Zeitzeugen ist. Die Übersetzung der Biographie ins Englische führte Leopold Engleitner und seinen Autor bereits zweimal in die USA, im Oktober 2004 und im Mai 2006, wo die Geschichte des inzwischen 101-Jährigen in renommierten Institutionen wie dem U. S. Holocaust Memorial Museum, der New Yorker Columbia University und im Simon Wiesenthal Center auf enormes Publikumsinteresse stieß. Im Jänner 2005 wurde die erweiterte und überarbeitete 2. Auflage der Engleitner-Biographie mit dem Titel „Leopold Engleitner: 100 Jahre ungebrochener Wille – Nein statt ja und Amen“ wieder im Eigenverlag herausgegeben, die durch die Vorworte von Bundespräsident Dr. Heinz Fischer und Landeshauptmann Dr. Josef Pühringer ausgezeichnet wurde. Besondere Würdigungen für Engleitner waren der Empfang bei den Bundespräsidenten Dr. Thomas Klestil und Dr. Heinz Fischer, die Verleihung des Silbernen Verdienstzeichens des Landes Oberösterreich, die Teilname am Letter-to-the-stars-Projekt[29] und am preisgekrönten Filmprojekt des ORF „Die Sterne verlöschen nicht“[30]. Nach wie vor beeindruckt Engleitner als Zeitzeuge in Schulen und Universitäten Hunderte nicht nur junge Menschen.

---

28 Bernhard Rammerstorfer, Leopold Engleitner – Nein statt Ja und Amen. Leopold Engleitner: er ging einen anderen Weg, Puchenau 1999. Die Homepage http://www.rammerstorfer.cc enthält weitere Informationen über Buch, Video und Veranstaltungen mit Leopold Engleitner.

29 Siehe http://www.lettertothestars.at.

30 Ausgestrahlt am 6. Mai 2006.

Das Buch des Schriftstellers Gyula Varga über den Wehrdienstverweigerer Gerhard Steinacher mit dem Titel „Gerhard Steinacher – Er starb für Gottes Ehre i. J. 1940“[31] dokumentiert den Briefwechsel zwischen Steinacher und seinen Eltern von November 1939 bis März 1940 in chronologischer Reihenfolge. Es zeichnet schlicht, aber eindrucksvoll die Standhaftigkeit eines jungen Mannes nach, der aufgrund seiner Glaubensüberzeugung den Wehrdienst verweigerte. Die Briefe wurden 25 Jahre lang von seiner Mutter in einer Schuhschachtel verwahrt und kamen erst nach deren Tod zum Vorschein. Lange Zeit konzentrierte man sich nur auf den Abschiedsbrief. Weitere 30 Jahre vergingen, bis Gyula Varga im Jahr 1998, motiviert durch das Buch über Anton Uran, alle Briefe gedruckt der Öffentlichkeit zur Verfügung stellte, um zu verhindern, dass Gerhard Steinacher und seine Standhaftigkeit in Vergessenheit geraten.

Alois Moser und Hubert Mattischek überlebten sechs Jahre Konzentrationslager. Beide waren dafür bekannt, der jüngeren Generation unermüdlich von ihren Erlebnissen während der NS-Zeit zu berichten. Mattischek hielt Vorträge und machte Führungen in der KZ-Gedenkstätte Mauthausen. Moser trug wesentlich dazu bei, die Erinnerung an diese Zeit wachzuhalten, indem er die Erlebnisse von Zeugen Jehovas in den Konzentrationslagern aufschrieb, vervielfältigte und anderen zur Verfügung stellte. Er sammelte auch zahlreiche Veröffentlichungen aus der Anfangszeit der Zeugen Jehovas Ende des 19. Jahrhunderts und in der ersten Hälfte des 20. Jahrhunderts, die neben vielen Erinnerungsstücken aus der NS-Zeit in einem Ausstellungsraum im Königreichssaal der Zeugen Jehovas in Mondsee (Oberösterreich) zu sehen sind. Alfred Hillinger, freier Schriftsteller und jahrzehntelanger Wegbegleiter der beiden, lässt mit seinem Buch „Kraft, die über das Normale hinausgeht“ die junge Generation einen Anteil an den Erfahrungen von Alois Moser und Hubert Mattischek haben.[32]

Lieselotte Wölbitsch dokumentierte das Leben von Franz Wohlfahrt und dessen großer Familie in dem 2000 erschienenen Buch „In tiefer Nacht beginnt der Morgen. Franz Wohlfahrt überlebt den NS-Terror“.[33] Franz Wohlfahrt, Jahrgang 1920, wurde am 29. Mai 1940 wegen Verweigerung der

---

31 Gerhard Steinacher – Er starb für Gottes Ehre i. J. 1940, zusammengestellt von Gyula Varga, hrsg. v. Schachendorfer Kulturkreis, 1998.

32 Alfred Ludwig Hillinger, Kraft, die über das Normale hinausgeht. Zeugnisse unerschütterlichen Glaubens, Oberwang 1999.

33 Lieselotte Wölbitsch, In tiefer Nacht beginnt der Morgen. Franz Wohlfahrt überlebt den NS-Terror, Klagenfurt 2000.

militärischen Ausbildung beim Reichsarbeitsdienst und seiner Ablehnung, den Eid auf Hitler zu leisten, von einem Sondergericht zu 5 Jahren Zuchthaus und Zwangsarbeit verurteilt, die er im Strafgefangenenlager Rodgau/Dieburg verbüßte. Sein Vater Gregor wurde bereits 1939 und sein Bruder Gregor jun. 1941 wegen Wehrdienstverweigerung vom Reichskriegsgericht zum Tode verurteilt und hingerichtet. Die jüngeren Geschwister wurden der Mutter entzogen und kamen zu Pflegeeltern oder ins Erziehungsheim.

Der steirische Historiker Heimo Halbrainer veröffentlichte eine Sammlung berührender Abschiedsbriefe von über 50 WiderstandskämpferInnen aus der Steiermark in seinem Buch „In der Gewissheit, dass ihr den Kampf weiterführen werdet".[34] Darunter befinden sich auch die erstmals veröffentlichten Briefe von den Zeugen Jehovas Karl Endstrasser, Alois Hofer, Wilhelm Letonja, Franz Pascutti, Rupert Sauseng und Alois Wagner. Alle wurden durch das Reichskriegsgericht zum Tode verurteilt. Die Briefe wurden vom Geschichtsarchiv der Zeugen Jehovas in Österreich zur Verfügung gestellt.

Die Diplomarbeit von Gerti Malle „Kärntens vergessene Opfer der NS-Zeit. Widerstand und Verfolgung der Zeugen Jehovas", eingereicht im Dezember 2001 an der Universität Klagenfurt, enthält u. a. auch eine Auflistung mit biographischen Angaben aller bekannten 66 Opfer unter den Zeugen Jehovas in Kärnten.

Die Ergebnisse des bereits erwähnten Projektes „Opfer der NS-Militärjustiz. Urteilspraxis – Strafvollzug – Entschädigungspolitik in Österreich" wurden am 6. Juni 2003 im Parlament in Wien anlässlich des Symposiums „Österreichische Opfer der NS-Militärgerichtsbarkeit" in Form des gleichnamigen, über 800 Seiten umfassenden Buches präsentiert.[35] Den anwesenden Zeitzeugen Leopold Engleitner, Franz Wohlfahrt und Ernst Reiter – Wehrdienstverweigerer aus Gewissensgründen – gereichte es zur Würdigung und Anerkennung ihres Widerstandes gegen das NS-Regime, als in den Referaten immer wieder die Bedeutung der Zeugen Jehovas als größte Gruppe der Wehrdienstverweigerer hervorgehoben wurde.

Die Dissertation von Anita Farkas wurde 2004 in Buchform mit dem Titel „Geschichte(n) ins Leben holen. Die Bibelforscherinnen des Frauenkonzentrationslagers St. Lambrecht" präsentiert.[36] Es beinhaltet die Biographien von

---

[34] Heimo Halbrainer, „In der Gewissheit, dass ihr den Kampf weiterführen werdet". Briefe steirischer WiderstandskämpferInnen aus Todeszelle und KZ, Graz 2000.

[35] Manoschek, Opfer der NS-Militärjustiz.

[36] Farkas, Geschichte(n) ins Leben holen.

23 Zeuginnen Jehovas, die u. a. wegen ihrer Verweigerung von Kriegsarbeit ein jahrelanges Martyrium in Konzentrationslagern ertragen mussten.

Minderjährige Kinder von Zeugen Jehovas wurden ihren Eltern wegen „Gefährdung des Kindeswohls“ entrissen und zu nationalsozialistischen Pflegeeltern oder in Erziehungsheime gebracht. Dr. Sybil Milton stellte 1997 fest: „Das Schicksal dieser Kinder muss jedoch noch näher erforscht werden, da sie als Überlebende im heutigen Deutschland und Österreich bisher vergessen wurden.“[37] Die Dissertation „Die Kinder von Zeugen Jehovas unter dem Dritten Reich. Verfolgung von Kindern und Jugendlichen in Europa“ von Carine Beaurain beschäftigte sich in Österreich erstmalig mit dieser Thematik.[38] Sie erfasste 969 Kinder aus 9 Ländern und veröffentlichte erstmalig biografische Daten zu diesen Kindern, die aus den Geschichtsarchiven der Zeugen Jehovas stammten. Einen besonderen Schwerpunkt bilden die 71 aus Österreich stammenden Kinder und Jugendlichen.

Am 11. März 2005 wurde in Wien das Buch von Marcus Herrberger „Denn es steht geschrieben: ‚Du sollst nicht töten!‘“ präsentiert.[39] „Die Menge des verarbeiteten Materials, die wissenschaftliche Methode der Auswertung, des Aufbaues, der sachlichen Darstellung und der reichen Dokumentation, die Gründlichkeit und die klare, gepflegte Sprache machen diese Abhandlung zu dem Standardwerk der Forschung auf diesem Gebiet“, stellt Univ.-Prof. Reinhard Moos in seinem Vorwort fest.[40] Im Mittelpunkt steht die Abhandlung und Dokumentation von Marcus Herrberger über die Verfolgungsgeschichte der Kriegsdienstverweigerer, das Buch enthält auch einen Beitrag von Johannes Wrobel über die 70 bisher aufgefundenen Abschiedsbriefe von hingerichteten Zeugen Jehovas und einen Beitrag von Heide Gsell über die besonderen Bemühungen der Zeugen Jehovas in Österreich, die Rehabilitierung von Wehrdienstverweigerern voranzutreiben. Das Buch beinhaltet erstmalig eine Opferliste von 270 Zeugen Jehovas einschließlich Angaben zur Person, zur Verurteilung und zum Todesort.

2005 erschien die Diplomarbeit von Florian Schwanninger in Buchform in der Reihe Edition Geschichte der Heimat „Im Heimatkreis des Führers.

---

37 Milton, Zeugen Jehovas, S. 24.

38 Carine Beaurain, Die Kinder von Zeugen Jehovas unter dem Dritten Reich. Verfolgung von Kindern und Jugendlichen in Europa, Diss., Univ. Wien, 2004.

39 Herrberger (Hrsg.), Denn es steht geschrieben.

40 Ebenda, S. 8.

Nationalsozialistischer Widerstand und Verfolgung im Bezirk Braunau“[41], die den 20 verfolgten Zeugen Jehovas ein Kapitel widmet.

Im Jahr 2006 startete das Institut für Konfliktforschung das namentliche Erfassungsprojekt unter dem Titel „ÖsterreicherInnen in Ravensbrück“, im Zuge dessen auch die Zeuginnen Jehovas erfasst werden. Auch dieses Projekt wird vom Geschichtsarchiv der Zeugen Jehovas unterstützt.[42]

Film- und Ausstellungsprojekte

Im September 1996 fand die Premiere der von Jehovas Zeugen produzierten Videodokumentation „Standhaft trotz Verfolgung – Jehovas Zeugen unter dem NS-Regime“ in der KZ-Gedenkstätte Ravensbrück und am 18. Juni 1997 die Österreichpremiere in der KZ-Gedenkstätte Mauthausen statt. Diese Dokumentation beinhaltet Interviews von Historikern und Zeitzeugen. Das Video ist auch in der 27-minütigen approbierten Schulversion zusammen mit Unterrichtsmaterial erhältlich.[43]

Im Rahmen des Shoah Foundation-Videoprojeks 1997/98[44] wurden sieben österreichische ZeugInnen Jehovas (Ernst Reiter, Katharina Thaller, Anton Letonja, Hermine Liska, Emilie Benda, Anna Maierhofer und Franz Wohlfahrt)[45] interviewt.

Im Dezember 1999 lud das Geschichtsarchiv der Zeugen Jehovas in Wien den polnischen Zeugen Jehovas Jan Otrebski[46] ein, der von seinem 18. bis zum 21. Lebensjahr in den Konzentrationslagern Auschwitz, Gusen,

---

[41] Florian Schwanninger, Im Heimatkreis des Führers. Nationalsozialistischer Widerstand und Verfolgung im Bezirk Braunau, Grünbach 2005; ders., Widerstand und Verfolgung im Bezirk Braunau/Inn 1938–1945, Dipl., Univ. Salzburg, 2004.

[42] Siehe den Artikel von Helga Amesberger und Brigitte Halbmayr zur namentlichen Erfassung der ehemals inhaftierten ÖsterreicherInnen im Konzentrationslager Ravensbrück in diesem Jahrbuch.

[43] Das Video ist erhältlich bei Jehovas Zeugen Österreich, Gallgasse 42–44, 1134 Wien. Die Approbation der Schulversion durch das Bundesministerium für Bildung, Wissenschaft und Kultur erfolgte im Juli 2000 (GZ 48.065/4-V/D/13/1999).

[44] Siehe http://www.usc.edu/schools/college/vhi/.

[45] JZÖ-Ga/ 525 Ernst Reiter, 1915–2005, 5 Jahre im KZ Flossenbürg; JZÖ-Ga/ 682; Katharina Thaller, Jg. 1921, 2 Jahre im KZ Ravensbrück; JZÖ-Ga/ 361; Anton Letonja, Jg. 1919, 2 Jahre im Zuchthaus München-Stadelheim; JZÖ-Ga/ 452; Hermine Obweger-Liska, Jg. 1930, zwei Jahre Erziehungsheim, JZÖ-Ga/ 41; Emilie Blaschek-Benda, Jg. 1926, 2 Jahre Erziehungsheim; JZÖ-Ga/ 385; Anna Markisch-Maierhofer, Jg. 1927, 6 Monate Erziehungsheim.

[46] JZÖ-Ga/ 464.

Eisenerz, Peggau und Mauthausen verbringen musste. Im Rahmen des Oral-History-Projekts der Studentin Carine Beaurain entstand das 10-minütige Video „Jan Otrebski: Ich war im KZ Eisenerz“.[47]

Von September 1997 bis März 1999 war in über 70 österreichischen Städten die Wanderausstellung „Die vergessenen Opfer der NS-Zeit. Standhaft trotz Verfolgung“ in einer nachgebauten KZ-Baracke zu sehen. Nahezu 120.000 BesucherInnen wurden gezählt. Mit dieser Ausstellung, die von engagierten Zeugen Jehovas und dem Geschichtsarchiv der Zeugen Jehovas zusammengestellt und organisiert wurde, erreichte man erstmalig eine breite Öffentlichkeit. Über 260 Medienberichte, zu denen auch Radio- und Fernsehbeiträge gehörten, wurden registriert. Zu dieser Ausstellung wurde 1999 ein gleichnamiges Begleitheft von der Glaubensgemeinschaft[48] herausgegeben. Er beinhaltet alle Schautafeln, die von Historikern oder Persönlichkeiten des öffentlichen Lebens kommentiert werden. Die Ausstellung gibt Einblick in die Hintergründe der brutalen Verfolgung der Zeugen Jehovas und konfrontiert die BetrachterInnen mit erschütternden Schicksalen. Zahlreiche Namen und Bildmaterial von NS-Opfern wurden in dieser Ausstellung und der dazu erschienenen Broschüre erstmals veröffentlicht.

Am Institut für Zeitgeschichte der Universität Innsbruck fand eine Vortragsreihe als Rahmenveranstaltung zur Ausstellung vom 9. bis 13. November 1998 statt. Reinhard Moos sprach über das Thema „Recht und Gerechtigkeit – Kriegsdienstverweigerung im Nationalsozialismus und die Zeugen Jehovas“. An der Karl-Franzens-Universität in Graz wurde am 2. Juni 2000 die Rehabilitierung von österreichischen Kriegsdienstverweigerern durch das Interview des Zeitzeugen Franz Wohlfahrt und die Präsentation seiner Biographie in den Vordergrund gerückt.

Vom 27. bis 30. September 2006 zeigte der Verein Lila Winkel die Ausstellung am Grazer Tummelplatz in Verbindung mit Zeitzeugengesprächen und Referaten.

Von LehrerInnen wurde der Wunsch geäußert, die Ausstellung „Die vergessenen Opfer der NS-Zeit. Standhaft trotz Verfolgung“ in vereinfachter Form auch an Schulen zu zeigen. Sie wird nach wie vor von Schulen angefordert und wird kostenlos zur Verfügung gestellt.

---

47 Erhältlich bei Filmproduktion Kapfer, Allersdorf 22, A–4174 Niederwaldkirchen.

48 Der Ausstellungskatalog ist bei Jehovas Zeugen Österreich, Gallgasse 42–44, 1134 Wien erhältlich.

Im Herbst 1999 begann das Video- und Ausstellungsprojekt „Wege nach Ravensbrück – Erinnerungen von österreichischen Überlebenden des Frauenkonzentrationslagers Ravensbrück“[49]. Katharina Thaller aus Klagenfurt, die einzige in Österreich noch lebende Zeugin Jehovas, die Ravensbrück überlebte, wurde von Helga Amesberger interviewt und zwei Ausstellungstafeln wurden ihr gewidmet.

Erinnerungszeichen

Gedenktafel in der KZ-Gedenkstätte Mauthausen

Im KZ Mauthausen kamen Hunderte Zeugen Jehovas ums Leben.[50] Am 8. August 1998 wurde auf Bestreben der Glaubensgemeinschaft in Österreich die erste Gedenktafel für die Häftlinge mit dem lila Winkel enthüllt. Die Tafel aus weißem Granit enthält folgenden Text:

> Jehovas Zeugen
> waren in diesem Lager Opfer einer
> menschenverachtenden Terrorherrschaft
> Sie litten und starben für ihre tiefe
> christliche Überzeugung
> Für alles bin ich stark durch den
> der mir Kraft verleiht
> Philipper 4,13

Ehrung durch Straßenbenennung: Anton-Streyczek-Straße in St. Pölten

Die Ausstellung „Die vergessenen Opfer der NS-Zeit“ in St. Pölten lenkte die Aufmerksamkeit des Stadthistorikers auf den St. Pöltner Anton Streyczek.

---

49 Video- und Ausstellungsprojekt, das in Kooperation zwischen der Österreichischen Lagergemeinschaft Ravensbrück, dem Institut für Konfliktforschung, Kinoki, der Austria Filmmakers Coop und dem Frauenreferat der ÖH Uni Wien durchgeführt wurde.

50 Gemäß Forschungsstand des JZÖ-Ga befanden sich im KZ Mauthausen mit seinen zahlreichen Nebenlagern über 400 ZeugInnen Jehovas, davon 352 Männer. 46 kamen aus Österreich, 209 aus Deutschland, die übrigen aus anderen Ländern. Siehe auch den Beitrag von Christian Dürr über die Häftlinge des KZ Mauthausen in diesem Jahrbuch.

Gedenktafel in der KZ-Gedenkstätte Mauthausen.
Im KZ Mauthausen kamen viele Zeugen Jehovas ums Leben.
Foto: Jehovas Zeugen, Österreich – Geschichtsarchiv

Seit November 1998 erinnert eine Straße an diesen Wehrdienstverweigerer aus Gewissensgründen.[51] Anton Streyczek, geboren am 25. Februar 1899, lebte bis zu seiner Einberufung in St. Pölten. Im Frühjahr 1939 leistete er bereits Wehrdienst. Während eines Urlaubs erzählte ihm seine Frau von ihrer biblischen Erkenntnis, die sie durch Kontakte mit Zeugen Jehovas gewonnen hatte. Am 30. Juli 1939 ließen sie sich gemeinsam als Zeugen Jehovas taufen. Am 8. September 1939 sollte Anton Streyczek seinen Kriegsdienst wieder

[51] Die Geschichte dieser Straßenbenennung kann auf www.standhaft.org nachgelesen werden.

aufnehmen. Er verweigerte und wurde am 17. September 1939 inhaftiert. Zuvor hatte er noch ein „Zurückstellungsgesuch" eingereicht, in dem er deutlich macht, warum er den Dienst mit der Waffe ablehnt:

> „Es steht im göttlichen Gesetz [2. Mose 20,13, Anm. d. Verf.] geschrieben, dass der Mensch nicht töten soll, und die jetzigen politischen Auseinandersetzungen mit der Waffe sind ja nichts anderes als Mord an der Menschheit. Es steht auch geschrieben, der das Schwert zieht, wird durch das Schwert umkommen. Ich hege keinen Hass oder Feindschaft gegen irgendeinen Menschen oder eine Regierungsform und lehne den Militärdienst aus Gewissensgründen ab. Ich bitte, dies zur Kenntnis nehmen zu wollen und mich vom Militärdienst zu entheben."[52]

Dieser Bitte wurde nicht stattgegeben. Streyczek blieb bei seiner festen Überzeugung und schrieb in seinem Abschiedsbrief: „Du brauchst aber deshalb nicht erschrecken, denn wenn ich eingerückt wäre, könnte ich ja auch schon bald tot sein." Am 15. November 1939 wurde er in Berlin vom Reichskriegsgericht zum Tode verurteilt und am 22. Dezember 1939 in Berlin-Plötzensee enthauptet. Im selben Monat wurden dort noch sieben weitere österreichische Zeugen Jehovas hingerichtet. Seine Frau Agnes erinnerte sich an die letzten gemeinsamen Stunden, die ihren Mann mit besonderer Sorge speziell um ihr weiteres Ergehen erfüllten: „Wohl war hierfür ein gewisser Grund vorhanden, da ich als Frau eines Kriegsdienstverweigerers aus Gewissensgründen der üblichen finanziellen Unterstützung verlustig gehen würde. Ich war aber völlig überzeugt, dass unser himmlischer Vater für jene, die ihm treu bleiben, immer aufkommt. Als ich ihm diese meine Überzeugung zur Kenntnis gebracht hatte, sah ich zum ersten Mal Tränen in seinen Augen, wobei er bemerkte: ‚Jetzt weiß ich alles, jetzt bin ich glücklich, jetzt mag kommen was will.'"[53]

Sechs Monate später erkundigte sich die Gestapo bei Agnes Streyczek nach deren Gesinnung mit den Worten: „Wenn Sie denselben Glauben haben, dann geschieht Ihnen so wie Ihrem Mann." Sie wurde verhaftet und verbrachte die restlichen Kriegsjahre in den KZ Ravensbrück und Auschwitz.

---

[52] Vgl. DÖW 20100/7203, Beschluss der Dienststrafkammer Wien gegen Josef Macho vom Februar 1942.

[53] JZÖ-Ga/ 670 Erlebnisbericht Agnes Streyczek, 1956.

Mahnmal in Molln

Am 26. Oktober 2003 wurde das Mahnmal für 13 zivile Opfer des Nationalsozialismus im Park der Nationalparkgemeinde Molln in Oberösterreich von der Gemeinde Molln errichtet. Ein wesentlicher Anstoß zur Errichtung des Mahnmals kam von den Zeugen Jehovas Claudia und Roland Donabauer, denn sieben ZeugInnen Jehovas[54] aus Molln wurden zwischen 1938 und 1945 ermordet. Aufgrund der engagierten regionalen Geschichtsforschung dieses Ehepaares konnte das Schicksal dieser ermordeten Frauen und Männer recherchiert werden.[55]

Stolpersteine[56]

1997 wurden in der Gemeinde St. Georgen/Salzburg in der Holzhauser Straße 32 vom deutschen Künstler Gunter Demnig so genannte Stolpersteine für die beiden Wehrdienstverweigerer Matthias und Johann Nobis verlegt. Im August 2006 mussten diese Steine erneuert werden und am selben Tag wurde für eine weitere Zeugin Jehovas, Anna Sax aus Braunau, ein Stein verlegt. Im Rahmen des Stolperstein-Projekts wurden bereits über 8000 Steine, überwiegend in Deutschland, verlegt.

ZeitzeugInnenprogramm an österreichischen Schulen

Neben der Ausstellung „Die vergessenen Opfer der NS-Zeit. Standhaft trotz Verfolgung“ und dem Film „Standhaft trotz Verfolgung“, die Schulen gratis zur Verfügung gestellt werden, wurden die ZeugInnen Jehovas Hermine Liska (Steiermark), Anna Maierhofer (Wien) und Leopold Engleitner (Oberösterreich) in das Zeitzeugenprogramm des österreichischen Unterrichtsministeriums aufgenommen und stehen für Referate und Diskussionen an Schulen zur Verfügung.

---

[54] Franz Bichler, Maria Dürnberger, Zäzilia Hauser, Maria Mittenhuber, Cäcilia Mollnhuber, Franz Unterbrunner, Josef Unterbrunner.

[55] In der Gemeinde Molln wurde eine Broschüre zu dem Mahnmal mit Informationen zu den Opfern aufgelegt.

[56] Siehe http://www.stolpersteine.com.

Urteilsaufhebungen und Rehabilitierung von Zeugen Jehovas als Opfer der NS-Justiz durch österreichische Gerichte[57]

Reinhard Moos, emeritierter Professor für Strafrecht an der Universität Linz, hat sich mit der Thematik der Rehabilitierung intensiv auseinandergesetzt. Er geht bei seinen Ausführungen von der Rehabilitierung des österreichischen Katholiken Franz Jägerstätter aus, die aufgrund des Berliner Wiedergutmachungsgesetzes von 1951 am 7. Mai 1997 in Berlin erfolgte.[58] Moos vergleicht Franz Jägerstätter, den er als Märtyrer bezeichnet, weil er für seine Überzeugung Verfolgung auf sich nahm, mit den Zeugen Jehovas:

> „Dasselbe können auch jene Zeugen Jehovas für sich in Anspruch nehmen, die um ihres Glaubens willen der Wertordnung des Nationalsozialismus widerstanden haben und verurteilt wurden. Ihr damals abweichendes Verhalten ist heute verehrungswürdig, und die Todesurteile stufen wir als Unrecht und somit nach österreichischen Strafrechtsbegriffen als Mord ein.“[59]

1997 wurde ein Antrag an das Landesgericht Wien auf Aufhebung des Todesurteils wegen Wehrdienstverweigerung[60] gegen Anton Uran gestellt. Motiviert durch die ab 1995 geführte Debatte über die Rehabilitation von NS-Opfern in Deutschland engagierte sich Vinzenz Jobst für die Rehabilitation Urans. Auch Erasmus Uran war es seit vielen Jahren ein Anliegen, vor allem die Aberkennung der bürgerlichen Ehrenrechte seines Bruders zu tilgen. Er bezeichnete dies als „Schande für die Familie, die noch immer auf ihr lastet“.[61] Laut Jobst war zunächst die schrittweise Einbindung der Familie Uran in die historische Aufarbeitung des Schicksals Anton Urans notwendig, um ein gewisses Misstrauen in die Justiz und auch gegenüber der Glaubensgemeinschaft der Zeugen Jehovas abzubauen:

---

57 Vgl. Heide Gsell, Würdigung und Rehabilitierung von Zeugen Jehovas als Opfer der NS-Militärjustiz am Beispiel Österreich, in: Herrberger (Hrsg.), Denn es steht geschrieben, S. 327–348.

58 Reinhard Moos, Recht und Gerechtigkeit, in: Reinhard Kohlhofer (Hrsg.), Gewissensfreiheit und Militärdienst, Wien 2000, S. 105–143, hier 128.

59 Ebenda, S. 131.

60 Ebenda, S. 128.

61 Vinzenz Jobst, Der Fall Anton Uran – Der weite Weg zur Rehabilitierung, in: DÖW (Hrsg.), Zeugen Jehovas, S. 45–49, hier 47.

> „Zudem musste berücksichtigt werden, dass Anton Urans Hinwendung zur Glaubenslehre der Internationalen Bibelforscher niemals die Zustimmung der anderen Familienangehörigen gefunden hatte. Die von den Eltern oftmals wiederholte Ablehnung des Glaubensbildes und der Glaubensorganisation der Bibelforscher vertiefte sich nach der Ermordung Antons sogar. Sein Bruder Erasmus verharrte auch lange Zeit in der Vorstellung, dass nicht das nationalsozialistische Blutgericht in Berlin, sondern dass das Werben der Bibelforscher ursächliche Schuld am Tode Antons trage."[62]

Am 3. Juni 1997 wurde Anton Uran rehabilitiert und war somit der erste Österreicher, der als vom NS-Reichskriegsgericht verurteilter Wehrdienstverweigerer nach einem fast vergessenen österreichischen Gesetz rehabilitiert wurde.[63]

Angespornt durch die Rehabilitierung Urans wurden in den darauf folgenden Jahren weitere Anträge gestellt – in sieben Fällen erfolgreich:[64]

Gregor Wohlfahrt jun. aus St. Martin/Techelsberg (Kärnten), geboren am 24. Juli 1921, verweigerte als 20-Jähriger den Kriegsdienst und wurde am 18. Dezember 1941 durch das Reichskriegsgericht (RKG) zum Tode verurteilt und am 14. März 1942 in Brandenburg-Görden enthauptet. Er wurde aufgrund eines Antrags seines Bruders Franz Wohlfahrt am 5. August 1998 rehabilitiert.

Gregor Wohlfahrt sen. aus St. Martin/Techelsberg (Kärnten), geboren am 10. März 1896, war der Vater von Gregor Wohlfahrt jun. und fünf weiteren Kindern. Er leitete die kleine Gemeinde von Zeugen Jehovas in St. Martin. Der 43-jährige Veteran des Ersten Weltkrieges war durch seine Erkenntnis biblischer Lehren ein überzeugter Kriegsgegner geworden. Er wurde am 8. November 1939 wegen Kriegsdienstverweigerung zum Tode verurteilt und am 7. Dezember 1939 in Berlin-Plötzensee hingerichtet. Sein Sohn Franz Wohlfahrt beantragte die Urteilsaufhebung, die am 18. November 1998 erfolgte.

Gottfried Herzog aus Strasswalchen (Salzburg), geboren am 20. Oktober 1899, wurde 40-jährig am 23. November 1939 ebenfalls wegen Wehrdienstverweigerung zum Tode verurteilt und am 6. Jänner 1940 hingerichtet. Seine

---

62 Ebenda.

63 StGBl 48/1945 v. 3. 7. 1945, dazu die ergänzende Verordnung v. 15. 9. 1945, StGBl 155/1945.

64 Vgl. Kleine Zeitung, 14. 9. 1996; Kurier, 2. 3. 1997; Der Standard, 6. 6. 1997.

Rudolf Redlinghofer mit seiner Familie. Er wurde 1940 in Berlin-Plötzensee hingerichtet.

Foto: Jehovas Zeugen, Österreich – Geschichtsarchiv

Tochter Hermine Kaspar beantragte die Rehabilitierung, die am 24. September 1998 erfolgte.[65]

Rudolf Redlinghofer aus Krems a. d. Donau (Niederösterreich), geboren am 31. Oktober 1900, wurde im Juli 1939 zu einer Waffenübung einberufen. Er verweigerte diese und wurde schließlich vom RKG am 9. Dezember 1939 verurteilt und am 1. November 1940 in Berlin-Plötzensee enthauptet. Er wurde am 14. Oktober 1998 auf Antrag seines Enkels Wolfgang Schranz rehabilitiert.

---

[65] Vgl. Salzburger Nachrichten, 31. 10. 1998 u. 12. 11. 1998; Braunauer Rundschau, 5. 11. 1998.

Gerhard Steinacher wurde 1940 wegen Wehrdienstverweigerung hingerichtet.
Foto: Jehovas Zeugen, Österreich – Geschichtsarchiv

Gerhard Steinacher aus Wien, geboren am 21. September 1920, war gerade 19 Jahre alt geworden, als er im September 1939 wegen Wehrdienstverweigerung verhaftet wurde. Er wurde am 11. November 1939 zum Tode verurteilt, einige Zeit später begnadigt und schließlich am 2. März 1940 erneut zum Tode verurteilt. Am 30. März 1940 wurde er in Berlin-Plötzensee hingerichtet. Wie seine Briefe aus dem Gefängnis erkennen lassen, entwickelte er eine gewaltige Glaubensstärke. Da keine Angehörigen mehr leben, stellte der Schachendorfer Kulturverein den Antrag auf Rehabilitierung, die am 13. November 1998 erfolgte.[66]

Franz Mattischek aus Wolfsegg (Oberösterreich), geboren am 25. März 1915, war bereits von 1938 bis Herbst 1939 wegen Wehrdienstverweigerung im Wehrmachtgefängnis Germersheim/Rhein inhaftiert. Nach seiner Freilassung wurde er erneut einberufen und schließlich am 10. November 1939 vom RKG zum Tode verurteilt. Die Hinrichtung erfolgte am 1. Dezember 1939 in Berlin-Plötzensee. Am Tag seiner Hinrichtung schrieb er einen letzten Brief an seine Mutter. Dieser Brief lässt seine tiefe innere Überzeugung

[66] Vgl. Salzburger Nachrichten, 20. 1. 1999 u. 13. 2. 1999; Wiener Zeitung, 20. 1. 1999.

erkennen, richtig gehandelt zu haben, und drückt den Wunsch aus, ihn nicht zu vergessen. Die Bekenntnisgemeinschaft der Zeugen Jehovas beantragte seine Rehabilitierung, die am 29. Jänner 1999 erfolgte.[67]

Neben den genannten Wehrdienstverweigerern wurde auch eine wegen Wehrkraftzersetzung zum Tode verurteilte Zeugin Jehovas, Helene Delacher aus Innsbruck, geboren am 25. August 1904, in die Rehabilitierung einbezogen und das vom Volksgerichtshof in Berlin gegen sie ergangene Todesurteil am 8. September 1999 aufgehoben.[68] Als 36-Jährige wurde sie von der Grenzpolizei erwischt, als sie auf dem Weg über den Brenner ihrem Verlobten, Alois Hochrainer, in Südtirol Literatur der Zeugen Jehovas bringen wollte. Auf die Verbreitung von wehrkraftzersetzender Literatur, wie man den *Wachtturm* bezeichnete, stand die Todesstrafe.

Das Jahr 2004 bedeutete einen Meilenstein in der Geschichte der Rehabilitation: Erstmalig wurden noch lebende Opfer des NS-Regimes rehabilitiert, und dies auf Initiative der österreichischen Bundesregierung. Es handelt sich um folgende Opfer der NS-Justiz:

Ernst Reiter aus Graz (1915–2005), der von 1938 bis 1945 in diversen Zuchthäusern und im KZ Flossenbürg inhaftiert war, wurde am 11. Mai 2004 vom Landesgericht Graz rehabilitiert.

Franz Wohlfahrt aus St. Martin/Techelsberg (Kärnten), geboren am 18. Jänner 1920, der 1940 von einem Sondergericht in Graz zu fünf Jahren Zwangsarbeit verurteilt worden war, wurde am 11. Mai 2004 durch das Landesgericht Graz rehabilitiert. Als Zeitzeuge stieß Wohlfahrt insbesondere in seiner Wahlheimat Kanada auf großes Interesse.

Die noch immer in Braunau/Inn lebende Johanna Hron-Buchner[69], geboren am 15. April 1904, wurde vom Sondergericht Wien am 27. Jänner 1941 zu 6 Jahren Zuchthaus verurteilt, weil sie ihre Mitgläubigen mit Bibeln und bibelerklärenden Schriften versorgt hatte. Sie verbüßte ihre Strafe im Zuchthaus Aichach. Als 100-Jährige wurde sie rehabilitiert.

Magdalena Voll-Holzschuh aus Wien, geboren am 22. April 1919, wurde zu 3 Jahren Zuchthaus verurteilt, weil sie sich an illegaler Vervielfältigung von bibelerklärender Literatur beteiligte. Sie verbüßte ihre Strafe ebenfalls im Zuchthaus Aichach.

---

[67] Vgl. Wiener Zeitung, 27. 3. 2000; Oberösterreichische Rundschau, 20. 4. 2000.

[68] Vgl. Salzburger Nachrichten, 12. 11. 1999; Kleine Zeitung, 3. 12. 1999; ORF-Fernsehsendung: Die Frauen des 20. Jahrhunderts (Ausstrahlung 10. 3. 2000).

[69] Vgl. Braunauer Rundschau, 22. 4. 2004.

Helene Delacher wurde wegen Wehrkraftzersetzung zum Tode verurteilt.
Foto: Jehovas Zeugen, Österreich – Geschichtsarchiv

2005 und 2006 wurden weitere 17 Zeugen Jehovas auf Antrag der Glaubensgemeinschaft von österreichischen Landesgerichten rehabilitiert. Weitere Anträge sind in Arbeit.

Entschädigung

Als Opfer der religiösen Verfolgung wurden die Zeugen Jehovas bereits im Opferfürsorgegesetz (OFG) 1945 berücksichtigt.[70] Anlässlich des 50. Jahrestages der Wiedererrichtung der Republik Österreich wurde 1995 der

---

[70] Siehe: Brigitte Bailer, Wiedergutmachung kein Thema. Österreich und die Opfer des Nationalsozialismus, Wien 1993; sowie die Berichte der Österreichischen Historikerkommission, Bd.e 1–32, Wien–München 2003–2004; und Verena Pawlowsky / Harald Wendelin (Hrsg.),

Nationalfonds der Republik Österreich für Opfer des Nationalsozialismus eingerichtet, der NS-Opfern auf Antrag eine einmalige symbolische finanzielle Entschädigung zukommen lässt.[71] Aus diesem Fonds wurden bisher an mehr als 27.000 Opfer des Nationalsozialismus Leistungen erbracht, wobei in den überwiegenden Fällen rund 5000 Euro zur Auszahlung gelangten. Die Bekenntnisgemeinschaft der Zeugen Jehovas in Österreich ergriff die Initiative, um über 60 anspruchsberechtigte Personen aus deren Opfergruppe zu informieren und bei der Antragstellung behilflich zu sein. Das Geschichtsarchiv stellte hierfür Dokumente zur Verfügung. Darunter waren auch Personen, die heute keine Zeugen Jehovas sind, deren Eltern aber aufgrund ihres Glaubens durch das NS-Regime in Konzentrationslagern oder in Hinrichtungsstätten umgebracht wurden. Diese Kinder von verfolgten Zeugen Jehovas wurden zu Waisen, mussten in nationalsozialistischen Familien aufwachsen oder kamen in NS-Erziehungsheime. Viele von ihnen können bis heute schwer verstehen, warum ihre Eltern wegen ihrer Religion sterben mussten. Sie wurden in ihrer Kindheit glauben gemacht, dass ihre Väter wie Verbrecher getötet wurden. Hermine Kaspar, deren Vater Gottfried Herzog als Wehrdienstverweigerer hingerichtet wurde, erinnert sich:

> „Nach Vaters Tod hatten wir es nicht leicht. Meine Mutter bekam lediglich eine monatliche Kinderbeihilfe von 10 RM und dazu 20 RM vom Fürsorgeamt in Salzburg als Unterstützung. Zum Glück hatten wir einige Ersparnisse, die aber bei Kriegsende fast zur Gänze aufgezehrt waren. Manchmal gab uns ein Glaubensbruder etwas Geld, und auch von katholischen Nachbarn erhielten wir Hilfe. Ein Bauer brachte uns jeden Tag einen halben Liter Milch. Aber niemand durfte etwas merken, wir galten ja als Staatsfeinde!“[72]

Die Anerkennung ihres Leides durch den Nationalfonds bewirkte bei diesen Personen einen erstaunlichen Wandel ihrer Einstellung. Einerseits beschäftigten sich manche zum ersten Mal mit ihrer Vergangenheit und andererseits wurde ihnen bewusst, dass die Zugehörigkeit ihrer Eltern zu den Zeugen Jehovas kein Verbrechen gewesen war, sondern sie selbst wie auch ihre Eltern Opfer eines menschenverachtenden Regimes geworden waren.

Die Republik und das NS-Erbe. Raub und Rückgabe – Österreich von 1938 bis heute, Wien 2005.

71 Siehe http://www.nationalfonds.org/.

72 JZÖ-Ga/ 221, 1437, Erlebnisbericht von Hermine Kaspar geb. Herzog.

Einigen konnte ihr innerer Friede wieder zurückgegeben werden, und sie wurden mit ihren Eltern versöhnt.[73]

Bei allen Fonds[74], die neben der finanziellen Entschädigung die wesentlich wichtigere gesellschaftliche Rehabilitierung einschließen, wurden Zeugen Jehovas berücksichtigt.

Ausblick

Die Verfolgungsgeschichte der Zeugen Jehovas unter dem NS-Regime wurde in den vergangenen zehn Jahren gut aufgearbeitet. Verantwortungsbewusste HistorikerInnen und WissenschafterInnen wie auch engagierte Mitglieder der Opfergruppe haben ihren Beitrag dazu geleistet, dass die Landkarte der Verfolgungsgeschichte der Zeugen Jehovas nur noch wenige weiße Flecken aufweist.

Die Dynamik in der Geschichtsaufarbeitung der letzten Jahre, die viel von dem Versäumten in kurzer Zeit aufgeholt hat, lässt hoffen, dass auch die noch offenen Themengebiete aufgearbeitet werden. Die Geschichtsarchive der Zeugen Jehovas stehen für diese Aufgabenstellungen zur Zusammenarbeit offen.

Zu wünschen bleibt, dass bei Gedenkprojekten auch in Zukunft die Opfergruppe der Zeugen Jehovas berücksichtigt wird. Gerade bei Gedenktafeln und Namensgebungen von Straßen besteht ein großer Nachholbedarf.

---

73 Besonders drastisch ist das Beispiel der Familie Karl und Franziska Roidmaier aus Oberösterreich, die 1935 Zeugen Jehovas wurden. Beide wurden 1940 inhaftiert, Franziska starb im November 1943 im KZ Auschwitz und ihr Mann im Oktober 1944 im Zuchthaus Garsten. Sechs Kinder im Alter von 5 bis 13 Jahren wurden zu Vollwaisen. Alle sind heute noch am Leben. Sie erfuhren durch Zeugen Jehovas vom Nationalfonds und erhielten eine Entschädigung.

74 Österreichischer Nationalfonds, Österreichischer Versöhnungsfonds, German Forced Labour Compensation Programme (Deutsches Zwangsarbeiter-Entschädigungsprogramm), Holocaust Victim Assets Programme (Schweizer Banken Entschädigungsprogramm)

WOLFGANG FORM
WOLFGANG NEUGEBAUER
URSULA SCHWARZ

DIE KOOPERATIONSPROJEKTE DER UNIVERSITÄT MARBURG UND DES DÖW ZUR NS-JUSTIZ

Die NS-Justiz in Österreich war aus verschiedenen Gründen ein von der wissenschaftlichen Forschung lange Zeit vernachlässigtes, ja geradezu politisch tabuisiertes Thema. Als ein wichtiger, bis 1945 zurückreichender Faktor ist die nicht erfolgte justizielle Aufarbeitung der Verbrechen der NS-Justiz durch die österreichische Nachkriegsjustiz anzusehen, die dazu führte, dass nicht wenige ehemalige Richter und Staatsanwälte des NS-Regimes in den Justizdienst der Zweiten Republik übernommen wurden.[1] Das Buhlen der Regierungsparteien ÖVP und SPÖ um die ehemaligen Nazis spielte bei diesem Reintegrationsprozess eine entscheidende Rolle.[2] Es liegt auf der Hand, dass weder diese Gruppe von belasteten Justizjuristen noch die für deren Weiterverwendung bzw. Wiedereinsetzung verantwortlichen Politiker ein Interesse hatten, die wissenschaftliche Aufarbeitung der NS-Justiz in Angriff zu nehmen oder zuzulassen. Es dauerte daher bis in die 1960er Jahre, dass zwei damals entstandene wissenschaftliche Institute – das Institut für Zeitgeschichte der Universität Wien und das Dokumentationsarchiv des österreichischen Widerstandes (DÖW) – sich mit den Akten der NS-Justiz zu beschäftigen begannen, allerdings primär unter dem Gesichtspunkt der Verwertung für zeitgeschichtliche Fragestellungen, insbesondere für die Widerstandsforschung. Spezifische wissenschaftliche Arbeiten zur NS-Justiz

1 Siehe dazu ausführlich: Wolfgang Stadler, „... Juristisch bin ich nicht zu fassen." Die Verfahren des Volksgerichts Wien gegen Richter und Staatsanwälte 1945–1955, Wien 2007.

2 Bezüglich SPÖ und Bund sozialistischer Akademiker (BSA) siehe: Maria Mesner (Hrsg.), Entnazifizierung zwischen politischem Anspruch, Parteienkonkurrenz und Kaltem Krieg: am Beispiel SPÖ, Wien–München 2005; Wolfgang Neugebauer / Peter Schwarz, Der Wille zum aufrechten Gang. Offenlegung der Rolle des BSA bei der gesellschaftlichen Reintegration ehemaliger Nationalsozialisten, Wien 2005. Von ÖVP-Seite erfolgte bislang keine diesbezügliche wissenschaftliche Aufarbeitung.

blieben lange Zeit nahezu aus, nicht zuletzt deshalb weil die juridischen Fakultäten, insbesondere in Wien, wo nicht geringe personelle Kontinuitäten zur NS-Zeit bestanden[3], keine diesbezüglichen Bemühungen unternahmen. Neben einigen wenigen Diplomarbeiten und Dissertationen, vor allem zu den Sondergerichten, sind vor allem die seit 1976 vom Justizministerium in Zusammenarbeit mit den Zeitgeschichteinstituten in Wien und Linz durchgeführten Tagungen „Justiz und Zeitgeschichte" hervorzuheben. Die Referate und teilweise auch die Diskussionen der Justizsymposien wurden publiziert und bilden bis heute einen nützlichen Zugang und Überblick zur NS-Justiz in Österreich[4], stellen aber keine umfassende wissenschaftliche Aufarbeitung dar.

Im Lichte dieser jahrzehntelangen Versäumnisse und weitreichenden Defizite in Österreich sind daher die von der Universität Marburg ausgehenden Bemühungen zur Aufarbeitung der NS-Justiz in Österreich umso wichtiger und wertvoller einzuschätzen, zumal sie erstmals auf eine systematische, sowohl rechtswissenschaftliche als auch zeitgeschichtliche Durchdringung der Thematik abzielen. Auf Initiative der Philipps-Universität Marburg, und zwar der Institute für Kriminalwissenschaften und für Politikwissenschaft, wurde 1998 eine längerfristige wissenschaftliche Kooperation mit dem DÖW aufgenommen, in deren Zuge zwei wichtige Projekte durchgeführt und abgeschlossen werden konnten:

- das von der Volkswagenstiftung finanzierte Projekt „Hochverrat – Landesverrat –Wehrkraftzersetzung. Politische NS-Strafjustiz in Österreich 1938–1945" und
- das vom Jubiläumsfonds der Österreichischen Nationalbank geförderte Projekt „Zur Nazifizierung der österreichischen Justiz 1938–1945. Die Einführung deutschen Rechts in Österreich, unter besonderer Berücksichtigung des NS-Strafrechts, und die Personalpolitik bei Richtern und Staatsanwälten".

---

3 Margarete Grandner, Das Studium an der Rechts- und Staatswissenschaftlichen Fakultät der Universität Wien 1945–1955, in: Margarete Grandner / Gernot Heiß / Oliver Rathkolb (Hrsg.), Zukunft mit Altlasten. Die Universität Wien 1945–1955, Innsbruck u. a. 2005, S. 290–312, hier 296 ff.; Oliver Rathkolb, Die Rechts- und Staatswissenschaftliche Fakultät der Universität Wien zwischen Antisemitismus, Deutschnationalismus und Nationalsozialismus 1938, davor und danach, in: Gernot Heiß u. a. (Hrsg.), Willfährige Wissenschaft. Die Universität Wien 1939–1945, Wien 1989, S. 197–232.

4 Um die Veranstaltungs- und Publikationstätigkeit machte sich vor allem die langjährige Zeitgeschichteprofessorin an den Universitäten Salzburg und Wien Erika Weinzierl verdient.

Die Zusammenarbeit zweier deutscher Universitätsinstitute mit sehr viel Know-how in der NS-Justiz-Erforschung und einer außeruniversitären Forschungseinrichtung in Österreich mit jahrzehntelanger Erfahrung bei der Verwertung von NS-Justizakten in der Widerstandsforschung hat sich als fruchtbar erwiesen und zu substantiellen, neuen Ergebnissen geführt, die nun Schritt für Schritt auch in Publikationen präsentiert werden.

Bereits während der Durchführung der beiden Projekte erschien die auf im Projektrahmen neu aufgefundenen Unterlagen basierende Publikation *Wolfgang Form / Oliver Uthe (Hrsg.), NS-Justiz in Österreich. Lage- und Reiseberichte 1939–1945, Münster–Wien 2004 (= Schriftenreihe des DÖW zu Widerstand, NS-Verfolgung und Nachkriegsjustiz 3).*

Anfang 2005 wurde im K. G. Saur Verlag München die Mikrofiche-Edition *Wolfgang Form / Wolfgang Neugebauer / Theo Schiller (Hrsg.), Widerstand und Verfolgung in Österreich 1938 bis 1945. Die Verfahren vor dem Volksgerichtshof und den Oberlandesgerichten Wien und Graz* veröffentlicht, in der die Anklageschriften und Urteile in 2264 Verfahren gegen 4705 Personen enthalten und durch umfangreiche Register aufgeschlossen sind.

Zuletzt kam im Herbst 2006 – gleichfalls im K. G. Saur Verlag München – die umfangreiche Publikation *Wolfgang Form / Wolfgang Neugebauer / Theo Schiller (Hrsg.), NS-Justiz und politische Verfolgung in Österreich 1938–1945. Analysen zu den Verfahren vor dem Volksgerichtshof und dem Oberlandesgericht Wien* heraus, in dem die Ergebnisse des VW-Stiftungsprojekts veröffentlicht sind.

Die detaillierte, insbesondere quantitative Auswertung des Nazifizierungsprojekts ist noch im Gange und soll im Laufe des Jahres 2007 zu einer Publikation führen.

Im Folgenden werden die beiden Projekte im Hinblick auf ihre Quellenbasis, Struktur und Methodik beschrieben bzw. schon vorliegende Ergebnisse präsentiert.

Das Projekt „Hochverrat – Landesverrat – Wehrkraftzersetzung. Politische NS-Strafjustiz in Österreich 1938–1945“

Seit den späten 1980er Jahren beschäftigte sich die historiographische Wissenschaft zunehmend mit quantitativen und qualitativen Fragen der Verfolgungsstrukturen während der NS-Zeit. Der Fortschritt der Computertechnologie sowie in der Softwareentwicklung ermöglichte nunmehr auch einen bis dahin nur einem kleinen Kreis von ExpertInnen möglichen Zugang zu komplexen digitalen Erhebungswerkzeugen. Aufbauend auf den Vorarbeiten eines NS-Justizprojekts zum deutschen Bundesland Hessen ab 1996/97 in Marburg begann 2000 ein von der Volkswagen-Stiftung gefördertes internationales Forschungsprojekt in Wien und Marburg zu den Verfahren des Volksgerichtshofs (soweit diese Österreich betrafen) sowie der politischen Senate der Oberlandesgerichte Wien und Graz. In den darauf folgenden vier Jahren wurden weit über 10.000 historische Akten bearbeitet. Die Quellenlage war bis Ende der 1990er Jahre äußerst disparat. Zwar archivierte das DÖW eine sehr große Zahl von Prozessunterlagen, jedoch ist deren Erschließung mehr personenbezogen und weniger fallspezifisch strukturiert. Zunächst wurden hier alle einschlägigen Judikate des Volksgerichtshofs und des Oberlandesgerichts Wien neu erschlossen und projektbezogen systematisiert. Als zweite große Aktenlage wurde das historische Archiv des Oberlandesgerichtes Wien durchgesehen und alle bisher nicht zugänglichen Anklagen und Urteile reproduziert. Im dritten Schritt wurde die Überlieferung im deutschen Bundesarchiv in Berlin eingehend untersucht – in der Hauptsache betraf es folgende Bestände: „Nazijustiz" (NJ), Personal-, General- und Einzelfallakten des Reichsjustizministeriums (R 3001), Unterlagen des historischen Archivs des Ministeriums für Staatssicherheit der DDR (ZC und VGH) sowie Akten aus dem ehemaligen Berlin Document Center (VGH/Z). Im Wiener Staatsarchiv fand sich ebenfalls eine größere Anzahl zusätzlicher Unterlagen. Im Moskauer Sonderarchiv konnte eine Reihe unbekannter Landesverratsprozesse reproduziert werden. Aus dem Oberösterreichischen und dem Vorarlberger Landesarchiv kamen weitere Aktensplitter.

Das Hauptproblem bestand darin, die Masse an Informationen in einer vertretbaren Zeit nicht nur zusammenzutragen, sondern auch zu analysieren. Hierzu mussten neue methodische Zugänge geschaffen werden, nicht nur, weil die Bearbeitung parallel an zwei Orten stattfand. Ziel war es, eine Gesamterhebung aller einschlägigen Prozesse vorzunehmen. Digitale Informationssammlungen können unterschiedlich strukturiert sein. Ein einfaches Modell ist die Replizierung einer Karteikarte. Dabei werden die Informationen im Klartext niedergeschrieben. Eigentlich benötigt man für eine solche Herangehensweise keine Datenbank. Moderne Textverarbeitungssysteme erlauben dies auch, stoßen aber „nach oben" hin schnell an ihre Grenzen. Abhilfe kann ein Tabellenkalkulationsprogramm schaffen. Die elegante Lösung ist zweifellos eine relationale Datenbank. Relational bedeutet zum einen, dass immer wiederkehrende Informationssplitter nicht jedes Mal neu eingegeben werden müssen, sondern standardisiert in einem Datenpool zur Verfügung stehen. Andererseits können größere Datensammlungen miteinander in Beziehung gesetzt werden. So werden Redundanzen und was noch wichtiger ist, Eingabefehler minimiert. Die Forschungsprojekte in Marburg und Wien haben eine vergleichbare Datenstruktur (Datenbanklayout) verwendet, das im Groben wie folgt aufgebaut ist:

Schaubild: Grundstruktur der Datenbank Politische NS-Justiz

Die Grundstruktur bilden Daten zum Verfahren, zum Urteil und zur Person. Jeder Basisdatenpool untergliedert sich in spezifische Sub-Datenpools. Zu Daten der Verfahren gehören:

- Fallbezogene Daten (z. B. Datum der Anklageschrift oder des Urteils)
- Quellenangaben (inkl. Herkunft und Art der Reproduktion)
- Richter (u. a. Name, Vorname, dienstlicher Werdegang, Quellen)
- Sitzungsvertreter der Staatsanwaltschaft (u. a. Name, Vorname, dienstlicher Werdegang, Quellen)
- Anklagenormen

Für die Verzeichnung der Normen ist ein Siglenverzeichnis erstellt worden, das beispielsweise für den Volksgerichtshof und gleichfalls für die politischen Senate der Oberlandesgerichte alle originären Deliktzuständigkeiten auflistet. Das Verzeichnis teilt sich in sechs Hauptgruppen auf:

- Hochverrat
- Landesverrat
- Wehrkraftzersetzung (§ 5 Abs. 1 Kriegssonderstrafrechtsverordnung)
- Wehrmittelbeschädigung (§ 143a StGB)
- Angriffe gegen das Staatsoberhaupt oder gegen die Reichsregierung (§ 94 StGB)

- Sonstiges (z. B. unterlassene Anzeige eines der vorgenannten Delikte)

Was ist der Vorteil dieser auf den ersten Blick umständlichen Methodik? An erster Stelle ist hier die Reduktion von Fehlern zu benennen. Die Paragraphen werden nicht im Volltext eingegeben, sondern mittels einer Sigle. Damit lassen sich in einem großen Maß Falsch- bzw. Mehrfacheinträge oder Fehlschreibungen vermeiden. Zudem erlaubt es eine systematische Siglenvergabe, Gruppen zu bilden (z. B. Deliktgruppen), auf die ohne große Schwierigkeiten datentechnisch zugegriffen werden kann.

Noch einige Hinweise zu den Justizjuristen: Im Projektverlauf wurden sowohl die Richter als auch die Sitzungsvertreter der Anklagebehörde erhoben. Die Informationen kamen aus einem eigens – auf der Grundlage der Beamtenkalender der Jahre 1938 bis 1942 – zusammengestellten Datenpool, der nach und nach mit weiteren Informationen aus Personalakten ergänzt werden konnte. Insbesondere in der Frage der „Täterforschung" können solche Zugänge neue Forschungen eröffnen. Im Fall des Volksgerichtshofs ergeben sich noch zusätzliche Zugriffe, zumal dieser nicht nur von Berufsrichtern besetzt war. Vielmehr gehörten ihm drei so genannte Laienrichter an, die in der NS-Hierarchie oftmals hohe Posten bekleideten. Auch sie lassen sich in der Datenbank recherchieren. So ist es z. B. ein Einfaches herauszufinden, an welchen Todesurteilen der ehemalige Linzer NS-Oberbürgermeister und SS-Brigadeführer Franz Langoth[5] als Beisitzer beteiligt war – insgesamt 41. Zumindest für Österreich und Hessen sind die Verantwortlichkeiten der vielen anderen Langoths nunmehr fassbar. Insbesondere für regionale Studien sind solche Hinweise wichtig.

Ein ganz anderer Aspekt betrifft die Anklagestrategie der Staatsanwaltschaft. Sie ist nicht unmittelbar aus der Anklageschrift zu ermitteln. Die Anklagestrategie steht für die von der Staatsanwaltschaft vorgegebene materiell-strafrechtliche Ausrichtung eines Verfahrens. Dies ist insbesondere bei Volksgerichtshofs- und Oberlandesgerichtsverfahren evident. Systematisierungsgrundlagen waren zum einen die Straftatbestände und zum anderen Gruppenzugehörigkeiten. Als Beispiel: Der Angeklagte A wurde als Sympathisant der KPÖ wegen Vorbereitung zum Hochverrat angeklagt. In der im Projekt angewandten Nomenklatur firmiert der Prozess als „Hoch-

[5] Zu Langoth siehe Walter Schuster, Deutschnational – Nationalsozialistisch – Entnazifiziert. Franz Langoth. Eine NS-Laufbahn, Linz 1999.

verratsverfahren mit KPÖ-Hintergrund". Zweites Beispiel: Angeklagter B wurde vor dem „Anschluss" als Sozialdemokrat verfolgt und emigrierte ins Ausland, wobei er seine politischen Aktionen von den Niederlanden, Belgien und Frankreich aus fortführte. Im Zuge der Besetzung Frankreichs lieferten ihn französische Behörden an die Gestapo aus. Der Oberreichsanwalt klagte ihn wegen Feindbegünstigung und Vorbereitung zum Hochverrat beim Volksgerichtshof an. Da anklagestrategisch das schwerste Delikt den Ausschlag gab, wurde B in die Kategorie Landesverrat – Untergruppe Feindbegünstigung mit der Spezifikation sozialdemokratisch eingereiht. Im fiktiven Fall verurteilte der Volksgerichtshof B wegen Vorbereitung zum Hochverrat. Hier war die Anklagestrategie der Staatsanwaltschaft nicht aufgegangen. Im Fall von Feindbegünstigung lag die Regelstrafe bei lebenslangem Zuchthaus oder der Todesstrafe. Anders hingegen bei Vorbereitung zum Hochverrat nach § 83 Abs. 3 StGB. Der Strafrahmen war deutlich weiter: Zwei bis 15 Jahre Zuchthaus, lebenslanges Zuchthaus oder Todesstrafe.

Dies wird bei einem anderen Bespiel noch deutlicher: C wurde wegen öffentlicher Wehrkraftzersetzung beim Volksgerichtshof angeklagt. Er soll im Sommer 1943 in einem Caféhaus den Kriegsverlauf so kommentiert haben, dass der Russe am Schluss doch siegen würde. C war bislang politisch nicht in Erscheinung getreten. Die Anklagebehörde wollte seine Äußerung dahin gewertet haben, dass er durch sein Statement öffentlich die Wehrkraft des deutschen Volkes zersetzt habe. Das Gericht hingegen sah darin keinen Verstoß gegen den § 5 Abs. 1 Kriegssonderstrafrechtsverordnung, sondern bewertete die Äußerung als kommunistische Mundpropaganda nach § 83 Abs. 2 StGB. Eingruppiert wurde C in die Kategorie Wehrkraftzersetzung mit politischem Hintergrund. Regelstrafe war die Todesstrafe. Die Ermittlung der Anklagestrategie hat während der Auswertungsphase wichtige Hinweise darauf gegeben, wie die Staatsanwaltschaft ein Verfahren bewertet wissen wollte bzw. wie sie als „gelenkte" Behörde[6] vorgehen sollte.

Insbesondere für die Kriegszeit war es wichtig zu ermitteln, welchen Straftatbestand die Anklagebehörde als gegeben annahm. Es fand sich eine ganze Reihe von Verfahren, bei denen die Gerichte zu deutlich anderen Ergebnissen kamen, als die Anklagebehörde es mit der Einreichung der Anklageschrift vermuten ließ. Das bedeutet nicht, dass die Gerichte – insbesondere der Volksgerichtshof – durchgängig milder urteilten, als es die

6 Vgl. hierzu Hinrich Rüping, Staatsanwaltschaft und Provinzialverwaltung im Dritten Reich, Baden-Baden 1990.

Staatsanwaltschaft gefordert hatte. Hier geht es nicht um die konkrete Strafhöhe, sondern um die Charakterisierung eines Verfahrens, was allerdings, wie schon angedeutet, etwas mit dem Strafrahmen zu tun hatte.

Was den zweiten großen Datenpool (siehe Schaubild – Daten des Urteils) anbelangt, so lassen sich vier Haupterhebungsgruppen unterscheiden:

- Gruppen (Organisationen, Verbände u. Ä.)
- Tatorte
- Häufigkeiten
- Handlungen

Diese Informationen stehen neben den objektiven Daten wie Sanktionen, Vorhaftzeiten und anderem. Die Gruppenliste wurde im Verlauf der Auswertungen nach und nach zusammengestellt. Sie muss als ein „Ergebnisverzeichnis" betrachtet werden, was zur Folge hatte, dass erst ab einem gewissen Erhebungszeitpunkt mit einer systematisierten Liste, eingeteilt in politische Gruppen, gewerkschaftliche Organisationen, weltanschauliche (klerikale) Formationen, als Juden/Jüdinnen verfolgte Personen, Roma/Sinti, ZwangsarbeiterInnen, ausländische Parteien, Gruppen und Organisationen sowie Sonstige, gearbeitet werden konnte. Erhoben wurde nur das, was die Richter als urteilsrelevant ansahen. Wenn ein Angeklagter neben seiner Mitgliedschaft in der KPÖ auch noch in einer anderen Partei oder Organisation aktiv war, was z. B. in der Anklageschrift angeführt wurde, aber im Urteil nicht auftauchte, so wurde diese Information nicht erhoben. Demzufolge konnte bei Freisprüchen keine Gruppenzugehörigkeit eingetragen werden. Allerdings konnte hier die Anklagestrategie weiterhelfen, um den ansonsten unbewerteten Personenkreis politisch zuordnen zu können. Ohne diesen methodischen Kunstgriff wären bei Freisprüchen oder Verfahrenseinstellungen keine Bezüge zu gruppenbezogenen Verfahrenshintergründen möglich gewesen.

Bei den Tat- wie auch den Wohnorten wurden die Standardisierungen der jeweiligen Länder bzw. Staaten herangezogen. Für Deutschland sind dies die länderweit vergebenen Gemeindekennziffern, für Österreich konnte auf die Systematik der Statistik Austria zurückgegriffen werden. Der Fall Österreich lag aber insofern etwas anders, als zu den so genannten „Alpen- und Donaureichsgauen" ab 1939 mehr als nur das Kerngebiet Österreichs gehörte. Im März 1939 wurden Teile der von Deutschland besetzten Tschechoslowakei, insgesamt immerhin mehr als 500 Ortschaften Ober- und

Niederdonau zugeschlagen.[7] Im Mai 1941 erfolgte im Zuge der Zerschlagung Jugoslawiens die Eingliederung der slowenischen Gebiete Untersteiermark (zur Steiermark) und Oberkrain (zu Kärnten); ebenfalls über 500 Ortschaften.[8] Das Gebiet Österreichs während der NS-Zeit war damit deutlich größer als bei seinem „Anschluss" im März 1938.

Die Gemeindekennzahlen wurden mit dem Stand vom 1. Januar 2000 von der Internet-Seite des Österreichischen Statistischen Zentralamtes (ÖSTAT) übernommen. Damit sind alle Gemeinden und Ortschaften, die in Österreich am 1. Januar 1999 existierten, erfasst. Für die geopolitischen Veränderungen während der NS-Zeit in Österreich wurden einschlägige Ortsbücher und -verzeichnisse[9] herangezogen, mittels derer Dörfer, Märkte, Gemeinden und Städte ergänzt wurden, die heute nicht mehr zum österreichischen Staatsgebiet gehören oder heute nicht mehr unter den historischen Namen existieren. Eine Angleichung an die aktuelle Schreibweise hat stattgefunden, wobei die ältere ebenfalls vermerkt ist. Das Verzeichnis „Orte in Österreich" umfasst aktuell 19.631 Datensätze. Darunter befinden sich über 2500 Ergänzungen und Korrekturen, die sich für die Zeit zwischen 1938 und 1945 ergaben. Auf Ortschaften innerhalb Österreichs beziehen sich 1575 Ergänzungen und Korrekturen. Darunter finden sich 843 Einträge mit ungenauer Lokalisation – Ortschaften, die heute nicht mehr bestehen, umbenannt wurden oder geographisch nicht eindeutig zuzuordnen waren. Mit 15 weiteren Ergänzungen lassen sich spezielle Fälle erfassen. Für Wien war eine ganze Reihe von Ortschaften aus dem historischen Ortsbuch für Österreich (1944) nicht zu ermitteln. Mit Hilfe eines aktuellen Stadtatlasses konnten weitgehend alle Ortschaften eindeutig zugeordnet werden.

---

7 Nach dem Einmarsch der Deutschen Wehrmacht in die Tschechoslowakische Republik im September 1938 wurden die „sudetendeutsche Gebiete" am 21. November 1938 Bestandteil des Deutschen Reiches. Gesetz über die Wiedervereinigung der sudetendeutschen Gebiete mit dem Deutschen Reich vom 21. November 1938 (RGBl. I, S. 1641). Aufgrund § 3 Abs. 2 u. 3 Gesetz über die Gliederung der sudetendeutschen Gebiete v. 25. März 1939 (RGBl. I, S. 745) sind Gebietsteile an das „ehemalige österreichische Land Niederösterreich" und „Oberösterreich" eingegliedert worden.

8 Deutsch-kroatischer Staatsvertrag vom 13. Mai 1941, RGBl. II 1942, S. 26.

9 Friedrich Müller (Bearbeiter), Ortsbuch für die Ostmark (Österreich), 3. Aufl., Wuppertal–Nächstebeck 1944; Friedrich Müller (Bearbeiter), Ortsbuch für die Sudetengebiete, 3. Aufl., Wuppertal–Nächstebeck 1944; Publikationsstelle Wien (Hrsg.), Gemeinde- und Ortsverzeichnis der an den Reichsgau Kärnten angegliederten befreiten Gebiete Oberkrains und Unterkärntens, Wien 1942; Heribert Sturm (Hrsg.), Ortslexikon der Böhmischen Länder 1910–1965, München–Wien 1983.

Abschließend noch einige Hinweise zum letzten der drei Hauptinformationspools (siehe Schaubild), den persönlichen Daten der Angeklagten. Auch sie wurden separat erfasst. Hintergrund war zum einen, dass bei Mehrfachanklagen keine neuen Personendatensätze angelegt werden mussten. Auf bereits ermittelte Daten konnte im Verlauf des Projekts immer wieder zurückgegriffen werden. Zum anderen steht dieser Datenpool für weitere Forschungen zur Verfügung.

Die politische Strafjustiz im „angeschlossenen" Österreich begann ihre Tätigkeit im Juni 1938. Entgegen dem allgemeinen Trend, das österreichische Strafrecht beizubehalten, wurden die reichsdeutschen politischen Straftatbestände des Hoch- und Landesverrats in Kraft gesetzt. Allerdings erfolgte dies in abgewandelter Weise: Für einige Strafvorschriften wurde für den Volksgerichtshof und die politischen Oberlandesgerichtssenate eine österreichspezifische Zuständigkeitsregelung festgelegt. Zwischen Sommer 1938 und Kriegsende standen mindestens 6336 Angeklagte vor dem Volksgerichtshof (2137) sowie den Oberlandesgerichten Wien (4163) und Graz (36). Hierbei wurden 833 Todesurteile, 4499 zeitige und 28 lebenslange Freiheitsstrafen sowie 112 sonstige Verurteilungen (z. B. Einweisungen in Heil- und Pflegeanstalten oder Geldstrafen) und 589 Freisprüche ausgesprochen. In 275 Fällen konnte kein Verfahrensabschluss ermittelt werden. Die Anklageschriften und Urteile aller von der politischen NS-Justiz verfolgten Frauen und Männer, soweit sie bis zum Abschluss der Forschungsarbeiten vorlagen, sind 2004 als Quellenedition erschienen und mit einem umfangreichen Indexband erschlossen.

Die NS-Strafjustiz und ihre Opfer sind für die Beurteilung Österreichs in der NS-Zeit bis heute von erheblicher Relevanz. Sie spiegeln das Bild vom österreichischen Widerstand gegen das NS-Regime und damit jenen „eigenen Beitrag zur Befreiung" wider, den die Alliierten in der Moskauer Deklaration 1943 von Österreich verlangt und dessen Nachweis sie in den Staatsvertragsverhandlungen nach 1945 thematisiert haben. Die Instrumentalisierung des Widerstands und der NS-Opfer und die Ausblendung der österreichischen Mitwirkung an den NS-Verbrechen, u. a. auch im Justizbereich, diente der Opfertheorie, also jenem bis in die 1990er Jahre wirkenden Geschichtsmythos, wonach Österreich ausschließlich Opfer des Nationalsozialismus und nicht dessen mitwirkender Bestandteil gewesen wäre. Mit dem Band NS-Justiz und politische Verfolgung in Österreich werden nun erstmals die Fakten zu diesem Thema zur Diskussion gestellt, die überlieferten Unterlagen aufgearbeitet und quellenkritisch und wissenschaftlich analysiert.

Der Großteil des österreichischen Widerstandes gegen das NS-Regime wurde von der Gestapo zerschlagen. Viele RegimekritikerInnen wurden von Gerichten abgeurteilt oder sofort ohne Verfahren in ein KZ eingeliefert. Die Unterlagen aus mehreren tausend Prozessen – Akten, Urteile, Anklagen, Protokolle und polizeiliche Unterlagen – sind oft die einzige Quelle zur historischen Rekonstruktion der Geschehnisse. Die Gerichtsdokumente geben einerseits Aufschluss über Umfang und Vielfältigkeit des Widerstandes sowie über die Motive, Ziele und Tätigkeiten einzelner Personen und Gruppen. Auf der anderen Seite lassen sie aber auch Rückschlüsse auf die Justiz, die Besetzung der Gerichte, Rechtsprechung, politische Steuerung und ideologische Intentionen zu. Die Urteile, Anklagen und Einvernahmeprotokolle sowie die vielfach in den Gerichtsakten enthaltenen Gestapodokumente sind die wichtigste Quelle für die Erforschung des Widerstands bzw. der nationalsozialistischen Repressionsmaßnahmen. In keiner anderen Quellengruppe sind so viele und genaue Informationen zu diesem Thema überliefert.

Das Projekt „Zur Nazifizierung der österreichischen Justiz 1938–1945. Die Einführung deutschen Rechts in Österreich, unter besonderer Berücksichtigung des NS-Strafrechts, und die Personalpolitik bei Richtern und Staatsanwälten"

Das genannte Projekt wurde mit Mitteln des Jubiläumsfonds der Österreichischen Nationalbank und in Zusammenarbeit zwischen DÖW und Universität Marburg in den Jahren 2002 bis 2005 durchgeführt. Ein umfassender, nicht veröffentlichter Endbericht wurde dem Subventionsgeber vorgelegt, die Detailarbeiten, insbesondere die statistische Auswertung und darauf folgende Analysen, werden jedoch mit dem Ziel einer Publikation im Laufe des Jahres 2007 fortgesetzt. In Zusammenhang mit dem thematischen Schwerpunkt dieses Jahrbuchs ist vor allem der zweite Teil des Projekts von Relevanz, der sich mit der Berufsgruppe der NS-Justizjuristen (Richter, Staatsanwälte) in Österreich 1938–1945 beschäftigt. Im Zuge dieser Untersuchung wurden einerseits biographische Daten (wie Geburtsdatum, Familienstand, Anzahl der Kinder, Beruf des Vaters, Wohnort usw.) und andererseits Karrieredaten (wie Amtstitel, Dienstorte, eine allfällige Entlassung 1945, die Weiterverwendung nach 1945 und das tatsächliche Dienstende) sowie politische Zugehörigkeiten (insbesondere legale und/oder illegale NSDAP-Mitgliedschaft, Grad der Belastung nach dem Verbotsgesetz) EDV-gestützt erfasst. In einem weiteren

Arbeitsschritt, der nun durchgeführt und dessen Ergebnisse in eine geplante Publikation einfließen, werden die gesammelten Daten statistisch ausgewertet und einer quantitativen und qualitativen Analyse unterzogen, wobei wichtige Einblicke in die sozialen und politischen Strukturen der Richter und Staatsanwälte gewonnen werden.

Der zentrale Arbeitsschwerpunkt erstreckte sich vor allem auf die Ermittlung, Erfassung, Reproduktion und systematische Bearbeitung der für das Forschungsprojekt relevanten Quellen. Aufgrund der örtlich weit auseinander liegenden Fundstellen (Wien und Berlin) wurde in getrennten Schritten vorgegangen. Im Rahmen des oben beschriebenen Projekts „Hochverrat, Landesverrat, Wehrkraftzersetzung – Politische Strafjustiz in Österreich und Deutschland" konnte eine Liste mit 1196 NS-Justizjuristen als Ausgangspunkt für die Recherchearbeiten erstellt werden, wobei die Urteile der politischen Senate des Oberlandesgerichts Wien sowie die Beamtenkalender ab 1937 als Quellen herangezogen wurden.

Um nähere Informationen zu den genannten Personen zu erhalten, wurden die Bestände einschlägiger Archive auf relevante Daten durchsucht. Die Akten (im besten Fall der Personalakt des Reichsjustizministeriums, BMJ-Namensakten und BMJ-Liquidatorakten) der als Basis genannten 1196 Juristen wurden eingesehen und ausgewertet. Im Zuge dieser Arbeiten stellte sich heraus, dass die vorgenannten Zahlen der Justizjuristen revidiert werden mussten. Da in den Akten des Bundesministeriums für Justiz teilweise Bewerbungsunterlagen für einen höheren Dienstposten nach 1945 zu finden waren, konnten weitere Juristen eruiert werden, die während der NS-Zeit in Österreich tätig waren. Außerdem wurden die Ausgaben der Zeitschrift „Deutsches Recht – Wiener Ausgabe" und die Generalakten des Allgemeinen Verwaltungsarchivs im Österreichischen Staatsarchiv durchgesehen, mittels derer weitere 321 Justizjuristen festgestellt wurden. Auch konnte durch die Erschließung dieser „neuen" Quellen nun erstmals weitgehend jene Gruppe von Justizjuristen erfasst werden, die vom NS-Regime aus rassistischen oder politischen Gründen in den Jahren 1938 bzw. 1939 entlassen worden war. Nach dem Stand der ersten Auswertung waren 182 Personen, die 1938 als Richter oder Staatsanwälte im österreichischen Justizdienst standen, von Entlassung und Zwangspensionierung betroffen.

Die vordringlichste Aufgabe bestand darin, die biographischen Daten der einzelnen Justizjuristen aus den diversen Einzelakten zusammenzuführen. Besonderer Wert wurde dabei auf den politischen Werdegang der Juristen gelegt, vor allem hinsichtlich der Frage, inwieweit eine frühe NSDAP-Mitgliedschaft der Karriere dienlich war. Hierbei konnte festgestellt werden, dass sämtliche Oberlandesgerichtspräsidenten und Generalstaatsanwälte, also die Spitze der NS-Justiz in Österreich, bereits vor 1938 der Partei angehörten bzw. als „Alte Kämpfer" galten.[10]

Untersucht wurde auch, soweit feststellbar, wie viele Juristen aus der Kirche ausgetreten sind. Angesichts der eher konservativen Grundhaltung der österreichischen Justizjuristen wären vor dem damaligen politischen Hintergrund ein Kirchenaustritt oder ein Konfessionswechsel sicherlich als ein aussagekräftiges Indiz zu werten. Ein solcher Schritt würde nicht nur für ein opportunistisches Verhalten zum Nutzen der Karriere, sondern auch für eine signifikante Nähe zur NS-Ideologie sprechen. Die ersten Auswertungen ergaben 166 Personen, die aus der Kirche ausgetreten sind und sich nun „gottgläubig" – eine NS-Umschreibung für konfessionslos – bezeichneten, u. a. der Wiener Generalstaatsanwalt Johann Stich.

Durch die Auswertung der Staatsbürgerschaft vor 1938 konnte eine quantitative Erfassung der „altreichsdeutschen Richter", die nach Österreich abgeordnet wurden, ebenso erfolgen wie der österreichischen Justizjuristen, die ins „Altreich" gingen. Wie bereits vermutet, waren „importierte" Richter aus dem „Altreich" kaum vertreten (lediglich zwölf). Es konnte auch festgestellt werden, dass eine kleinere Anzahl von Personen (neunzehn) vorher die tschechoslowakische Staatsbürgerschaft besaß. Diese Richter waren vor allem an den Bezirks- und Landgerichten der in die Gaue Oberdonau und Niederdonau eingegliederten Orte tätig. Ebenso wurden Justizjuristen aus anderen Ländern erfasst, wie etwa Südtiroler Rückwanderer (vier), die in Österreich in den Justizdienst des Deutschen Reiches traten.

Als wichtigste Institutionen zur Auffindung von Quellen für die Darstellung der Karrierestufen und biographischen Daten von Richtern und Staatsanwälten sind das Österreichische Staatsarchiv in Wien und das Bundesarchiv in Berlin zu nennen. Jedoch auch in den einzelnen Landesarchiven

---

[10] Die OLG-Präsidenten Meldt (Graz), Krautmann (Linz), Sturma (Linz) und Tamele (Wien) sowie die Generalstaatsanwälte Köllinger (Innsbruck/Linz), Meißner (Graz) und Stich (Wien) gehörten vor 1938 der NSDAP an. Die OLG-Präsidenten Stritzl (Innsbruck) und Schober (Wien) sowie die Generalstaatsanwälte Moser (Innsbruck) und Löderer (Innsbruck/Linz) wurden als „Alte Kämpfer" anerkannt. Nur Generalstaatsanwalt Ludwig Brunner, der bis 1939 in Wien tätig war, wurde erst 1940 Mitglied der NSDAP. Vgl. Wolfgang Form, Kurzbiographien der Oberlandesgerichtspräsidenten und Generalstaatsanwälte in Österreich 1938–1945, in: Wolfgang Form / Oliver Uthe (Hrsg.), NS-Justiz in Österreich. Lage- und Reiseberichte 1939–1945, Münster–Wien 2004 (= Schriftenreihe des DÖW zu Widerstand, NS-Verfolgung und Nachkriegsjustiz 3), S. 455–462.

(z. B. Steiermark) und in den Oberlandesgerichten von Graz, Linz, Innsbruck und Wien konnten projektrelevante Daten geortet werden.

Grundsätzlich bestand in Österreich auf Grund datenschutzrechtlicher Bestimmungen ein Problem, Einsicht in die Personalakten jener Richter und Staatsanwälte, die nach 1904 geboren wurden, zu erhalten, da Akteneinsicht nur dann möglich ist, wenn die Sterbedaten dieser Personen nachgewiesen werden können. Aus diesem Grund wurden das Bundespensionsamt und das Justizministerium kontaktiert, mit deren Hilfe die Sterbedaten von rund zwei Drittel der nach 1904 geborenen Juristen ermittelt werden konnten. Weiters konnten mittels des Organs der Justizjuristen, der „Österreichischen Richterzeitung", weitere Todesfälle herausgefunden werden.

Für die insgesamt 1620 ermittelten Justizjuristen, die in der NS-Zeit in Österreich tätig waren, wurden sämtliche relevante Akten im Österreichischen Staatsarchiv, im OLG Wien und im OLG Innsbruck eingesehen und ausgewertet. Die erhobenen biographischen Daten dieser Juristen wurden in einer Datenbank erfasst, die nach folgenden Gesichtspunkten strukturiert ist:

Zunächst wurden persönliche Daten wie Name, Vorname, akademischer Grad, Geburtsdatum und Geburtsort sowie das Sterbedatum in die Datenmaske eingetragen. Ebenfalls erhoben wurden Eintragungen zum Aufenthaltsort, und zwar zunächst das Geburtsland mit Angabe der Nationalität, dann die Wohnorte und Dienststellen mit Zeitangaben und Amtsbezeichnungen. In einer eigenen Rubrik wurden die Amtsfunktionen als Richter oder Staatsanwälte im politischen Strafrecht, an Sondergerichten, als Ermittlungsrichter für den VGH, als Richter oder Oberreichsanwalt am VGH oder an Kriegsgerichten erfasst. Eigens vermerkt wurde ein „rassenkundliches" Interesse des betreffenden Juristen, was sich z. B. an einer Funktion im „Rassenpolitischen Amt" der NSDAP festmachen ließ.[11] Ferner wurden Daten zur juristischen Ausbildung eingetragen. Zusätzlich konnte vermerkt werden, ob während des Studiums die Mitgliedschaft bei einer akademischen Verbindung bestand. Weiters wurden das Datum, der Ort und die Note der Richteramtsprüfung in die Datenbank eingegeben. Neben der Ausbildung wurde die Militärdienstzeit festgehalten, nämlich ob die entsprechende Person am Ersten und/oder Zweiten Weltkrieg teilgenommen hat, verwundet wurde und Orden erhalten hatte, ob sie Frontkämpfer war oder einem

[11] Als Beispiele seien angeführt: Otto Hugo Seka, Mitarbeiter des Rassenpolitischen Amtes in Klagenfurt, ab 1940 rassenpolitischer Referent der NSDAP-Ortsgruppe Graz-Leech; Richard Vasicek, Stellenleiter im Amt für Rassenpolitik der NSDAP-Gauleitung Niederdonau; vgl. Personalakten des RJM, ÖStA/AdR.

Freikorps angehörte. Außerdem wurde erfasst, ob die entsprechende Person vor 1938 einer Partei, einer Loge oder politischen und konfessionellen Beamtenvereinen angehörte und/oder Mitglied eines politischen Verbandes war.

Als nächster Schritt – nach den Recherchen und der systematischen Erfassung der Daten der NS-Justizjuristen in Österreich in einer Datenbank – sind aus der Datenbank abgeleitete Kurzbiographien mit Namen, Geburtsdaten, familiären Verhältnissen, Wohnort, Karrierestufen und politischem Hintergrund aller Juristen erstellt worden. Schließlich soll als ein zentrales wissenschaftliches Ziel des Projekts auf der Grundlage der Datenbank eine Kollektivbiographie der Justizjuristen erstellt werden – eine Arbeit, die allerdings noch nicht abgeschlossen ist.

Die Änderungen in der Ausbildung von Justizjuristen, die nach dem „Anschluss" Österreichs 1938 vom NS-Regime durchgeführt wurden, sind in einem spezifischen Beitrag, verfasst von Dr. Ilse Reiter-Zatloukal, beschrieben und analysiert.

Durch diese Forschungsarbeiten kann nun erstmals seriös die Frage beantwortet werden, ob die österreichische Justiz der NS-Zeit durch den „Import" von Richtern und Staatsanwälten aus dem Deutschen Reich getragen wurde. Nach den ersten Auswertungen gehören nur zwölf Personen zu dieser Gruppe, während die überwältigende Mehrheit der NS-Justizfunktionäre (ausschließlich männliche) Österreicher waren.

Erstmals kann den einzelnen Juristen präzis nachgewiesen werden, an welchen Gerichten sie während der NS-Zeit tätig waren. Dies ist vor allem auf der Ebene der nationalsozialistischen politischen Strafjustiz relevant, da die Bereitschaft eines Justizjuristen, an den politischen Strafsenaten der Oberlandesgerichte Wien und Graz bzw. am Volksgerichtshof oder an den Sondergerichten tätig zu sein, auf seine Haltung zur gesamten NS-Politik schließen lässt.

Es kann nun annähernd festgestellt werden, wie viele Juristen trotz eindeutiger Zugehörigkeit zur NSDAP und/oder zu einer ihrer Gliederungen nach 1945 wieder im österreichischen Justizdienst Verwendung fanden. Wie aus im Endbericht veröffentlichten Kurzbiographien der nach 1945 vom Volksgericht Wien belangten NS-Justizfunktionäre, zusammengestellt von Wolfgang Stadler[12], hervorgeht, konnten zahlreiche „belastete" Richter und Staatsanwälte wieder in den Justizdienst zurückkehren. In den einschlägigen Unterlagen, den so genannten BMJ-Namensakten, konnten auch zahlreiche

12 Siehe dazu ausführlicher: Stadler, „... Juristisch bin ich nicht zu fassen."

Schreiben bekannter politischer Funktionäre aus der Nachkriegszeit aufgefunden werden, die für den betreffenden NS-Justizjuristen interveniert hatten.[13]

Des Weiteren konnten 182 Juristen ermittelt werden, die 1938 nach dem „Anschluss" Österreichs an Hitler-Deutschland aus dem Justizdienst entlassen bzw. zwangspensioniert wurden. Von diesen wurden einige – wie beispielsweise Alois Osio, Karl Tuppy und Robert Winterstein – in Konzentrationslagern ermordet.

Abschließend ist darauf zu verweisen, dass sich durch die Forschungsarbeiten im Bereich NS-Justiz als wertvolles Nebenergebnis beträchtliche Materialzuwächse insbesondere für das DÖW ergaben, die das Wissen nicht nur über die Justiz, sondern auch über den Widerstand wesentlich erweitern. Die – auch in Datenbanken gespeicherten – Ergebnisse werden weitere wissenschaftliche Auswertungen ermöglichen und u. a. für das DÖW-Projekt „Namentliche Erfassung der Opfer politischer Verfolgung in Österreich 1938–1945" herangezogen. Nach Abschluss der Projekte stehen alle gewonnenen Unterlagen im DÖW den BenützerInnen zur Verfügung.

13 Siehe dazu auch: Neugebauer / Schwarz, Der Wille zum aufrechten Gang, S. 168 ff.

HANS SCHAFRANEK

DER NS-PUTSCH IM JULI 1934: VORGESCHICHTE IN SALZBURG[1]

Auf der Grundlage jüngster Forschungen des Verfassers lassen sich Planung, Vorbereitung und Ablauf des nationalsozialistischen Putsches (25. bis 28. Juli 1934), der österreichweit etwa 250 bis 270 Todesopfer forderte, folgendermaßen resümieren:

1. Der Juliputsch 1934 war der erste staatliche Umsturzversuch einer illegalen Bewegung, der mit Hilfe moderner Kommunikationsmittel – d. h. durch das Radio (SS) und durch Funkverkehr (SA) – ausgelöst bzw. gesteuert werden sollte.
2. Zwischen der NSDAP-Landesleitung Österreich (Theo Habicht)[2], der SS und den 1933/34 zu SA-Führern mutierten Leitern des Steirischen Heimatschutzes (Hanns Albin Rauter, Konstantin Kammerhofer, August Meyszner) kristallisierte sich im Frühjahr 1934 eine geheime Allianz heraus, während die Beziehungen der ehemaligen Heimatschützer zur österreichischen SA-Spitze (Hermann Reschny) eher gespannt waren. De facto agierten die steirischen SA-Führer als „trojanische Pferde“ der SS. Die Putschvorbereitungen dieser Koalition, zu der auch Anton Rintelen, der

[1] Der vorliegende Text entstand aus einem leicht überarbeiteten Kapitel des Buches des Verfassers: „Sommerfest mit Preisschießen“. Die unbekannte Geschichte des NS-Putsches im Juli 1934, Wien 2006.

[2] Theo Habicht: geb. 4. 4. 1898 in Wiesbaden. Ursprünglich kaufmännischer Angestellter. Dezember 1915 bis November 1918 Teilnahme am Weltkrieg (Frankreich, Italien), Leutnant der Reserve. 29. 7. 1926 Eintritt in die NSDAP, im April 1927 stellvertretender Ortsgruppenleiter der NSDAP Wiesbaden, später Ortsgruppenleiter und Kreisleiter. Habicht gründete zwei NSDAP-Zeitungen, den „Nassauer Beobachter“ und den „Pfälzer Beobachter“. 1930 zog er in den Provinziallandtag Hessen-Nassau ein. Aufgrund interner innerparteilicher Auseinandersetzungen wurde der „Nassauer Beobachter“ 1930 in „Rheinwacht“ umbenannt, die am 21. 6. 1931 bankrottging. Vor den drohenden Folgen des Bankrotts flüchtete Habicht nach Österreich und wurde gleichzeitig von Hitler mit der Reorganisierung der österreichischen NSDAP betraut, die er als Landesinspekteur rigoros durchführte. Es ge-

Steirische Landbund und die NSDAP-Gauleitung Tirol zu rechnen sind, blieben der in München ansässigen österreichischen SA-Führung weitestgehend oder vollständig verborgen.

3. Der Aufstand der steirischen SA am 25. Juli 1934 – fast zeitgleich wie die Besetzung des Bundeskanzleramtes und der Rundfunkzentrale (RAVAG) – bedeutete eine direkte Unterstützung der Wiener SS-Putschisten und war mit diesen eng koordiniert. Dieselbe Funktion hatte die Ermordung des Polizeistabshauptmanns Hickl in Innsbruck durch einen SS-Terroristen.
4. Entgegen bisherigen Darstellungen war die erzwungene Rundfunkdurchsage über den angeblichen Rücktritt von Bundeskanzler Dollfuß nicht als „Signal" zum nationalsozialistischen Aufstand in ganz Österreich bestimmt, sondern lediglich als entsprechendes „Aviso" an die steirische SA und die Tiroler SS adressiert.
5. Die Obergruppe XI (bis März 1934: Obergruppe VIII)[3] der SA – geführt von Reschny und Graf Kirchbach – plante, nach einer gewaltigen Eskalation des bis dahin praktizierten Sprengstoffterrors, im Herbst 1934 einen bewaffneten Aufstand auszulösen. Sie beabsichtigte jedoch keineswegs, einen SS-geführten Putsch zu unterstützen.
6. Die österreichische SA-Führung wurde durch das unerwartete und scheinbar „spontane", in Wirklichkeit durch die Landesleitung gelenkte Losschlagen der steirischen SA vollkommen überrascht, da sie kurz zuvor ein solches Losschlagen an ein funktechnisches Placet der Obergruppe gebunden hatte.
7. Als sich die Niederlage der Kanzleramtsputschisten abzeichnete und gleichzeitig der in seinem organisatorischen Ursprung und

---

lang ihm ohne größere Schwierigkeiten, den ihm formell übergeordneten Landesleiter Alfred Proksch an die Wand zu spielen. Am 16. 9. 1931 erhielt er ein Mandat als NSDAP-Reichstagsabgeordneter und erlangte dadurch Immunität. Habicht hatte hervorragenden Anteil an der Vorbereitung des Juliputsches 1934, fiel nach dessen Scheitern bei Hitler in Ungnade und verschwand für einige Jahre in der politischen Versenkung. 1937–1938 bekleidete er das Amt des Oberbürgermeisters in Wittenberg, 1939 in Koblenz. 1940 war er für kurze Zeit Unterstaatssekretär im Auswärtigen Amt. Ab 1941 Militärdienst, im Februar 1943 Hauptmann. Am 31. 1. 1944 ist Habicht bei Kampfhandlungen im Gebiet um Newel gefallen.

3 Die Obergruppe XI bzw. VIII der SA umfasste die illegalen SA-Formationen in Österreich und etwa 10.000 militante Aktivisten, die 1933/34 nach Deutschland geflüchtet und in der „Österreichischen Legion" zusammengefasst waren.

politischen Kontext „missverstandene" Aufstand der steirischen SA verbreiterte, alarmierte Reschny die in Bayern stationierte „Österreichische Legion".

8. Aufgrund des Fehlens einer SA-Funkverbindung zwischen München und Wien wurden am 25. Juli, um 19.30 Uhr, zwei Kuriere mit dem Aufstandskonzept (Obergruppenbefehl Nr. 10) in die Bundeshauptstadt entsandt. Einer der beiden, Franz Hiebl, wurde nach Überschreiten der Grenze verhaftet („Kollerschlager Dokument"), während sein Bruder Hans am frühen Morgen des 26. Juli den Adressaten – SA-Obersturmbannführer Fritz Hamburger – in Wien erreichte.
9. Die Entsendung der beiden Kuriere am Abend des 25. Juli 1934 bedeutete den Beginn einer improvisierten und hektischen SA-Offensivstrategie, die sich im Laufe der folgenden drei Stunden auch in entsprechenden Funkbefehlen zum bewaffneten Aufstand („Sommerfest mit Preisschießen") an die SA-Brigaden in Kärnten, Oberösterreich, Tirol und Salzburg niederschlug.
10. Infolge der von Regierungsseite ergriffenen Gegenmaßnahmen verzögerte sich das Eintreffen der zuvor angeführten, entschlüsselten Funkbefehle bei den Brigadestäben beträchtlich (blockierte Kommunikationslinien zwischen den direkten Empfängern der Funkdepeschen und den Brigadeführern), was – neben der mangelnden Bereitschaft, in einer aussichtslosen Situation einen bewaffneten Kampf gegen einen wohlgerüsteten Gegner zu beginnen (Salzburg, Tirol) – auch die Ungleichzeitigkeit der SA-geführten Erhebungen erklärt.
11. Die von der SA-Obergruppe XI eingeschlagene Offensive hatte zunächst eine militärtaktische Entlastungsfunktion, entwickelte sich jedoch zum Kampf um die Staatsmacht in Österreich, wobei man auch die SS im Deutschen Reich entscheidend zu schwächen suchte.

    Der Erfolg einer solchen Ad-hoc-Konzeption hätte auch bedeutet, den „30. Juni 1934", d. h. die gewaltsame Ausschaltung der deutschen SA als politischer Machtfaktor, „rückgängig" zu machen, mit weitreichenden Konsequenzen für die politische Entwicklung in der Frühphase des NS-Regimes.

An den lokal begrenzten SA-Erhebungen im Bundesland Salzburg sind vor allem zwei Momente auffällig: Sie setzten erst am frühen Abend des

27. Juli ein und blieben auf Teile des Flachgaus beschränkt. Es wirkt auf den ersten Blick verwunderlich, dass es in den besonders stark von der NS-Bewegung beeinflussten Regionen völlig ruhig blieb, etwa im Pinzgau. Unter den 110 österreichischen Parteibezirken rangierte Ende 1932 Zell am See hinsichtlich der Mitgliederzahl (gemessen am Verhältnis zur Gesamtbevölkerung) an vierter Stelle.[4] Bei den Landtagswahlen im April 1932 erzielte die NSDAP im Ort Rauris mit 54 (!) Prozent aller abgegebenen Stimmen ihren größten lokalen Erfolg.[5]

Das Ausbleiben gewalttätiger Auseinandersetzungen in Salzburg-Stadt, im Tennengau, Pongau und Pinzgau[6] wird nur unter Berücksichtigung der zahlreichen, mitunter überaus verworrenen persönlichen, organisatorischen und politischen Konfliktlinien verständlich, die sich in der illegalen NS-Bewegung Salzburgs kreuzten und auf mittlerer bzw. höherer Führungsebene lähmend wirkten. Diese Konflikte, die mittelbar oder direkt auf die Ereignisse in den Julitagen 1934 einwirkten, entstanden und vertieften sich primär innerhalb der Salzburger SA-Führung, aber auch zwischen SA, Gauleitung und SS, im Verhältnis von illegalen, im Land verbliebenen Aktivisten und Unterführern, die nach Deutschland flüchteten oder beordert wurden. Sie manifestierten sich aber auch in der unterschwelligen oder expliziten Konkurrenz von „alten", politisch-ideologisch motivierten Kadern und „neuen" SA-Führern, die infolge ihrer militärischen Erfahrungen oder anderer, oftmals undurchsichtiger Voraussetzungen in der SA-Hierarchie rasch avancierten.

Der organisatorische Aufschwung der Salzburger SA brachte es mit sich, dass am 21. Juni 1933, also zwei Tage nach dem Verbot der NSDAP und aller ihrer Gliederungen, neben der bis dahin bestehenden, von Fritz Patzelt geführten Standarte 59 durch deren Teilung eine zweite Formation, die Standarte 41 (Pinzgau-Pongau) gebildet wurde, deren Kommando zunächst Wilhelm Oberfeld übernahm, ein „reichsdeutscher" SA-Sturmbannführer. Nachdem dieser aus Österreich flüchten musste (22. August 1933)[7], wurde

---

4 Alfred Elste / Dirk Hänisch, Auf dem Weg zur Macht. Beiträge zur Geschichte der NSDAP in Kärnten von 1918 bis 1938, Wien 1997, S. 81.

5 Laurenz Krisch, Zersprengt die Dollfußketten. Die Entwicklung des Nationalsozialismus in Bad Gastein bis 1938, Wien–Köln–Weimar 2003, S. 23, zufolge 47 %, jedoch auf Grundlage der Wahlberechtigten, nicht der abgegebenen gültigen Stimmen.

6 Der Lungau bleibt hier unberücksichtigt, da er in der SA-Organisationsstruktur nicht zu Salzburg gehörte, sondern – ebenso wie drei Bezirke im Burgenland – dem „Gau" Steiermark zugeschlagen worden war.

7 Bundesarchiv Berlin (im Folgenden: BA), SA-SL, Emil Oberfeld an den Führer der Abwicklungsstelle der Obergruppe XI, München, 8. 11. 1934 (Abschrift).

der Rauriser Sprengelarzt Rudolf Radauer mit der Führung beauftragt. Als überaus rühriger Organisator und Propagandist, der auch außerhalb der NS-Bewegung eine beträchtliche Unterstützung genoss[8] und nicht unwesentlich zum eingangs erwähnten Aufschwung der NSDAP im Raurisertal beitrug, repräsentierte Radauer innerhalb der Salzburger SA eine Strömung, die um eine enge Kooperation mit der Gauleitung bemüht war. Während seiner Haft (27. Oktober 1933 bis 28. Februar 1934) vertrat ihn Otto Raaber, einer seiner Unterführer, anschließend verließ er Österreich und war zwei Monate im Stab der Brigade Salzburg tätig, deren Sitz im Dezember 1933 von Berchtesgaden nach Freilassing verlegt worden war.[9]

Fritz Patzelt, einer der ältesten SA-Führer Salzburgs, der sich einiges darauf zugute hielt, dass er nach dem missglückten Hitler-Putsch vom 9. November 1923 von Oberleutnant Rossbach als Verbindungsmann zu Hitler nach Landsberg verwendet wurde[10], dürfte wohl gehofft haben, im Juni 1933 mit der Führung der neu gebildeten Brigade Salzburg betraut zu werden. Reschny schätzte den im Land verbliebenen Patzelt jedoch als „brav, aber militärisch ziemlich unfähig“ ein und ernannte Hermann Langhans, einen bis Mai 1933 im Bundesheer aktiven Hauptmann, zum Führer der Brigade.[11] Mit dieser Funktion versehen, verlegte Langhans auf Weisung der Obergruppe VIII seinen Sitz am 11. Juli 1933 nach Berchtesgaden, ohne dass formell ein in Salzburg bleibender Stellvertreter bestimmt worden wäre, da man wahrscheinlich annahm, aufgrund der Grenznähe und sehr gut funktionierender Kurierverbindungen darauf verzichten zu können. Die SA-„Karriere“ des neuen Brigadechefs war kurz, aber steil: 17. Februar 1932 Eintritt in die SA, 1. Mai 1933 Truppführer, 1. Juni 1933 Sturmbannführer, 1. Juli 1933 Obersturmbannführer, 15. August 1933 Standartenführer.[12]

Langhans umgab sich mit einer 30-köpfigen Stabswache, die zwar nach einiger Zeit offiziell aufgelöst wurde, jedoch unter der Bezeichnung „Feldjägertrupp“ weiter bestand und erhebliche Summen verschlang.[13] Erste Be-

8 Krisch, Dollfußketten, S. 24, der Radauer nur unter seinen Initialen anführt, erwähnt z. B., dass sich 68 % aller wahlberechtigten Rauriser an einer Unterschriftenaktion beteiligten, als Radauer im Oktober 1933 die weitere Ausübung seiner Arztpraxis verboten wurde.

9 BA, SA-P, Rudolf Radauer, Lebenslauf, 25. 8. 1935.

10 BA, SA-P, Friedrich Patzelt, Mskr., Ein Ausschnitt aus meinem Leben, o. D. (1942).

11 BA, SA-P, Hermann Langhans. Stellungnahme Hermann Reschny an die Oberste SA-Führung, 15. 11. 1934.

12 Ebenda, Lebenslauf Hermann Langhans, o. D. (1936).

13 Ebenda, Protokoll der Einvernahme von Alfred Weissensteiner, München, 2. 8. 1934.

schwerden über finanzielle Unregelmäßigkeiten, die der Geldverwalter Paul Schug erhob, wurden mit dessen Funktionsenthebung quittiert.[14]

Diese und ähnliche Vorkommnisse kamen auch der Gauleitung zu Ohren, woraufhin – angeblich auf Initiative Radauers – im Oktober 1933 in Rorschach (Schweiz) eine Besprechung stattfand, an der u. a. der Gauinspekteur[15] Herbert Parson als Vertreter der PO (Politischen Organisation)[16], ferner Langhans und einige SA-Unterführer teilnahmen. Langhans konterte die höchstwahrscheinlich von Patzelt lancierten Vorwürfe, indem er dem Chef der Standarte 59 „gefährliche Beziehungen" zur Salzburger Polizei unterstellte. Radauer, ein Gefolgsmann Oberfelds, versuchte später den Eindruck zu erwecken, bei dieser SA-internen Auseinandersetzung quasi eine „neutrale" Position eingenommen zu haben, nahm aber zugleich für sich in Anspruch, durch eine vorläufige Einigung das gestörte Vertrauensverhältnis zur PO wiederhergestellt zu haben.[17]

Tatsächlich vertieften sich die Spannungen zwischen der Brigadeführung und der Standarte 59 schon kurze Zeit nach dem Rorschacher Treffen, da der in Salzburg lebende Rechtsberater der Standarte 59 an Ernst Röhm, seinen Onkel, ein Schreiben adressierte, in dem er auf Langhans' Schulden in Salzburg („weit über 10.000 S"), ein zu Unrecht getragenes EK I und den „pfundigen Wagen" hinwies, mit dem Langhans „ostentativ in B'gaden herumflitzt".[18]

Eine Reaktion des Stabschefs der SA ist nicht überliefert, doch schalteten sich nach weiteren Beschwerden, die nunmehr auch von der Standarte 41 kamen, Gauleiter Scharizer und Theo Habicht ein. Der Landesinspekteur ließ Reschny wissen, dass der überaus hohe Geldaufwand Langhans' für persönliche Zwecke „nicht nur bei den ihm unterstellten SA-Leuten, sondern auch bei der Parteigenossenschaft im Lande Salzburg selbst, die darüber vollkommen im Bilde sei, außerordentlich böses Blut macht". Via Habicht empfahl Scharizer dem Chef der österreichischen SA, eine Kassenprüfung vorzunehmen und Langhans die unmittelbare Kassenverwaltung zu entziehen.[19]

---

14 Ebenda, Beschwerde Paul Schug an Obergruppenführer Reschny, Salzburg, 28. 8. 1933.

15 Ein Gauinspekteur hatte zugleich die Funktion eines stellvertretenden Gauleiters.

16 Die Bezeichnung „Politische Organisation" findet sich in zeitgenössischen Quellen häufig als Synonym für NSDAP, in Abgrenzung von der SA, SS usw.

17 BA, SA-P, Rudolf Radauer. Beschwerde Radauer an das Personalamt der Obersten SA-Führung in München, Freilassing, 2. 9. 1934.

18 BA, SA-P, Hermann Langhans. Robert Lippert an Ernst Röhm, Salzburg, 26. 10. 1933.

19 Ebenda, Landesleitung Österreich / Theo Habicht an die SA-Obergruppe VIII, z. Hd. Obergruppenführer Hermann Reschny, München, 5. 12. 1933.

Die daraufhin angestellte, wohl sehr oberflächliche Untersuchung ergab keine geldlichen Verfehlungen, doch musste der Führer der Brigade seinen Stab nach Freilassing verlegen. Reschny deckte Langhans, obwohl auch in der Folge zahlreiche Beschwerden eingingen. Besonders erbost waren verschiedene SA-Leute darüber, dass er auf Kosten der Brigade entgegen Reschnys Aufforderung weiterhin ein amerikanisches Cabriolet für Privatfahrten mit seiner Freundin benutzte und durch etliche Unfälle hohe Reparaturkosten verursachte.

In den ersten Monaten des Jahres 1934 verlagerte sich die Kontroverse, als sich die von der Standarte 41 (Oberfeld, Radauer) ausgehenden Anschuldigungen gegen Langhans *und* Patzelt mehrten. Der Brigadeführer hatte die Pongauer und Pinzgauer SA-Leute geschlossen gegen sich und dürfte sie bei finanziellen Zuwendungen auch benachteiligt haben, während er in der Standarte 59 trotz der vorangegangenen Attacken noch einigen Rückhalt besaß. Im März 1934 „versöhnten" sich – Radauer zufolge – die beiden Kontrahenten sowie Langhans' Stabsführer Alexander Gruber[20] bei einem Treffen in Venedig. Möglicherweise liegt dieser Datierung ein zeitlicher Irrtum zugrunde. Vielleicht war aber auch die im Folgenden skizzierte Umgruppierung gerüchteweise schon einige Wochen vorher durchgesickert: Am 7. April 1934 erließ Reschny im Zuge verschiedener personeller und organisatorischer Revirements innerhalb der „Österreichischen Legion" einen Befehl, der u. a. vorsah, dass Langhans die Führung der neu gebildeten Lehrstandarte 2 (in Mönchröden bei Koburg) übernehmen sollte. Mit der Führung der Brigade Salzburg sollte ab 15. April Sturmbannführer Oberfeld beauftragt werden.[21] Dagegen rebellierten Patzelt und die Führer der Sturmbanne I/59, II/59, III/59, aber auch Johann Altmann, der die Salzburger SA-Motorstandarte leitete und daneben verschiedene Tätigkeiten als Kurier ausübte. Hinter den entsprechenden Eingaben an die Obergruppe steckte aber keineswegs eine plötzlich entdeckte Anerkennung militärischer oder sonstiger Qualitäten Langhans', sondern eine Brüskierung, die Patzelt dar-

20 Gruber war ein Fabriksbesitzer aus Hallein, der der SA erhebliche finanzielle Zuwendungen zukommen ließ. Radauers nicht überprüfbarer Darstellung zufolge war er ein Gläubiger Langhans', und dies soll das Hauptmotiv seiner Ernennung zum Sturmbannführer und Stabsführer der Salzburger SA-Brigade gewesen sein. Eine solche Ernennung bzw. Beförderung könnte aber höchstens Reschny vorgenommen haben. Radauer selbst fungierte im betreffenden Zeitraum als stellvertretender Stabsführer.

21 BA, SA-P, Hermann Langhans. Obergruppenbefehl Nr.18, gez. Reschny, München, 7. 4. 1934.

aus erwuchs, dass Oberfeld, ein früherer Untergebener, nun sein direkter Vorgesetzter werden sollte. Die Obergruppe beugte sich diesem Druck und beließ Langhans vorläufig sein Kommando, während Oberfeld zu seinem Stellvertreter ernannt wurde.[22]

Zur selben Zeit erhielt Landesinspekteur Habicht durch den SS-Oberabschnitt Donau (= Österreich) eine von der SS-Standarte 91 stammende Meldung, die vor allem deshalb eine besondere Brisanz aufwies, weil hier schon im April 1934 ein bis dato unbekanntes „Verschwörungsszenario" gezeichnet wurde und damit der „30. Juni 1934" – d. h. die politische und physische Liquidierung der Obersten SA-Führung durch die SS-Mordkommandos – frühzeitig seine Schatten vorauswarf:

> „Nach nicht kontrollierbaren Meldungen soll der Führer der SA-Brigade Salzburg, Staf. Langhans, eine direkte Verbindung zwischen Stabschef Röhm und dem Oberpolizeirat Ingomar in Salzburg vermittelt haben. Oberpolizeirat Ingomar ist zwar deutscher Burschenschaftler, jedoch ruthenischer Abstammung und spricht selbst heute noch kein reines Deutsch. Er steht in nationalen Kreisen wegen seiner Lebensführung (Trinker) nicht im besten Ruf. Außerdem ist bekannt, dass er Zuwendungen nicht abgeneigt ist und dafür verschiedene Gegendienste, die in seinem Amtsbereich liegen, leistet. Soviel mir Staf. Langhans mitteilte, ist Oberpolizeirat Ingomar (sein früherer Name war Ivantschuk) als Polizeikommissär für das Land Salzburg von der SA-Brigade nach erfolgter Machtübernahme vorgeschlagen. Von der politischen Leitung wird er jedoch restlos abgelehnt. Inwieweit er der SA Dienste leistet, entzieht sich natürlich unserer Kontrolle.[23] Da sein Verhalten zur Partei alles eher als das eines Na-

---

22 Ebenda, Die Führer der Sturmbanne I/59, II/59, III/59 an Obersturmbannführer Fritz Patzelt, Salzburg, 14. 4. 1934; Hans Altmann an den Führer der Obergruppe, Salzburg, 15. 4. 1934; „Lamy" (= Fritz Patzelt) an den Führer der Obergruppe, o. D. (ca. 15. 4. 1934); „Müller" (Motorstaffel I/MS) an die Obergruppe VIII, Salzburg, 14. 4. 1934; Sturmführer „Binder" an die Obergruppe VIII, Salzburg, 15. 4. 1934; Oberführer Kirchbach, Abänderung des Obergruppenbefehls Nr. 18, München, 18. 4. 1934.

23 Diese Formulierung verrät eine überaus bezeichnende, zweifache sprachliche Fehlleistung. Es hätte sinngemäß heißen müssen: „entzieht sich natürlich unserer Kenntnis". Aber die SS hätte allzu gern – in ihrem Selbstverständnis „natürlich" – sämtliche Verbindungen der SA kontrolliert.

tionalsozialisten ist, ist anzunehmen, dass er aus dieser vermittelten Verbindung nur Nutzen zu ziehen trachtet."[24]

Es muss Reschny empfindlich getroffen haben, dass der Landesinspekteur von derart brisanten Vorgängen oder auch nur Gerüchten erfuhr, auch wenn sich Habicht jeglicher Stellungnahme enthielt und die Mitteilung an den SA-Obergruppenführer lediglich zur Kenntnisnahme weiterleitete. Aber diese scheinbare „Indifferenz" implizierte zugleich einen enormen Affront gegen Röhm, dessen politischer Stern im Sinken begriffen war, der aber das Kommando über drei Millionen SA-Leute innehatte und in der politischen Hierarchie der NS-Führung weit über dem Landesinspekteur der österreichischen Nationalsozialisten stand.

Langhans und Patzelt zogen nunmehr nolens volens am selben Strang, da sich Letzterer derselben Vorwürfe erwehren musste, zwar ohne Bezug auf eine „Röhm-Verbindung", aber in noch weitaus schärferer Form, soweit es das Verhältnis zu Ingomar betraf. Besonders vehemente Attacken gingen von Radauer und Oberfeld aus, und durch diese personelle Konstellation entstanden auf der Führungsebene Spaltungstendenzen zwischen den Standarten 41 und 59. Um diesen einen Riegel vorzuschieben, fand am 21. und 22. April 1934 eine Führerbesprechung in St. Gallen statt, an der Oberführer Graf Kirchbach, Patzelt, Otto Raaber, Rudolf Radauer, Sturmführer Kern (Adjutant von Langhans) und die Führer aller Sturmbanne teilnahmen.[25] In einem späteren Bericht an die Oberste SA-Führung resümierte Reschny den Zweck dieser Zusammenkunft:

> „In Anbetracht dessen, dass wir hofften, in wenigen Monaten, mindestens aber im Laufe des Jahres 1934, den Kampf um Österreich beendigen zu können, musste nach Möglichkeit dahin gewirkt werden, die Gegensätze zu überbrücken und statt persönlichen Streitigkeiten

[24] Ebenda, Beilage (Abschrift) zu Mitteilung SS-Oberabschnitt Donau, Atlg. Ic an Theo Habicht, München, 14. 4. 1934 (mit Vermerk Habicht: „An O'Gruppe zur Kenntnis" und Eingangsstempel der SA-Obergruppe XI, 17. 4. 1934).

[25] Ebenda, Standarte NW 5, Niederschrift der Aussage von Dr. Franz Lorenz betr. Hermann Langhans, Ulm, 23. 2. 1935. Franz Lorenz (geb. 1897 in Niedernsill) wurde am 1. 3. 1934 zum Führer des Sturmbannes I/59 ernannt und hatte diese Funktion bis 1. 8. 1934 inne. Anschließend war er bis 9. 9. 1934 mit der Führung und Reorganisation der Standarte 59 betraut. Nach dem „Anschluss" war er Bürgermeister von Salzburg.

die einzelnen SA-Führer zu positiver Arbeit für den Kampf einzusetzen.“[26]

Davon war man während und auch nach der St. Gallener Tagung weit entfernt. Über die Auseinandersetzungen sind wir durch die Berichte zweier Kontrahenten informiert. Im einen Fall handelt es sich um eine kurze Darstellung von Franz Lorenz, der als Anhänger Patzelts um dessen Rechtfertigung bemüht war; im anderen Fall um einen 36-seitigen Beschwerdekatalog Radauers an das Personalamt der Obersten SA-Führung. Dementsprechend unterschiedlich fiel der Tenor aus, dennoch stimmten beide Berichte darin überein, dass Patzelt seine Verbindungen zur Salzburger Polizeidirektion und im Speziellen zu Ingomar mit Wissen der vorgesetzten Dienststelle unterhalten hatte. Radauers Philippika enthüllte höchst merkwürdige Vorgänge in der Tätigkeit der SA Salzburgs:

> „In der Schweiz (St. Gallen) gestaltete sich die Sache (die Regie des Kern war meisterhaft) folgendermaßen: Ich wurde gleich eingangs von Patzelt zur Rechtfertigung aufgefordert, weil er sonst die Sitzung verlassen müsste. Ich erklärte darauf, dass der Polizei in Salzburg bekannt wäre, dass Patzelt der Führer der Standarte 59 sei, dass er aber trotzdem nicht nach Wöllersdorf käme und auch sonst nicht behelligt würde. Er verhandle sehr häufig mit der Polizei, und es ginge daraus hervor, dass die Polizei diese Verhandlungen als Geschäft empfinde und er deshalb nicht eingezogen würde. Ein Geschäft für die Polizei könne aber nie vorteilhaft auch für die Bewegung sein. Patzelt erzählte dann zu meinem Erstaunen, dass er nicht nur der Polizei als Führer der Standarte bekannt sei, sondern dass er auch der Polizei seine Vertrauensleute namhaft gemacht habe (es waren das sein Stellvertreter und Motorstaffelführer Günther und viele andere Salzburger SA-Führer) und mit diesen Vertrauensleuten sich bemühe, illegale Tätigkeiten der Partei zu verhindern, der (von der Gauleitung angeordneten) Papierbölleraktion entgegenzutreten u.s.f. Dafür kamen alle diese Führer nicht nach Wöllersdorf, wurden nicht eingesperrt und konnten unter dem Deckmantel der Vertrauensleute ohne weiteres für die Bewegung arbeiten. Natürlich mussten, da ja zweifellos die Polizei ein Geschäft machte, des öfteren der Polizei

[26] Ebenda, Hermann Reschny an die Oberste SA-Führung, 15. 11. 1934.

Mitteilungen gemacht werden über tatsächlich vorbereitete Anschläge. Es wurden dann allerdings die betreffenden SA-Männer eingesperrt, aber es wurden dafür nicht wieder viele Geiseln ausgehoben, und auch die SA-Führer, also seine Vertrauensleute, blieben ungeschoren. Es hatte auch dieses System anscheinend den Vorteil, dass er missliebige SA-Führer oder politische Leiter nach Belieben einsperren lassen konnte. Ich war sprachlos. Dann sagte jeder Salzburger anwesende Führer, wie auswendig gelernt, den Spruch herunter, dass er von dieser Verbindung des Patzelt mit der Polizei nur Vorteile gesehen hätte [...]. Die anwesenden Führer der Standarte 41 [...] wurden gar nicht gefragt, auch der Gauleiter wurde nicht gefragt,[27] ich wurde von Oberführer Kirchbach beschimpft und war erledigt. Später bekam ich dann den strengen Verweis und wurde strafweise beurlaubt."[28]

Die Glaubwürdigkeit dieser Darstellung wird etwas dadurch eingeschränkt, dass Patzelt im Mai 1934 eben doch nach Wöllersdorf kam[29] (wenn auch nur für einige Wochen) und auch in der Folge des Öfteren kurzfristig inhaftiert war, was Radauer mit der Bemerkung abtat, der Mohr habe eben seine Schuldigkeit getan. Dennoch überwiegen die Gründe, die hier geschilderten Umstände zumindest der Tendenz nach für glaubwürdig zu halten. Dafür sprechen nicht nur Patzelts eigene Aussagen nach dem Juliputsch[30], sondern vor allem eine Darstellung von Lorenz über die Ereignisse in Salzburg während des Putsches, worauf wir an späterer Stelle noch zurückkommen werden.

Die in der zuvor zitierten Mitteilung an den SS-Oberabschnitt Donau getroffene Feststellung, der zufolge die politische Leitung den von der SA favorisierten Ingomar strikt ablehne, lässt die extrem gegensätzliche Haltung in dieser Frage bestenfalls erahnen. Ernst Tiemann[31] formulierte den Sachverhalt wesentlich drastischer. Demnach habe „die PO die Absicht gehabt

---

27 Die Anwesenheit des Salzburger Gauleiters wird in der Stellungnahme von Franz Lorenz nicht erwähnt.

28 BA, SA-P, Beschwerde Radauer an das Personalamt der Obersten SA-Führung, 2. 9. 1934.

29 Österreichisches Staatsarchiv/Archiv der Republik (im Folgenden: ÖStA/AdR), BKA Inneres, 22/gen, Kt. 4.903, Zl. 241.687/34.

30 ÖStA/AdR, BKA-Präsidium, Inneres. Juli-Putsch 1934. Niederschrift der Einvernahme von Fritz Patzelt, Polizeidirektion Salzburg, 9. 8. 1934.

31 Der Reichsdeutsche Ernst Tiemann (geb. 1902) wurde am 12. 2. 1934 mit der Führung des Oberbanns I/22 „Alpenland West" (= Vorarlberg, Tirol, Salzburg, Oberösterreich) der HJ beauftragt und bekleidete diese Funktion bis zum 3. 8. 1934. Einige Monate vor dem

[...], Ingomar, der nach ihrer Ansicht einer der größten österreichischen Schweinehunde ist, sofort bei Ausbruch des Putsches umzulegen, damit er keinen Schaden mehr anrichten könnte. Die Vorbereitungen für diese Aktion waren bis ins kleinste hinein getroffen, und weiter hatte die PO die nötigen Vorkehrungen getroffen, um sich der Geheimakten des Ingomar zu bemächtigen.“[32]

Umgekehrt nahm sich auch der SA-Führer Langhans kein Blatt vor den Mund und bekundete – Oberfeld zufolge – seine Animositäten gegen die eigenen Parteigenossen häufig mit der Bemerkung, „dass alle politischen Leiter im Lande Salzburg, von den Ortsgruppenleitern angefangen, bis hinauf zum Gauleiter verhaftet würden, wenn die ‚Nacht der langen Messer‘ da wäre“.[33]

Im Mai/Juni 1934 war die Brigade Salzburg trotz personell großzügiger Besetzung von Stabsfunktionen de facto führungslos. Langhans pendelte zwischen Koburg (Lehrstandarte II), München (Obergruppe), Freilassing (Brigadestab) und Bad Reichenhall (Freundin), delegierte einen erheblichen Teil der zu bewältigenden Aufgaben an seine Prätorianergarde und schwärmte schon davon, „dass die Legion auf 25.000 Mann erhöht würde, 3 kriegsstarke Standarten (die Lehrstandarten) gebildet würden, die ausgerüstet würden nach ganz modernen Grundsätzen, alles motorisiert, mit Tankstürmen und Geschützstürmen etc., dass er zuerst die Lehrstandarte II zu organisieren und auszubilden hätte, um letzten Endes alle 3 als Führer zu übernehmen“.[34] Sein Stellvertreter Oberfeld besuchte zu jener Zeit gerade die SA-Reichsführerschule, als dessen Stellvertreter wiederum wurde Sturmbannführer Hoppenrath bestimmt, jedoch davon überhaupt nicht verständigt. Am 20. Juni sollte Langhans nach München fahren, um sich zum wiederholten Mal vor seinen Vorgesetzten zu rechtfertigen, prallte jedoch mit dem skandalumwitterten Cabriolet gegen einen Baum (Schrottpreis: 50 Reichsmark) und wurde schwer verletzt. Am 26. Juni enthob ihn die SA-Obergruppe seiner Funktion als Führer der Brigade Salzburg und bestimmte

---

Putsch unterstellte sich der Oberbann der österreichischen SA-Führung: Tiemann war in viele Interna der „Österreichischen Legion“ eingeweiht – teils offiziell, wie aus dem Verteiler-Verzeichnis diverser Legions-Mitteilungen hervorgeht, teils inoffiziell aufgrund seiner persönlichen Beziehungen zu hochrangigen SA-Funktionären. Nach dem 25. 7. 1934 unterzog er den Dilettantismus bei der Vorbereitung und Durchführung des Aufstandes einer schonungslosen Kritik.

32 BA, SA-P, Protokoll Ernst Tiemann betr. Standartenführer Langhans, 21. 1. 1935.

33 BA, SA-P, Hermann Langhans. Emil Oberfeld an den Führer des Hilfswerks Nord-West, Korbach, 3. 2. 1937.

34 Beschwerde Radauer, S. 11.

Oberfeld zu seinem Nachfolger.[35] Mit einem gewissen Sarkasmus muss man feststellen, dass sich der SA-Playboy mit seiner folgenreichen Raserei keinen günstigeren Zeitpunkt hätte aussuchen können. Der Vorwurf einer Unterschlagung von SA-Geldern und eine Reihe anderer Affären beschäftigten SA-Untersuchungsausschüsse und auch staatliche Behörden zwar noch geraume Zeit, in manchen Verästelungen bis 1937, aber jene – höchstwahrscheinlich unbegründete – Beschuldigung, die der Obergruppe XI nach dem 30. Juni 1934 potenziell das Genick hätte brechen können, nämlich die Konstruktion einer „konspirativen Verbindung" Röhm–Langhans–Ingomar, war durch die Funktionsenthebung des Salzburger SA-Führers entschärft.

Korrekturbedürftig ist die bisherige Darstellung der Vorgänge um das in Reichenhall befindliche, für die Standarte 59 bestimmte Waffenlager der „Österreichischen Legion"[36].

Anlässlich einer eher routinemäßigen Inspektion am 19. Juli 1934 wurde das Verschwinden des gesamten Bestandes (darunter 600 Handgranaten) festgestellt. Dass die „Österreichische Legion" zwar eine langwierige Untersuchung einleitete, bei der zahlreiche Zeugen einvernommen wurden,[37] aber trotz ihrer enormen eigenen Waffenbestände und Oberfelds Drängen nichts

---

[35] Ebenda, S. 5, 12; SA-P, Hermann Langhans. Hermann Reschny an die Oberste SA-Führung, 15. 11. 1934; Lebenslauf Hermann Langhans, o. D.

[36] Gerhard Jagschitz, Der Putsch. Die Nationalsozialisten 1934 in Österreich, Graz–Wien–Köln 1976, S. 162, stützt sich bei seiner Darstellung der Waffenaffäre lediglich auf den Bericht von Röhrich, und als dieser verfasst wurde (31. 8. 1934), waren die tatsächlichen Hintergründe noch nicht bekannt. Röhrich sah damals die Schuld Langhans' als erwiesen an. Dennoch bleibt unverständlich, weshalb Jagschitz den Waffendiebstahl auf das Frühjahr 1934 verlegt und schreibt, im Juni 1934 sei der SA-Brigadeführer (d. h. Langhans) abgesetzt worden, „weil bekannt wurde, dass mit seinem Wissen das gesamte, für die illegale Organisation in Salzburg bestimmte Waffenlager der Österreichischen Legion in Reichenhall den Salzburger Polizeibehörden verkauft worden war". Die Funktionsenthebung Langhans' hatte mit der Waffenaffäre nicht das Geringste zu tun und erfolgte, wie erwähnt, Ende Juni 1934, d. h. drei Wochen, bevor man bemerkte, dass das Depot ausgeräumt worden war. – Wolfgang Etschmann, Die Kämpfe in Österreich im Juli 1934, Wien 1984, S. 44, schreibt noch dezidierter: „Der Führer der SA-Brigade hatte nämlich bedeutende Bestände aus dem Waffenlager der ‚Österreichischen Legion' in Bad Reichenhall während des Frühjahrs 1934 an die österreichische Gendarmerie verkauft."

[37] BA, SA-P, Hermann Langhans. Unvollständiger Bericht (Reschny?) an die Bayerische Politische Polizei, 19. 7. 1934; Bayerische Politische Polizei, I 1 c b V, Protokoll der Einvernahme von Hubert Danzer, 22. 7. 1934; Protokoll Albert König, 24. 7. 1934; Protokolle Moritz Kirner, Hans Altmann, Hans Hribernigg und Anton Heugenhauser, 25. 7. 1934; Protokoll Hubert Danzer, 31. 7. 1934; Protokoll Alfred Weissensteiner, 2. 8. 1934; Protokoll Moritz Kirner, 6. 8. 1934; Protokoll Karl Joos, 22. 9. 1934 usw.

unternahm, um wenige Tage vor dem Putsch einen Ersatz zu beschaffen,[38] illustriert neben vielen anderen Indizien[39] die völlig überhastete Entscheidung für die Erhebung. Der Verdacht, die Waffen an die österreichische Polizei verkauft zu haben, fiel auf den (mehrere Monate inhaftierten) SA-Sturmführer Albert König und Hermann Langhans. Erst ein Jahr später stellte sich heraus, dass der (bayerische) Standortführer der in Freilassing stationierten 84. SA-Brigade nach dem 30. Juni 1934 das Waffendepot der SS übergeben hatte.[40] Einzelne österreichische SA-Angehörige hatten bei ihren Einvernahmen schon im Juli 1934 eine derartige Vermutung geäußert, doch führten ihre Aussagen vorerst nicht dazu, die Ermittlungen in diese Richtung zu lenken.[41]

Diesseits und jenseits der Grenze bot die Brigade Salzburg in diesen Wochen das Bild einer fortschreitenden Zersetzung, und es herrschte eine düstere Atmosphäre, geprägt von wechselseitigen Denunziationen, Spitzelhysterie und der Abwehr tatsächlicher oder vermeintlicher „Verräter". Beispiele wie das folgende könnten gehäuft angeführt werden:

> „Vor ca. 1 Monat [d. h. Ende Juni 1934 – H. S.] begab sich der SS-Sturmhauptführer Anton Wohlrab nach Salzburg, um die Salzburger SS neu zu organisieren. Bereits am Tage nach seinem Eintreffen in Salzburg ist Wohlrab von einem Beamten der Salzburger Polizei gewarnt worden. Nach den Angaben dieses Kriminalbeamten ist bei der Salzburger Polizei ein chiffriertes Telegramm aus Freilassing eingetroffen, in welchem die Ankunft Wohlrabs und dessen Versteck gemeldet wurde. Die Polizeichiffre kennen meines Wissens nur Standartenführer Langhans, Standartenführer Patzelt, Truf. Vogel und Zuchristian von der SS."[42]

---

38 Protokoll Tiemann, 21. 1. 1935.

39 Vgl. Schafranek, Sommerfest, S. 110 ff.

40 BA, SA-P, Hermann Langhans. Der Führer des Hilfswerkes Nordwest an den Führer der Gruppe Hochland, 11. 7. 1935; Richstein an Jägerbrigade 84, 21. 9. 1935; Oskar Türk an die Oberste SA-Führung, 9. 10. 1935.

41 Ebenda, Bayerische Politische Polizei, I 1 c b V, Protokoll der Einvernahme von Hubert Danzer, Bad Reichenhall, 22. 7. 1934. Langhans wiederum äußerte den Verdacht, dass die österreichische SS (Wohlrab) den Diebstahl verübt hatte. Vgl. Protokoll der Einvernahme von Hubert Danzer, Egmating, 31. 7. 1934.

42 Ebenda, Protokoll der Einvernahme von Moritz Kirner.

Am 21. Juli 1934 erging – angeblich von Patzelt – ein Befehl an die Sturmbannführer, Bereitschaft anzuordnen, und sie wurden über die Stichworte „Sommerfest mit“ (bewaffneter Aufstand und offener Bürgerkrieg) und „ohne Preisschießen“ (bewaffnete Demonstrationen und Besetzung öffentlicher Ämter ohne Blutvergießen) informiert. Franz Lorenz, der den Sturmbann I/59 (Salzburg-Stadt) leitete, trat eigener Darstellung zufolge mit Vertrauensmännern des Bundesheeres und der Polizei in Fühlung, um Pläne bezüglich einer allfälligen Besetzung der Polizeidirektion und Kasernen zu besprechen, wobei man mit einer zeitlichen Perspektive von etwa zwei Wochen rechnete. Am 25. Juli, 17 Uhr, wurden die Sturmbannführer angewiesen, weiterhin in „strengster Bereitschaft“ zu verbleiben, jedoch nichts zu unternehmen, da „es anders kommt, wie wir uns vorstellen“[43] – was immer dies heißen mochte.

Um 19.45 Uhr, also eine Viertelstunde nach Hiebls Abreise, erhielt Emil Oberfeld (München) von der Obergruppe den Befehl zum Losschlagen der Brigade Salzburg. Da der Sender nicht betriebsfähig war, gab der Grenzbrigadeführer die entsprechende Weisung telefonisch nach Freilassing weiter, von wo aus ein Kurier, der Sturmführer Johann Altmann, sofort nach Salzburg abfuhr. Bereits Oberfelds Vorgänger, SA-Standartenführer Hermann Langhans, hatte verfügt, dass im Falle einer Putschaktion Patzelt zu umgehen sei, und dieser Fall trat jetzt ein. Altmann erteilte die Aufträge an dessen Stellvertreter Johann Günther[44] und an andere Unterführer. Vor der Polizei verschwieg Günther einen Großteil der internen Konflikte und präsentierte eine gänzlich andere Version,[45] die auch in die Forschung Ein-

---

43 Ebenda, Niederschrift Franz Lorenz, Ulm, 23. 2. 1935.

44 Johann Günther: geb. 1897 in Salzburg. Müller und Kaufmann. NSDAP-Mitglied seit 5. 11. 1931, SA seit 8. 6. 1932. 1934 vom Militärgericht zu 20 Jahren Kerkerhaft verurteilt, durch Juliabkommen 1936 amnestiert. Ab 12. 3. 1938 hauptamtlicher SA-Führer, 9. 11. 1938 Standartenführer; in der Wehrmacht Hauptmann (1. 4. 1943). BA, SA, MF 195, Personalakte Johann Günther. In einem Personalfragebogen gab Günther an, er sei mit Wirkung vom 1. 6. 1934 beauftragter Führer der Standarte 59 gewesen. Hingegen lassen etliche andere Dokumente eindeutig den Schluss zu, dass Günther während des Juliputsches als Stellvertreter Patzelts fungierte. Vgl. Personalakte Hermann Langhans, Protokoll der Einvernahme von Dr. Franz Lorenz, 23. 2. 1935; SA-P, Personalakte Rudolf Radauer. Bericht Radauer an Personalamt der Obersten SA-Führung, 2. 9. 1935; Protokoll Ernst Tiemann.

45 Demnach kam am 25. 7. um 8 Uhr morgens (!) Johann Altmann zu Günther und teilte diesem mit, „dass Österreich so weit sei, dass die Nationalsozialisten nunmehr die Führung der Staatsgeschäfte übernehmen könnten, da die Voraussetzungen für die Übernahme bereits gegeben seien, da das Militär größtenteils gegen die Nationalsozialisten nichts unterneh-

gang gefunden hat[46] und revidiert werden muss. Lorenz zufolge traf der Aufstandsbefehl „Sommerfest mit Preisschießen“ um 22.30 Uhr ein, was offen lässt, ob zu diesem Zeitpunkt Altmanns bzw. Günthers Weisungen schriftlich an die Unterführer weitergegeben oder – mittlerweile durch einen funktionierenden Funkverkehr – von München aus wiederholt wurden. Folgen wir weiter Lorenz' Darstellung:

> „Der Aktionsplan war in großen Umrissen: Sturm 2/59 stellt die Verbindung mit Freilassing her, dort sind die nötigen Waffen vorbereitet, und nimmt dann das Zollhaus Rott. Nach Einnahme Rotts gehen die Roller[47] los und internieren die Gefangenen im Zollgebäude. Gleichzeitig mit dem Losgehen der Roller haben die Aktionen zur Einnahme der öffentl. Gebäude zu beginnen. Die Aktion verlief nun wie folgt: Sturm 2/59 ging nach Rott, ein Scharführer (glaublich Trabek) schwamm über die Salzach, wurde jedoch sofort von SS

men werde und dass daher unbedingt losgeschlagen werden müsse. Günther verlangte von Altmann einen schriftlichen Befehl der Brigadeleitung [...]. Um 14 Uhr wurde Günther in den Stieglkeller von Altmann bestellt und ihm gleichzeitig mitgeteilt, dass dortselbst bereits auch anwesend sei der Führer der SA des Flachgaues, Friedrich Kaltner [...]. Bei dieser Zusammenkunft wies Altmann bereits einen schriftlichen Befehl der Brigadeleitung in Freilassing folgenden Inhalts vor: „Ernst drahtet: Steiermark und Kärnten ist in unseren Händen. Habicht ist nicht abgesetzt. Es sind Entlastungsaktionen durchzuführen, Demonstrationen und Volksbegehren für Neuwahlen zu veranstalten. Bundesheer und Polizei tun mit.“ ÖStA/AdR, BKA Inneres 22/gen, Kt.4903, Der Sicherheitsdirektor für das Land Salzburg an das BKA/GD-St.B., 8. 8. 1934. Ergänzt um die Behauptung, der schriftliche Befehl sei von Oberfeld und Scharizer unterzeichnet gewesen, findet sich diese – völlig unglaubwürdige – Darstellung auch in: Beiträge zur Vorgeschichte und Geschichte der Julirevolte. Herausgegeben aufgrund amtlicher Quellen vom Bundeskommissariat für Heimatdienst, Wien 1934, S. 57. Um am 25. 7. untertags zweimal zwischen Freilassing und Salzburg hin- und herzupendeln und Besprechungen mit diversen SA-Führern abzuhalten, hätte Johann Altmann ein Phantom sein müssen, da er am selben Tag zu einer SA-Untersuchungskommission geladen war und dort auch aussagte. Vgl. BA, SA-P, Personalakte Hermann Langhans, Protokoll der Einvernahme von Johann Altmann, Freilassing, 25. 7. 1934.

46 Jagschitz, Putsch, S. 162. Kurt Bauer, Elementar-Ereignis. Die österreichischen Nationalsozialisten und der Juliputsch 1934, Wien 2003, S. 355 f., bezweifelt zu Recht die Glaubwürdigkeit der in Anm. 45 zitierten Darstellung, vor allem, weil zum Zeitpunkt der angeblichen Übergabe des schriftlichen Befehls weder in Kärnten noch in der Steiermark gekämpft wurde und die Absetzung Habichts erst am Abend des 26. 7. erfolgte, sodass ein Dementi am Vortag keinerlei Sinn ergab.

47 Damit dürften „Rollkommandos“ gemeint sein.

> angehalten und sollte verhaftet werden. Eine Verbindung mit der angebl. in höchster Bereitschaft stehenden Legion herzustellen war unmöglich, eine Verbindung mit dem Führer der angebl. bereitstehenden Waffenkolonne konnte ebenfalls nicht hergestellt werden. Der Scharführer schwamm wieder zurück, meldete, und Sturmführer Braun unterließ den Angriff auf das Zollgebäude, da er mit 7 Pist. gegen die mit Militär verstärkte und mit MG ausgerüstete Zollwache und HW nicht vorgehen konnte. [...] In den Morgenstunden des 26. kam der Befehl, alle Aktionen einzustellen, weitere Befehle abwarten.“[48]

Tatsächlich hatte bis dahin weder in Salzburg-Stadt noch in irgendeinem anderen Teil des Bundeslandes irgendeine Aktion stattgefunden. Infolge des Fehlens einer einheitlichen Führung und des Auseinanderdriftens der Standarten 41 und 59 wurde der Stabsführer Alexander Gruber angewiesen, die Befehle für den Standartenbereich 41 (Pongau-Pinzgau) zu übermitteln, was dieser jedoch unterließ. Aus diesem Grund blieb jene Region von Kampfhandlungen völlig verschont. Gruber trat kurz nach dem Putsch zur Heimwehr über.[49]

Am 26. Juli, um 8 Uhr morgens, wurde Lorenz bei einer Sturmführerbesprechung verhaftet. Patzelt intervenierte bei der Polizeidirektion, und es gelang ihm, sowohl die Freilassung Lorenz’ als auch die Rücknahme der Haftbefehle für Hans Günther, Friedrich Kaltner (SA-Führer des Flachgaus) und andere zu erreichen. Diese sollten, so die Argumentation Patzelts, ihren Einfluss aufbieten, um bremsend zu wirken und Schlimmeres zu verhindern.[50] Anscheinend hielt es die Salzburger Polizei nicht für erforderlich, den Stellvertreter Patzelts und Kaltner zu observieren. Andernfalls wäre ihr wohl kaum entgangen, dass Gregor Gruber (Lamprechtshausen) am 26. Juli Kaltner in Salzburg aufsuchte, um Weisungen einzuholen. Die Lamprechtshausener Nationalsozialisten hatten sich bereits tags zuvor in einem Bauernhof gesammelt, aber mangels Instruktionen nichts unternommen. Der SA-Führer des Flachgaus forderte Gruber lediglich auf, sich am 27. Juli an einer bestimmten Stelle in Anthering einzufinden, um weitere Nachrichten entge-

---

48 Niederschrift Lorenz.

49 Protokoll Tiemann, 21. 1. 1935; Protokoll Oberfeld, 30. 10. 1934.

50 Niederschrift Lorenz.

genzunehmen.[51] Auch Karl Speck[52] aus Seekirchen am Wallersee erhielt zunächst nur vage Hinweise, sodass er vorläufig keine Aktion einleitete.[53]

Am 27. Juli, 11.30 Uhr erteilte die Brigadeführung – wiederum unter Umgehung Patzelts – Hans Günther den zweiten Angriffsbefehl, was laut Lorenz folgende Reaktion hervorrief: „Nach eingehender Durchbesprechung der Lage kamen die Sturmbannführer zu der Überzeugung, dass mit der ungenügenden Bewaffnung der SA ein Angriff keinen Erfolg bringen wird, insbes. auch deshalb, als [sic!] uns die von der Standarte in Reichenhall in Sicherheit gebrachten Waffen nicht ausgefolgt werden konnten, da sich diese Waffen auf ungeklärte Weise bereits im Besitz der Polizei Salzburgs befanden". Letzteres war, wie zuvor ausführlich dargelegt, eine Falschmeldung.

Die Münchener SA-Führung blieb von den Argumenten der kampfunwilligen Salzburger unbeeindruckt und ließ am Nachmittag des 27. Juli einen dritten Angriffsbefehl folgen, angeblich mit dem zynischen Zusatz, die SA solle sich die Waffen aus der Polizeidirektion, von Ingomar holen.[54] Günther und Kaltner standen nun unter einem erheblichen Druck von zwei entgegengesetzten Seiten. Sie verdankten ihre Freiheit einzig und allein dem Umstand, dass man von ihnen erwartete, auf die Unterführer in Salzburg bzw. im Flachgau bremsend einzuwirken. Andererseits rechneten sie wohl damit, von ihren vorgesetzten Dienststellen wegen „Feigheit" zur Verantwortung gezogen zu werden. An einen siegreichen Ausgang des Unternehmens konnte zu diesem Zeitpunkt wohl kaum noch jemand glauben.

Angeblich befürchtete Günther sogar, einem „Femegericht" der Partei zu verfallen, aber das war – nach seiner Verhaftung – eine unschwer nachzuvollziehende Dramatisierung, die den entlastenden Eindruck erwecken sollte, er habe unter unwiderstehlichem Zwang gehandelt. Um 16 Uhr erteilte er dem SA-Sturmführer Franz Schranzhofer den Auftrag, Vorbereitungen zur

---

51 Bauer, Elementar-Ereignis, S. 100.

52 Karl Speck: geb. 1889 in Salzburg. Elektriker. 1910–1912 Militärdienst. Weltkriegsteilnehmer, 1916–1918 in Bulgarien und in der Türkei. 9. 2. 1932 Beitritt zur NSDAP. In der SA Sturmführer. Am 18. 12. 1934 wegen eines Sprengstoffdeliktes vom Salzburger Schwurgericht zu 12 Jahren Kerker verurteilt. Zweite Verurteilung wegen Teilnahme am Juliputsch durch das Militärgericht Linz (lebenslängliche Haft). Strafanstalt Garsten. Am 7. 9. 1937 bedingte Entlassung. Emigration nach Deutschland. Oktober 1937 – April 1938 als Elektromonteur bei der „Österreichischen Legion". Vgl. ÖStA/AdR, Akten des Gaupersonalamts, Nr. 247.540 (Karl Speck); Salzburger Volksblatt, 19. 12. 1934.

53 Bauer, Elementar-Ereignis, S. 313.

54 Niederschrift Lorenz.

Besetzung der Polizeikaserne und der Polizeidirektion zu treffen.[55] Der Sturm der fast unbewaffneten SA-Leute, die sich zwei Stunden später in der Umgebung sammelten, sollte um 18.30 Uhr stattfinden. Ihn wenige Minuten vorher verhindert zu haben, nahmen später sowohl Lorenz als auch Patzelt für sich in Anspruch.[56]

Gregor Gruber kam wie vereinbart nach Anthering und erhielt dort um 17 Uhr die schriftliche Order: „Aktion am 27. Juli, um 19.30 Uhr, durchführen“.[57] Der daraufhin in Gang gesetzte Aufstandsversuch in Lamprechtshausen ist hinreichend dokumentiert, ebenso die blutigen Ereignisse beim Sturm auf den Gendarmerieposten Seekirchen am Wallersee und die gleichfalls mehrere Todesopfer fordernden Schießereien in Liefering. Auch der Gendarmerieposten Seeham wurde für etliche Stunden von einer SA-Gruppe besetzt, doch waren hier keine Verluste zu verzeichnen[58]

Mindestens 16 Menschen mussten sterben, um das ramponierte „Prestige“ einiger mittlerer SA-Chargen zu „retten“. Im Gegensatz zu den ausgedehnten Kämpfen in Kärnten und der Steiermark waren die Scharmützel in Salzburg reine Alibiaktionen.

---

[55] ÖStA/AdR, BKA Inneres, 22/gen, Kt. 4903, Der Sicherheitsdirektor für das Bundesland Salzburg an das BKA, 8. 8. 1934.

[56] ÖStA/AdR, BKA-Präsidium, Inneres, Juli-Putsch 1934, Protokoll der Einvernahme von Fritz Patzelt, Polizeidirektion Salzburg, 9. 8. 1934; Niederschrift Lorenz.

[57] Bauer, Elementar-Ereignis, S. 100.

[58] Zum Ablauf der einzelnen Aktionen vgl. Bauer, Elementar-Ereignis, S. 308 ff.; Ernst Hanisch, „Das wilde Land.“ – Bürgerkrieg und Nationalsozialismus in Seekirchen, in: Heinz Dopsch / Elisabeth Dopsch (Hrsg.), 1300 Jahre Seekirchen. Geschichte und Kultur einer Salzburger Marktgemeinde, Seekirchen 1996, S. 323–346; Andreas Maislinger, Der Putsch von Lamprechtshausen. Zeugen des Juli 1934 berichten, Innsbruck 1992; Gottfried Wagner, Juli 1934 in Lamprechtshausen, in: Zeitgeschichte, H. 9/10, 1974, S. 209–215; Otto Reich von Rohrwig, Der Freiheitskampf der Ostmark-Deutschen. Von Saint-Germain bis Adolf Hitler, Graz–Wien–Leipzig 1942, S. 241 ff.

MARGIT FRANZ

„PASSAGE TO INDIA“: ÖSTERREICHISCHES EXIL IN BRITISCH-INDIEN 1938–1945[1]

Vorbemerkungen

Indien, Land geheimnisvoller Tempel und mystischer Orte, der Vielfalt von Kulturen, Religionen und Sprachen, einer exotischen Tier- und Pflanzenwelt und unterschiedlichster geographischer wie klimatischer Bedingungen – von den Schneegipfeln des Himalaya im Norden zu den subtropischen Küstengebieten im Süden, von den Wüsten im Westen zum Sumpfdelta des Brahmaputra im Osten –, fand in den intellektuellen, künstlerischen und politischen Kreisen Wiens in der Zwischenkriegszeit eine durchaus positive Rezeption. Eine Art von Orientbegeisterung war mit einem wachsenden Bewusstsein für den indischen Unabhängigkeitskampf gegen die britische Kolonialmacht verbunden, was sich in unterschiedlichen Ausformungen zeigte: Rabindranath Tagore, einer der lautesten künstlerischen und intellektuellen Stimmen gegen die Kolonisierung Indiens, hatte 1913 den Nobelpreis für Literatur erhalten. Nach dem Ersten Weltkrieg tourte er durch Europa, seine Bücher waren in allen modernen Bibliotheken zu finden und seine Stücke wurden in Schauspielhäusern wie in Schulen aufgeführt. Der Tänzer und Choreograph Uday Shankhar brachte dem europäischen Publikum den Tanz seiner Heimat näher und ließ auch im Wiener Konzerthaus die indische Götterwelt zum Leben erstehen.

Maharadschas, indische Prinzen und Prinzessinnen reisten regelmäßig nach Europa, wo sie Zerstreuung und Erholung suchten. Reiche Geschäftsleute und Grundbesitzer, insbesondere aus der Gruppe der Parsen, einer

[1] Dieser Aufsatz entstand im Rahmen eines vom Jubiläumsfonds der Österreichischen Nationalbank finanzierten Forschungsprojektes zur „Erforschung des österreichischen Exils in Indien 1934 bis 1945“. Der Beitrag ist ein erster Überblick, dem weitere Beiträge und eine Monographie zum Exil in Indien folgen werden. „Passage to India“ nach dem Roman von Edward Morgan Foster „A passage to India“ aus dem Jahre 1924, der unter dem selben Titel 1984 von David Lean verfilmt wurde.

besonders westlich orientierten religiösen Minderheit, die sich als Nachkommen von Zarathustra verstehen, pflegten einmal im Jahr Wien einen Besuch abzustatten. Neben dem kulturellen Angebot der Stadt kamen viele, um sich hier medizinisch versorgen zu lassen. Der Ruf der medizinischen Schule war bis nach Indien gedrungen, sodass manche wohlhabende Inder ihre Söhne zum Medizinstudium nach Wien schickten.

Österreichische Friedensgruppen, sozialistische und kommunistische Organisationen hatten Sarojini Naidu, Vitthalbai Patel und andere im Exil lebende Mitglieder des indischen Unabhängigkeitskampfes nach Wien eingeladen, wo sie ihre politischen Forderungen auf Kundgebungen, in Diskussionen und Zeitungsartikeln präsentieren konnten.

Spirituell interessierte Menschen sahen in Indien die Geburtsstätte zweier großer Weltreligionen, des Buddhismus und des Hinduismus. Das Interesse an philosophischen wie theologischen Fragestellungen wuchs in der Zwischenkriegszeit, man traf sich in informellen Diskussions- und Studienzirkeln. Schon 1923 hatte der Weltkongress der „Theosophischen Gesellschaft“ den jungen Inder Jiddu Krishnamurti als ihren Weltgelehrten nach Wien geführt.

Die Montessori-Bewegung fand großen Widerhall bei fortschrittlichen, experimentierfreudigen indischen Lehrern und Lehrerinnen, und österreichische Montessori-Lehrerinnen unterstützten die Gründung von Montessori-Schulen in Indien durch ihre aktive Mitarbeit vor Ort.

Indien war nach dem „Anschluss“ Österreichs an Hitlerdeutschland kein bevorzugtes Zielland der vielen Tausenden Flüchtlinge – es war ein unbekanntes und fernes Land, das keine institutionalisierten Flüchtlingsaufnahmenetzwerke besaß und dessen Kommunikationszentren auf die Hafenstädte und die Hauptstadt New Delhi beschränkt waren. Die meisten ÖsterreicherInnen, die zur Flucht gezwungen waren, bemühten sich um Visa in die USA, nach Großbritannien, Frankreich oder in die Schweiz. Wenn diese Fluchtwege verschlossen blieben, wurde auch Indien als möglicher Fluchtort in Erwägung gezogen.

Zu den alltäglichen und generellen Schwierigkeiten eines Flüchtlingsdaseins pyschologischer und ökonomischer Art kamen in Indien noch das ungewohnte Klima und mangelhafte hygienische Verhältnisse sowie eine schlechte Infrastruktur hinzu. Indien war ein „Hardship“-Exilort: Neben Hitze und Staub im Sommer, starken Regenfällen und hoher Luftfeuchtigkeit während des Monsuns gab es in Indien nur einen eingeschränkten Zugang zu (sauberem) Wasser, Strom und Gas sowie ein anderes Verständnis von Hygiene. Öffentliche Verkehrseinrichtungen fehlten größtenteils, Züge verbanden nur die Verkehrsknotenpunkte, Autos waren selten und standen wenigen Privilegierten zur Verfügung. Wollte man nicht zu Fuß gehen oder mit dem Fahrrad fahren, wurden Maultiere, Pferde oder Ochsen vor Kutschen oder Karren gespannt und dienten neben Rikschas als Fortbewegungsmittel.

Käthe Langhammer auf einer Rikscha in einer südindischen Tempelstadt.

Foto: Walter Langhammer, Archiv Margit Franz

Rudel aggressiver Affen auf der Suche nach Essbarem und Wasser mussten von den Häusern ferngehalten werden. Schlangen, die Feuchtstellen wie Badezimmer, Wasserbecken oder -vorratsbehälter am Dach bevorzugten, sorgten für ständige Gefahr. Neben Ameisen und Termiten galt es, sich vor einer Vielzahl von Insekten, Wanzen, Pferdefliegen, Zecken, Kakerlaken und schwere Krankheiten übertragende Moskitos zu schützen. Malaria, eine dieser Krankheiten, wurde durch die Einnahme von flüssigem Chinin behandelt, was wiederum viele Nebenwirkungen hervorrief. Das Denguefieber – das treffend „break bone fever" („Knochenbrechfieber") genannt wurde –, Cholera, Typhus, Diphtherie und virale Lungenentzündung waren weit verbreitet, wie auch interne Infektionen mit Hakenwürmern oder Amöben, die die Gedärme, Lungen oder das Gehirn angriffen, und die üblichen Durchfallerkrankungen („Delhi belly"). Der Grund für all diese Krankheiten war zumeist die schlechte hygienische Versorgung und unsauberes Wasser. Eine kostspielige und aufwendige Vorsorgeinfrastruktur in den Wohnanlagen konnte einige dieser Unannehmlichkeiten abwehren, bot aber keinen absoluten Schutz.

Indien war – als es ein Zufluchtsort für Verfolgte aus Europa wurde – ein besetztes Land, was die offizielle Bezeichnung Britisch-Indien auch verdeutlicht. Am indischen Subkontinent war die vormals wirtschaftliche Monopolstellung der britischen Ostindien-Kompanie seit 1857 vom britischen Empire auch politisch institutionalisiert worden und führte zur direkten Kolonisierung mit einem britisch-indischen Politikapparat. Die Königin von England war zur Kaiserin von Britisch-Indien gekrönt worden, das britische Weltreich hatte Indien zu seinem „Juwel in the Crown" des Commonwealth erkoren und ein Administrations- und Kommunikationsnetz über den Subkontinent gesponnen, das alle Sparten des öffentlichen Lebens wie Erziehung, Verkehr, Infrastruktur, Wirtschaft und Militär umfasste.

Die Briten sicherten die Grenzen ihrer direkt besetzten Gebiete, wobei sie dadurch auch den Zugang zum gesamten Subkontinent, somit auch zu den über 600 quasi-unabhängigen „Princely States", Feudalenklaven lokaler Herrscher inmitten des britischen Herrschaftsgebietes, kontrollierten.

Über Jahrzehnte hinweg entstanden verschiedene Arten des Widerstandes gegen die Kolonisierung Indiens. Man kämpfte mit unterschiedlichen Methoden, teils mit aggressiven Formen wie Bombenanschlägen, teils mit friedlichen. Erst die gewaltfreien Methoden des Mahatma Gandhi führten zu einer großen Solidarisierung, welche auch in der internationalen Presse großen Widerhall fand. Internationale Komitees und Friedensgruppen unterstützten die anti-kolonialen Anliegen, intensive Kommunikation wurde mit unterschiedlichen Gruppierungen in Europa und den USA gepflogen, was diese Bewegung und deren Partei, den „Indischen Nationalkongress", nach dem Ersten Weltkrieg national wie international immens stärkte und dazu führte, dass sich die britische Militärverwaltung mit einer landesweit gut organisierten und stetig stärker werdenden Unabhängigkeitsbewegung konfrontiert sah.

Exilpolitik in Britisch-Indien

Die rapide steigenden Flüchtlingszahlen ab 1938 beunruhigten sowohl die britische Regierung in London wie auch die britisch-indische Regierung unter dem Viceroy (Vizekönig) und General Governor in New Delhi. Zusätzlich zur Bekämpfung der indischen Unabhängigkeitsbewegung befürchteten sie mit der Aufnahme von Flüchtlingen ein neues Feld politischer Schwierigkeiten zu schaffen, was unter allen Umständen verhindert werden sollte. Misstrauen gegen ImmigrantInnen entstand auch aus Angst vor nationalsozialistischer Agitation und Spionage. So nahm das offizielle Britisch-Indien nicht an der Whitehall-Konferenz[2] für Flüchtlingsfragen im Sommer 1938 teil.

Der größte politische Gegner der Briten im Land, der „Indische Nationalkongress", der seit 1937 einen Großteil der Regionalregierungen stellte, war in der Haltung gegenüber den Flüchtlingen gespalten. Der junge Jawaharlal Nehru war im Sommer 1938, am Ende seines Europa-Aufenthaltes, direkt mit der Problematik österreichischer wie deutscher EmigrantInnen konfrontiert worden. In London nahm er Kontakt zum „Koordinationskomitee für Flüchtlinge" auf.[3] Er setzte sich dafür ein, hoch qualifizierte Personen und deren Familien ins Land zu lassen, da medizinisches Personal sowie technisch versierte FacharbeiterInnen einen aktiven Beitrag zur Entwicklung des Landes leisten könnten.

Mahatma Gandhi hegte Zweifel am Nutzen dieser ExilantInnen für das neue Indien. Er verglich die Judenverfolgung der Nationalsozialisten mit der rassistischen Politik Südafrikas, mit der er selbst bei seinem jahrelangen Aufenthalt konfrontiert worden war und gegen die er die Methoden der Gewaltfreiheit entwickelt und für die indische Minderheit Südafrikas erfolgreich angewendet hatte. Er empfahl auch der jüdischen Bevölkerung in Deutschland und den okkupierten Gebieten die Anwendung des von ihm erprobten passiven Widerstandes.

Hinzu kam eine politische anti-jüdische Haltung des „Indischen Nationalkongresses", der schon Mitte der 1930er Jahre seine Solidarität mit den ara-

---

2 Louise London, Whitehall and the Jews: British Immigration Policy, Jewish Refugees, and the Holocaust, 1933–1948, New York 1999.

3 Vgl. Joachim Oesterheld, Zum Spektrum der indischen Präsenz in Deutschland am Beginn bis Mitte des 20. Jahrhunderts, in: Gerhard Höpp (Hrsg.), Fremde Erfahrungen. Asiaten und Afrikaner in Deutschland, Österreich und in der Schweiz bis 1945, Berlin 1996 (= Studien / Zentrum Moderner Orient, Geisteswissenschaftliche Zentren Berlin e.V. 4), S. 342.

bischen Ländern in deren Widerstand gegen die jüdischen Ansiedelungen in Palästina bekundet hatte. Die dritte politische Kraft im Land, die noch relativ unbedeutende „Muslim League“, teilte diesen „anti-jüdischen“ Standpunkt aus religiös-politischen Gründen.

Neben eigenen Vorbehalten fürchtete die britisch-indische Regierung in Delhi auch die Kritik der nationalen indischen Seite an einem etwaigen Entgegenkommen gegenüber den Flüchtlingen.[4]

Erst durch den massiven Druck der jüdischen Gemeinde in London nach der Annexion Österreichs und der Tschechoslowakei kam es zu Verhandlungen zwischen dem „Council of German Jewry“, dem „India Office“ als britisches Ministerium für Indien-Angelegenheiten und der Indian High Commission als diplomatische Vertretung der britisch-indischen Regierung in England. Man einigte sich auf Maßnahmen zur Visum-Vergabe und versuchte einige Erleichterungen einzuführen.[5]

Obwohl Indien für den Großteil der ExilantInnen nicht die primäre Wunschdestination war und als Exilland viele Schwierigkeiten bereithielt, bot es anderen Exilländern gegenüber den großen Vorteil der freien Ausübung der Berufe. Dank Nehrus persönlichem Engagement und der Unterstützung durch den „Indischen Nationalkongress“ war es gelungen, die Bestimmungen für ExilantInnen „aufzuweichen“. Dies führte vor allem zu einem Andrang von ÄrztInnen, auch die Anzahl der Dentisten ist auffallend hoch, die in England keine Aufnahme mehr gefunden hatten.[6]

Zudem wurde besonders technisches Personal für den Einsatz in indischen Betrieben gesucht. Auch eine kleine Anzahl von österreichischen Architekten fand ihren Weg nach Britisch-Indien. Verhältnismäßig viele ExilantInnen stammten zudem aus dem künstlerischen Milieu.

---

4 Vgl. Johannes H. Voigt, Die Emigration von Juden aus Mitteleuropa nach Indien während der Verfolgung durch das NS-Regime, in: Wechselwirkungen, Jahrbuch 1991. Aus Lehre und Forschung der Universität Stuttgart, Stuttgart 1991, S. 83–95; ders., Indien im Zweiten Weltkrieg, Stuttgart 1978; ders., Indien, in: Claus-Dieter Krohn / Patrik von zur Mühlen / Gerhard Paul / Lutz Winckler (Hrsg.), Handbuch der deutschsprachigen Emigration 1933–1945, Darmstadt 1998, S. 270–275.

5 Vgl. Joachim Oesterheld, British Policy towards German-speaking Emigrants in India 1939–1945, in: Anil Bhatti / Johannes H. Voigt (Ed.), Jewish Exile in India 1933–1945, New Delhi 1999, S. 25–44.

6 Vgl. Karola Decker, Divisions and Diversity: The Complexities of Medical Refuge in Britain, 1933–1948, in: Bulletin of the History of Medicine, vol. 77 (2003), S. 850–873; Paul Weindling, Austrian Medical Refugees in Great Britain: from Marginal Aliens to Established Professionals, in: Wiener klinische Wochenschrift, vol. 110 (1998), S. 158–161.

Visa-Vergabe

Nach der Okkupation Österreichs hatte das britische Weltreich das 1927 in Kraft getretene „Visa Abolition Agreement" aufgehoben, was die Ausstellung von Visa für ÖsterreicherInnen bzw. Deutsche ab dem März 1938 wieder notwendig machte. Diese waren sowohl für direkt britisch besetzte Gebiete wie für die Durchreise in unabhängige „Princely States" notwendig, da alle Häfen unter britischer Herrschaft standen. Somit musste man sich entweder um ein „single journey visa" oder ein „transit-visa for India en route to Goa" (beispielsweise) bemühen.

Die neuen Regelungen umfassten zwei Sicherheitskomponenten für die britische Regierung: Die Flüchtlinge durften weder ein politisches Sicherheitsrisiko noch eine finanzielle Belastung darstellen.

Neben einer Rückfahrkarte mussten zwei Affidavits, private Bürgschaften zweier in Indien oder in Großbritannien lebender Personen, die für den Unterhalt in Indien und die Kosten einer eventuellen Repatriierung des Flüchtlings aufzukommen hatten, erbracht werden. Nach intensiven Verhandlungen in London konnte ab 1939 auch die „Jewish Relief Association" in Indien diese Bürgschaft übernehmen.

Bei einem Visum-Antrag für Indien mussten zwei Verwaltungseinheiten überzeugt werden. Der Visum-Antrag wurde zuerst von einem britischen Konsulat entgegengenommen, danach an das „India Office" nach London geschickt, dort begutachtet und bei positiver Erledigung wurde der Antrag an das „Government of India" in New Delhi zur weiteren Entscheidung gesandt. Danach wurde der umgekehrte Behördenweg beschritten, bis am Ende das Konsulat die VisawerberInnen über einen positiven resp. negativen Bescheid informierte. Diese Vorgehensweise war sehr zeitaufwendig und konnte einige Wochen dauern, was bei Kriegsausbruch für die Flüchtlinge zur tödlichen Gefahr werden konnte.

Zudem schaltete sich die indische Regierung aktiv ein, vor allem bei der Kontrolle der Garanten. Dienstgeber und Affidavitaussteller mussten finanziell potent wie politisch korrekt eingestuft sein sowie über gute Kontakte und einen einwandfreien Leumund verfügen. So kamen viele Personen und Unternehmen, die der indischen Unabhängigkeitsbewegung nahe standen, als Garanten für Flüchtlinge nicht in Frage. Im Fall von Leopold Weiss alias Muhammed Asad, der sich seit den 1930er Jahren für die indische Befreiungsbewegung und islamische Gruppierungen in Kaschmir und Punjab engagiert hatte, führten seine Kontakte zur Unabhängigkeitsbewegung dazu, dass er seine Familie trotz wiederholter Versuche nicht nach Indien nachholen konnte.[7] Sein Vater, seine Stiefmutter und seine Schwester wurden in Konzentrationslagern von den Nationalsozialisten ermordet.

Die jüdische Gemeinde, von der einzelne Mitglieder wie beispielsweise die jüdischen Familien Ezra und Sassoon gesellschaftlich wie finanziell sehr gut situiert waren, war sehr aktiv. Sir David Ezra war im August 1939 der Präsident der „Jewish Relief Association“ in Bombay, die sich bei der Ausstellung von Affidavits und Garantien finanzieller Art besonders engagierte. Die britisch-indischen Verwaltungseinheiten beriefen sich mit autoritärem Referenzcharakter auf diese Organisationseinheiten, was auch negativ für Flüchtlinge gewertet werden konnte, wenn sie der Organisation bei Visum-Antragstellung nicht bekannt waren – wie es der Fall des österreichischen Flüchtlings Moses Lorber zeigt, dessen Spur sich nach der Ablehnung seines Visa-Antrages im März 1940 verliert.[8]

Grundsätzlich kann eine starke persönliche Abhängigkeit von den Garanten festgestellt werden. In verschiedenen Kontexten taucht der Begriff des „Sponsors“ auf. Als Beispiel sei der Mediziner Dr. Hans Friedländer genannt, der ursprünglich ein Visum nach Frankreich hatte, das aber von einer fremden Person beim französischen Konsulat „abgeholt“ worden war. Somit musste er sich erneut um ein Visum bemühen. In dieser Zeit traten ehemalige indische Studienkollegen mit dem Angebot der Garantenübernahme an ihn heran, wenn er sich an ihrer Praxis in Indien beteiligen würde. Er nahm das Angebot an und eröffnete mit seinen indischen Kollegen eine Gemeinschaftsordination in New Delhi.[9]

Auch andere Quellen belegen wiederholte Versuche, aus der tristen Lage der Flüchtlinge finanzielle Vorteile zu schlagen. So kann eine „Geschäftemacherei“ bei der Affidavit-Vermittlung und -Ausstellung nicht immer ausgeschlossen werden.

Besonders schwierig waren Situationen zu bewältigen, in denen persönliche und finanzielle Abhängigkeiten zu Ehen oder Liebesbeziehungen geführt hatten. Diese konnten auch zu einem unerträglichen Ausmaß anwachsen, wie es die tragische Geschichte der Wiener Künstlerin Nina Grey zeigt, die sich als Ehefrau eines eifersüchtigen Maharadschas von einem Turm in Delhi in den Tod stürzte.[10]

---

7 IOR, L/PJ/7/2678. [IOR = India Office Record, British Library, London].

8 IOR, L/PJ/7/3371.

9 Vgl. Interview der Autorin mit Dr. Jean Friedländer, August 2003, UK.

10 Vgl. Hugo Wiener, Zeitensprünge. Erinnerungen eines alten Jünglings, Frankfurt/M.–Berlin 1994, S.100 f.; Ann Morrow, The Maharajas of India, New Delhi 2000, S. 60.

Netzwerke

Kontakte und Netzwerke waren für viele ExilantInnen lebensrettend. Wie Friedländer wurden auch andere ÄrztInnen von ihren früheren PatientInnen oder vormaligen Studienkollegen eingeladen. Dr. Robert Heilig, vormaliger Chefarzt des Angestelltenkrankenhauses in Wien, schreibt:

> „Ich hatte zwei Einladungen erhalten: eine von Freunden nach Baltimore, die andere von indischen Patienten nach Bombay. Die indische kam telegraphisch sofort nach Hitlers Einmarsch in Wien und lautete: ‚Come at once and stay with us till everything in Vienna has settled down again', ein unvergesslicher, lebensrettender Satz. Diese Einladung und ein ohne unser Wissen von einem englischen General, der einmal mein Patient gewesen war, an den hiesigen englischen General-Konsul gesandter Empfehlungsbrief ermöglichten es uns, eine Einreisebewilligung nach Indien zu bekommen."[11]

Dr. Georg Politzer hatte einen Einjahresvertrag mit dem Maharadscha von Patiala, um ein Röntgengerät zu installieren und dessen Mitarbeiter einzuschulen. Zum Zeitpunkt der Okkupation Österreichs befand er sich noch am Hof von Patiala, wo er die gesamte Kriegszeit verlebte. Er konnte sowohl seine eigene Familie wie auch die Familie des Wiener Violinvirtuosen Max Geiger an den Hof des Maharadschas in Sicherheit bringen.

Neben persönlichen Netzwerken halfen v. a. Hilfsorganisationen. Mit Hilfe der Israelitischen Kultusgemeinde Wien konnten etwa 250 jüdische Österreicherinnen und Österreicher nach Indien flüchten.[12] Jüdische Vermittlungsorganisationen in London und am indischen Subkontinent haben diesbezügliche Kontaktnetze hergestellt.

1933 war die „Hindustan Academical Association" von den politischen Akteuren der indischen Unabhängigkeitsbewegung Vitthalbai Patel und

---

[11] Robert Heilig, Als Emigrant und Arzt 35 Jahre in Indien, in: Friedrich Stadler (Hrsg.), Vertriebene Vernunft II: Emigration und Exil österreichischer Wissenschaft. Internationales Symposium 19. bis 23. Oktober 1987 in Wien, Wien–München 1988, S. 802–806, hier 803.

[12] Jonny Moser, Demographie der jüdischen Bevölkerung Österreichs 1938–1945, Wien 1999 (= Schriftenreihe des Dokumentationsarchivs des österreichischen Widerstandes zur Geschichte der NS-Gewaltverbrechen 5), S. 68.

Subhas Chandra Bose in Wien gegründet worden.[13] Im darauf folgenden Jahr kam es zur Gründung der „Zentraleuropäisch-indischen Gesellschaft" mit dem Ziel gegenseitiges Verständnis wie wirtschaftliche Kontakte zu fördern. In den Jahren 1938 und 1939 erwiesen sich diese Bemühungen bei der Herstellung von Kontakten in Indien für manche Flüchtlinge als äußerst hilfreich. Zudem konnte eine Bestätigung der Mitgliedschaft beim Visumsantrag behilflich sein.[14]

Auch künstlerische Kontakte oder Bekanntschaften über vormalige Engagements bzw. Tourneereisen im jeweils anderen Land erleichterten es, Garanten bzw. eine Anstellung zu finden. Varietés, Kabaretts und Tanzlokale wurden sowohl von Angehörigen der britischen Verwaltung wie von reichen und adeligen Indern besucht, europäisches Flair und weiße Haut waren begehrte Attraktionen in den großen Städten und Hill-Stations (höhergelegene Orte, die von den Kolonialherren wegen ihres kühleren Klimas als Verwaltungs- und Erholungssitze während der heißen Monate angelegt worden waren), wohin man sich vor Sommerhitze und Monsun flüchtete.

Ebenso waren wissenschaftliche Netzwerke bei der Ausreise aus Österreich hilfreich. Die österreichischen Ethnologen Christoph von Fürer-Haimendorf, Umar Rolf von Ehrenfels und kurzfristig Prof. Wilhelm Koppers konnten durch internationale Finanzierungen Forschungsreisen nach Indien antreten, wo die ersten beiden auch bis zum Ende des Zweiten Weltkrieges verblieben.

Die „Society of the Protection of Learning" vermittelte weltweit WissenschafterInnen und MedizinerInnen. Sie war 1933 nach der Machtergreifung Hitlers zum Schutz für WissenschaftlerInnen gegründet worden und umfasste ein weltweites Netzwerk von Universitäten, Forschungs- und Lehrinstitutionen sowie von WissenschafterInnen, denen sie Anstellungsangebote zu vermitteln suchte.[15]

Auch die Montessori-Pädagogik konnte auf ein gutes Netzwerk zurückgreifen. ÖsterreicherInnen hatten schon in den 1920er Jahren geholfen, Schulen und Kindergärten in Indien aufzubauen. Dieser Bildungsansatz fand

13 Vgl. Swami Bharati Agehananda (Leopold Fischer), The Ochre Robe. London 1961, S. 35.

14 Vgl. Interviewnotizen Eva Wagner, zur Verfügung gestellt von Alisa Douer.

15 Vgl. Nicholas Baldwin, Catalogue of the Archive of the Society for the Protection of Science and Learning. Report on the Records of the Society for the Protection of Science and Learning 1933–1987. Bodleian Library, Oxford. London: The Royal Commission on Historical Manuscripts, 1988; The Archives of the SPSL, in: History of Science 75, 1989, S. 103–105.

in einflussreichen und finanziell gut situierten Kreisen Indiens große Verbreitung, Maharadschas und reiche InderInnen gründeten für ihre Kinder Montessori-Schulen in verschiedenen Landesteilen. Die jüngste Schwester Jawarhalal Nehrus war Montessori-Lehrerin und war von einer Österreicherin in der Methode des offenen Unterrichts ausgebildet worden. Unter den ExilantInnen in Indien war auch Maria Montessori, die mit ihrem Sohn vor den Kriegswirren in Europa auf den indischen Subkontinent geflüchtet war, wo sie hohes Ansehen genoss.[16]

Berufliche Kontakte ergaben sich aus verstärkten interkontinentalen wirtschaftlichen Aktivitäten, so war beispielsweise die tschechische Firma Bata auch in Indien angesiedelt. Der Austausch von Technologie und Know-how war in der Zwischenkriegszeit forciert worden, eine städtische Ansiedelung war rund um deren Produktionsstelle in Batanagar (West Bengal) entstanden.

Politische Kontakte zu konservativen, aristokratischen und kirchlichen Kreisen wirkten sich für die AntragstellerInnen meist günstig aus. Kontakte zu Erzbischöfen und dem Klerus in Großbritannien und Indien ermöglichten die Aufnahme in Missionseinrichtungen der katholischen und anglikanischen Kirche, die über ganz Indien verteilt waren.

Reiserouten

Neben britischen Schiffen waren es vor allem italienische Schiffe des Unternehmens Lloyd-Trestino, die den Schiffsverkehr zwischen Indien und Mitteleuropa durchführten. So traten viele österreichische Flüchtlinge ihre Schiffspassage in Triest oder Genua an.

Manche der ExilantInnen, wie beispielsweise der Kameramann und Fotograf Berko Ferenc, die Tänzerin Hilde Holger oder der Arzt Edmund Ronald (Rosenblüth), hatten es bis nach Frankreich geschafft und versuchten über den Hafen Marseille Richtung Asien zu kommen, wobei die Visa-Anträge aus Paris und Nizza stammen.

Der Anreiseweg über London wurde großteils von Familienangehörigen schon in Indien lebender ExilantInnen „gewählt“. Dr. Felix Mahler und des-

16 Vgl. Rita Kramer, Maria Montessori. Leben und Werk einer großen Frau, Frankfurt/M. 1983, S. 404 ff.; Elise Braun-Barnett, Eleven Years in India. Memoirs. Photocopy of typescript, Leo-Baeck Institute New York o. J.

sen Ehefrau Olga bemühten sich monatelang, ihren in Großbritannien lebenden minderjährigen Sohn nach Indien nachkommen zu lassen. Letztendlich fanden alle drei Familienmitglieder eine temporäre Heimat in Mussoorie, wo Dr. Mahler im Landour Hospital tätig war.[17]

Wenige sehr vermögende ExilantInnen wählten die komfortabelste, aber sehr kostspielige Anreise, eine Flugreise von Europa nach Britisch-Indien.

Für viele war es nicht möglich, Indien direkt anzusteuern, sondern ihr Weg führte sie über Ceylon oder Shanghai. Die Exilbiographie von Karl von Chimani zeigt, dass es in einzelnen Fällen leichter war, vorerst ein Visum nach Ceylon zu bekommen und sich vor Ort um ein Visum für Britisch-Indien zu bemühen.[18] Der Trapezkünstler Viktor Bumba wählte vorerst Colombo als Ziel. Colombo war in den 1930er Jahren ein kulturelles Zentrum Südasiens und damit Anziehungspunkt für ArtistInnen aus verschiedenen Bereichen gewesen.

Einige kauften eine Schiffspassage nach Shanghai in der Hoffnung, doch noch ein Visum für Britisch-Indien „am Weg" zu bekommen. Der oben erwähnte Dr. Felix Mahler, zuvor Freiwel Mahler aus Wien, trat mit seiner Frau Olga den Exilweg auf diese Weise an. Er wurde in Britisch-Indien von einem Netzwerk von Berufskollegen aufgefangen.[19]

Die Wiener Musik- und Montessori-Lehrerin Elise Braun wurde mit ihrem Ehemann und ihrer zweijährigen Tochter von ihrer ehemaligen Assistentin in der Montessori-Schule in Allahabad, Krishna Hutheesingh, der mittlerweile verheirateten jüngeren Schwester Jawaharhal Nehrus, am Kai von Bombay erwartet.[20] Mit Hilfe ihrer alten Freundin aus Wien, Kitty Shiva Rao, die seit Mitte der 1920er Jahre mit einem indischen Journalisten und Politiker verheiratet war, ging sie nach Benares, wo sie die Leitung einer Montessori-Klasse übernehmen konnte.[21]

Dieselben Netzwerke, die bei der Ausreise aus Österreich behilflich waren, zeigten sich wiederum bei der Ankunft in Indien als effizient. Vor allem die jüdischen Hilfsorganisationen, die sich als Wohlfahrtsorganisationen ver-

[17] Vgl. IOR/L/PJ/7/15789, Nr. 1168.

[18] IOR, L/PJ/7/2515. Der vormalige Wiener Hofreitlehrer Carl von Chimani fand eine Anstellung als Trainer für die Pferde der Leibwache des Maharadschas von Mysore. Infolgedessen gelang es ihm auch, seine Frau Ada nach Britisch-Indien nachkommen zu lassen.

[19] IOR, L/PJ/7/15789, Nr. 1168.

[20] Vgl. Braun-Barnett, Eleven Years in India.

[21] Vgl. Kramer, Maria Montessori, S. 403.

standen, konnten durch ihr organisatorisches und finanzielles Rückgrat einer besonders großen Anzahl von Flüchtlingen helfen und deren anfängliche Bedürfnisse abdecken.

1934 war in Bombay die „Jewish Relief Association" mit späteren Filialen in Madras und Calcutta gegründet worden, welche sich um Unterkunft, Beschäftigung und finanzielle Versorgung der Flüchtlinge kümmerte.[22]

Geographische Verteilung und Berufsmöglichkeiten

Das Leben der einzelnen Flüchtlinge gestaltete sich äußert unterschiedlich. Durch den Zugang zu finanziellen Ressourcen und beruflichen, religiösen und intellektuellen Netzwerken wurden die Lebensverläufe sehr individuell bestimmt.

Die Anlegehäfen Bombay, Madras und Calcutta sowie die Hauptstadt New Delhi waren die geographischen Zentren der ExilantInnen. Einerseits war an diesen Orten eine Infrastruktur für ihre Betreuung geschaffen worden, andererseits waren diese Städte zusammen mit der jungen Hauptstadt New Delhi das Zentrum des westlichen kulturellen Lebens. In diesen Metropolen war der Zugang zu westlichen Waren, Verdienstmöglichkeiten und Konsumgütern sowie das Flair westlicher Kultur in Form von Theatern, Varietés, Kinos, Kunstvereinigungen und dem Zugang zu Zeitschriften zu finden. Der Sommerhitze und den Regenschauern entkam man – wenn möglich – in den Hill-Stations, die diese Funktionen in der heißen und feuchten Jahreszeit ausübten. Somit waren diese Städte Orte der Konsumation dieser westlichen Kulturinitiativen sowie auch Beschäftigungsort für Kulturschaffende aus dem Westen selbst.

Weiters erfreuten sich Höfe regionaler Herrscher ob ihrer Aufnahmefreude für alles Westliche großer Beliebtheit bei Zuflucht suchenden österreichischen ExilantInnen. Aus den bisherigen Forschungen sind solche lokalen Zentren an den Höfen folgender Herrscher zu finden: am Hof des Nizams von Hyderabad, der besonders ein Mäzen westlicher Wissenschaft war und insbesondere die österreichischen Ethnologen Umar Baron von Ehrenfels und Christoph (von) Fürer-Haimendorf aufnahm und mit Forschungsagenden

[22] Vgl. Shalva Weil, From Persecution to Freedom: Central European Jewish Refugees and their Jewish Host Communities in India, in: Bhatti / Voigt (Ed.), Jewish Exile in India 1933–1945, S. 64–86, hier 70 f.

versah[23], am Hof des Maharadschas von Jaipur, der den österreichischen Arzt Dr. Heilig mit dem Aufbau einer Universitätsklinik inklusive eines Lehr- und Bibliotheksbetriebes beauftragte, und am Hof des Maharadschas von Patiala, der sowohl westliche Wissenschaft – insbesondere moderne Medizin – als auch Kultur förderte, indem er die österreichischen Ärzte Dr. Georg Politzer und Dr. Emil Bondy samt deren Familien in seine Dienste nahm sowie den Wiener Violinvirtuosen Max Geiger mit der Gründung und Führung eines Symphonie-Orchesters beauftragte. Auch an den Fürstenhöfen von Mysore, Bikaner, Jodhpur und Bundi waren österreichische Architekten bzw. Kunstschaffende im Einsatz.

Missionsstationen sowie Kuranstalten und Krankenanstalten in klimatisch begünstigten Regionen wie das Krankenhaus in Landour bei Mussoorie boten ebenfalls Beschäftigungsmöglichkeiten für Ärzte mit Spezialausbildungen für tropische Krankheiten und medizinisches Personal.

Techniker waren meist beim Aufbau und der Betreuung von Industriegroßanlagen im ganzen Land verstreut eingesetzt.

Frauen gingen meist traditionellen Beschäftigungen nach und verdingten sich als Sekretärinnen, Kindermädchen, Kosmetikerinnen, Krankenschwestern oder Lehrerinnen. Im Gegensatz zur Exilforschung über andere Zufluchtsländer, in denen Frauen durch die Schaffung informeller und flexibler Beschäftigungsformen eine spezielle Rolle bei der Ernährung der Familie in den ersten Exiljahren zugeschrieben wird,[24] kann dies für Britisch-Indien und seine patriarchal geprägte Kolonialgesellschaft nicht bestätigt werden. Dabei spielt natürlich vor allem die Möglichkeit der Erwerbstätigkeit der Männer in Indien eine tragende Rolle.

Alleinstehende Frauen hatten grundsätzlich Schwierigkeiten ein Visum zu bekommen, auch eine Beschäftigung zu finden war für sie nochmals schwieriger. Die expressionistische Wiener Tänzerin Hilde Holger wollte sich mit westlichem Tanz bzw. Massage oder Gymnastik ein Einkommen in Britisch-Indien sichern. Ein Freund, der österreichische Architekt Hans Glas, der sich bereits in Calcutta aufhielt, schrieb zu den Beschäftigungsaussichten im Oktober 1938:

---

23 Vgl. Traude Pillai-Vetschera, Das Wiener Institut für Völkerkunde und die Indienforschung, in: Mitteilungen der Anthropologischen Gesellschaft in Wien (MAGW), Bd. 125/126, 1995/96, S. 135–51.

24 Vgl. Heike Klapdor, Überlebensstrategie statt Lebensentwurf. Frauen in der Emigration, in: Exilforschung. Ein internationales Jahrbuch, Bd. 11. Frauen im Exil. Zwischen Anpassung und Selbstbehauptung, München 1993, S. 12–30.

Orchidee: Eine von Hilde Holgers avantgardistischen Choreographien. (Von unten:) Feroza Lalkaka, Freny Cama, Hilde Holger, Jer Jassawalla, Sherin Mody, Bombay um 1942.

Foto: Nachlass Hilde Holger, Primavera Boman-Behram, London

„Im ‚Great Eastern' ist bloß Publikumstanz ohne engagierte Tänzerinnen. Ein zweites Lokal ist hier, wo tatsächlich Tanzvorführungen geboten werden, ein sehr vornehmes Lokal: die dort engagierten ‚Kunstkräfte' bekommen gerade soviel bezahlt, dass sie wohnen können – sind – wie ja überall im Orient – auf Nebenbeschäftigung angewiesen, die zu ihrem Haupteinkommen gehören – hier in Calcutta grauenhafte Zumutung – also nichts. Habe mit so vielen Leuten über Dich, l. Hilde, gesprochen, von der Universität, mit Ärzten – es ist hier mit Tanz oder Gymnastik nichts zu machen. [...] Ich habe hier eine junge Frau kennengelernt, die als Kosmetikerin sich hier fortbringen wollte – nichts zu machen, lebt vorläufig von Unterstützungen. Dieses Hinterland ist heute schon so überflutet mit Einheimischen, die, wenn auch primitive Kenntnisse haben und zu einem Spottpreis arbeiten, wo der Europaeer nicht mitkann.“[25]

Letztendlich fand Hilde Holger Zuflucht in Bombay, sie gab vorerst private Tanzstunden für Parsenkinder und eröffnete kurz nach ihrer Vermählung mit einem indischen Arzt ein eigenes Tanzstudio.[26]

Akkulturations- und Assimilationsprozesse[27]

Im Bezug auf kulturelle Assimilation bzw. Akkulturation bemühten die ExilantInnen sich der britischen Kultur anzupassen, die ihnen näher stand als die indische. Eine ausgeprägte Club-Kultur mit Bridge- und Dinnerparties, Kleidung, Essens-, Trink- und Verhaltensgewohnheiten der BritInnen in Indien waren dem Vorbild Großbritanniens nachempfunden. Britischen Vorbildern folgend wurden Dinner- und Bridgeparties auch zu vorrangigen Treff- und Kommunikationszentren für ExilantInnen. Weiters ist ein enger Kontakt zur Gemeinschaft der Parsen zu beobachten, die eine besonders liberale, bildungs- und kunstfreudige sowie finanziell gut situierte Minderheit in Bombay darstellte.[28]

Strukturelle Assimilation bzw. Integration bis hin zu Identifikation wie beispielsweise der Eintritt in Vereine und Institutionen konnte wiederum verstärkt im Bezug auf britische bzw. parsisch-geförderte Vereinigungen festgestellt werden. Einige ExilantInnen wirkten beim britisch-indischen Roten Kreuz oder Militär, beispielsweise war Dr. Hans Friedländer ab 1943 britischer Militärarzt in Agra. Zudem kann im Kunstbereich eine Integration von österreichischen Kunstschaffenden wie Walter und Käthe Langhammer

---

25 Brief Hans Glas an Hilde Holger, Calcutta, 16. Oktober 1938. Nachlass Hilde Holger, Primavera Boman-Behram, London.

26 Denny Hirschbach / Rick Takvorian (Hrsg.), Die Kraft des Tanzes. Hilde Holger. Wien–Bombay–London. Über das Leben und Werk der Tänzerin, Choreographin und Tanzpädagogin, Bremen 1990.

27 Vgl. Christhard Hoffmann, Zum Begriff der Akkulturation, in: Claus-Dieter Krohn / Patrik von zur Mühlen / Gerhard Paul / Lutz Winckler (Hrsg.), Handbuch der deutschsprachigen Emigration 1933–1945, Darmstadt 1998, S. 120.

28 Vgl. Pheroza J. Godrej / Firoza Punthakey Mistree (Ed.), A Zoroastrian Tapestry. Art, Religion & Culture, Ahmedabad 2002.

bzw. dem Wiener Kunstmäzen Emmanuel Schlesinger in indische Kulturvereinigungen wie der „Bombay Art Society" und „The Progressive Artists Group" beobachtet werden.

S. H. Raza-Ausstellungseröffnung der „Bombay Art Society" 1948. (Erste Reihe, von links): Unbekannt, S. H. Raza, Käthe Langhammer, Rudolf von Leyden. (Zweite Reihe, von links): Walter Langhammer, K. H. Ara, Emmanuel Schlesinger.

Foto: Privatarchiv S. H. Raza, Paris

Biologische Assimilationsprozesse bzw. Amalgamation wie inter-ethnische Heiraten fanden vor allem zwischen österreichischen Frauen und britischen bzw. indischen Männern statt, wobei hier wieder die weltoffene Gruppe der Parsen in Bombay, auch der Sindhis, einer liberalen, bildungsfreudigen Minderheit in Nordindien und Delhi, und der gebildeten Bengalen in Calcutta zu nennen sind. Zudem kam es zu „innerjüdischen" Vermählungen zwischen EuropäerInnen und InderInnen, die inter-ethnisch im Bezug auf den Kontinent und die lokale Kultur waren, aber nicht bezüglich der Glaubensgemeinschaft. Grundsätzlich wiesen die indischen Ehemänner ein hohes Bildungsniveau, meist eine europäische bzw. westliche Erziehung sowie einen hohen gesellschaftlichen Status auf und waren finanziell gut situiert.

Weitaus schwieriger gestaltete sich die Institutionalisierung einer Liebesbeziehung zwischen einem männlichen österreichischen Exilanten und einer britisch-indischen bzw. indischen Frau. Da nach damaligem britischen Recht die Ehefrau nach ihrer Heirat die Staatsbürgerschaft des Ehemannes anzunehmen hatte, inkludierte dies zu Kriegsbeginn für die britisch-indischen Frauen auch den „Enemy-alien"-Status (Einstufung als feindliche Ausländerinnen) und damit eine mögliche Internierung. So kam es, dass Britinnen, die einen Österreicher oder Deutschen geheiratet hatten, sich nach Kriegausbruch wiederum um eine britische Staatsbürgerschaft bemühen mussten, was von den Behörden unterschiedlich gehandhabt wurde.

Während etwa Moselle Jellinek aus der vermögenden jüdisch-indischen Familie der Ezra den Status einer britischen Staatsangehörigen wieder erlangen sollte, da sie ihren Mann bereits 1936 in Wien geheiratet hatte,[29] fiel die Entscheidung im Fall der Ramah Regina Larisch, geborene Ferris, die am 30. Mai 1940 den Österreichischer Kurt Larisch in Calcutta zum Mann genommen hatte, negativ aus:

> „Section 10(6) of the British Nationality and Status of Aliens Act, 1914, appears to be intended to apply to those wives who acquire the nationality of a foreign state by marriage before the outbreak of war with that State, and were thus not in a position to foresee that they would be in the (difficult [durchgestrichen mit Hand, Anm. M. F.]) position of enemy aliens. *In the case of those who marry enemy aliens after the outbreak of the war,* this consideration will not apply and the person concerned must be deemed *to have married an enemy alien with a full knowledge of the consequences of her action.* [Hervorh. M. F.]
> 2. From her application it appears that Mrs. Larisch was married to an Austrian national on the 30th May, 1940, i. e. after the outbreak of war with Austria. In the circumstances the Govt. of India do not consider it desirable in her case to grant a certificate of naturalisation."[30]

---

29 NAI: 10/65/42-Public. [NAI = National Archives of India, New Delhi].

30 NAI: 10/25/43-Public.

Politische Betätigung

Grundsätzlich war es allen Visa-InhaberInnen in Britisch-Indien untersagt, sich politisch zu betätigen. Britisch-Indien war selbst ein okkupiertes Land und die japanische Offensive mit Unterstützung militanter indischer Nationalisten in Ostasien hatte das Territorium des indischen Subkontinents noch bedrohter erscheinen lassen. Es wurde versucht, jeglichen Widerstand im Keim zu ersticken. So saß etwa seit 1941 die gesamte Führerschaft des „Indischen Nationalkongresses“ in Haft bzw. waren Mahatma Gandhi und seine BegleiterInnen unter Hausarrest gestellt worden.

Die Flüchtlinge und ExilantInnen, die sich frei bewegen durften, waren auf einige wenige Städte und Hill-Stations konzentriert und konnten wegen der großen Entfernungen und der eingeschränkten Kommunikationsmöglichkeiten im Krieg wenig Austausch pflegen.

Ob es politische Exilorganisationen gegeben hat, ist bislang nicht verifizierbar. Bisher ist lediglich ein einziges Dokument aufgetaucht, das aber auch keine näheren Informationen zum Ausmaß der Organisierung bzw. der konkreten politischen Aktivitäten gibt. So war in einem Telegramm vom „Free Austria Movement Toronto“ der vormalige Schuschnigg-Vertraute und Oberarzt des Landeskrankenhauses Knittelfeld, Dr. Viktor Gorlitzer, im März 1941 zum Führer der (konservativen) „Free Austrian Movement in India“ ernannt worden.[31]

Es ist aber anzunehmen, dass es weder kommunistische noch sozialdemokratische Exilgruppen gegeben hat, da Mitglieder oder SympathisantInnen dieser Parteien die indische Unabhängigkeitsbewegung unterstützten und daher ihre Mitglieder meist in der Internierung verbleiben mussten bzw. ihnen gar kein Visum nach Britisch-Indien zuerkannt worden war. Prüfenswert erscheint die Frage, inwieweit sich in den Lagern diesbezügliche Gruppen gebildet haben. Der Sozialist und Bergsteiger Fritz Kolb, der bei Kriegsausbruch inhaftiert und in ein Lager mit deutschen und österreichischen Nationalsozialisten – darunter auch Heinrich Harrer – interniert worden war, vermerkt kurz:

> „In den vier verschiedenen Lagern, in denen ich die viereinhalb Jahre Internierung verbrachte, ging es zum Teil sehr politisch her. Zur Zeit der großen deutschen Siege prophezeite man mir mehr als einmal,

---

[31] IOR/L/PJ/7/1966.

ich werde eines Morgens an einem Querbalken der Baracke hängend angetroffen werden. Sechs von mehr als dreihundert hatten wir uns nämlich geweigert, am Geburtstag des Führers Heil Hitler! zu rufen, und ich war zum Sprecher dieser winzigen Anti-Nazi-Gruppe gewählt worden. [...] Mählich wuchs unsere Gruppe durch Neuankömmlinge, und nach bangen Jahren erlebten wir noch die Zerknirschung der anderen Seite, als die spärliche Post aus der Heimat die Zerstörung der deutschen Städte aus der Luft zur Gewissheit werden ließ.“[32]

Abseits von politischen Organisationen scheint es aber durchaus Versuche von Emigranten gegeben zu haben, ihre politischen Positionen zu verbreiten bzw. eine Gegenöffentlichkeit zum Nationalsozialismus in Britisch-Indien zu schaffen. Ein Beispiel ist die Publikation von politischen Karikaturen des deutschen Sozialdemokraten Rudolf von Leyden unter dem Pseudonym „Denley“ in der englischsprachigen „The Illustrated Weekly of India“.[33] Er war 1933 nach Britisch-Indien gekommen und war bei Kriegsausbruch schon im Besitz der britischen Staatsbürgerschaft. Die Veröffentlichung von Anti-Nazi-Karikaturen seines Freundes Walter Langhammer konnte zwar für Österreich verifiziert werden. Die Publikation dieser Karikaturen in Indien ist bisher noch ungeklärt. Die Vorlage der Karikaturen aus Österreich hat jedenfalls zur Entlassung der gesamten Familie Langhammer aus der Internierung in Britisch-Indien geführt.[34] Andere politische Karikaturen von Walter Langhammer erschienen 1943 auf der Titelseite der „Times of India“,[35] nachdem sich der Kriegsverlauf zugunsten der Alliierten gewendet hatte.

---

32 Fritz Kolb, Es kam ganz anders. Betrachtungen eines altgewordenen Sozialisten, Wien 1971, S. 63. Vgl. auch: Herbert Fischer, in: Gerald Lehner, Im Gespräch mit Herbert Fischer über seine Erinnerungen in Indien, ORF, Abendjournal, Mai 2000.

33 Vgl. Gallery Chemould / Max Mueller / Bhavan Bombay / Rudolf von Leyden, Cartoons. January 29 to February 20, 1999, Bombay 1999. Vgl. IOR/Photographs, Printings and Drawings: P2349. 259 caricatures drawn by Rudolf von Leyden (Denley), published in the „Illustrated Weekly of India“, Bombay 1941–1947.

34 Vgl. Yashodhara Dalmia / Maseeh Rahman, Interview mit Käthe Langhammer, London. Tonbandmitschnitt. Privatarchiv Dalmia, New Delhi. Tonband-Transkription der Autorin.

35 Langhammer-Privatnachlass. Privatarchiv der Autorin.

Internierungen

Am 3. September 1939 internierte das „Government of India“ alle männlichen Angehörigen feindlicher Staaten, die älter als 16 Jahre alt waren. Sie waren durch den Kriegsausbruch zu „enemy aliens“, feindlichen Ausländern, geworden. Unter den Inhaftierten befanden sich alle erwachsenen Deutschen und Österreicher auf britisch-indischem Territorium. Frauen und Kinder blieben vorerst in Freiheit, auch wurde das Personal diplomatischer Vertretungen feindlicher Staaten mit wenigen Ausnahmen nicht inhaftiert. Die erste Station der Verhafteten waren lokale Gefängnisse bzw. Lager beispielsweise in Bombay, Bhopal und Bangalore, bevor sie ins Zentralinterniertenlager Ahmednagar (Maharasthra) verbracht wurden. Von dort wurden einige nach Deolali im heutigen Bundesstaat Maharashtra überstellt, bevor ein neues Lager speziell für Zivilinternierte in Prem Nagar bei Dehra Dun (heute Uttranchal) errichtet wurde.

Die Beschreibungen der Internierten stellen Ahmednagar ein gutes Zeugnis aus und sind in ihrer Kritik an Deolali einig. Die katastrophalen Zustände dort und die Überfüllung von Ahmednagar führten zum Bau von Prem Nagar[36], neun Kilometer außerhalb der klimatisch begünstigten Hill-Station Dehra Dun in den United Provinces (heute Uttaranchal). Das Erscheinungsbild dieses Lagers glich dem eines typischen Kriegsgefangenenlagers, es bestand aus Wohn-, Küchen- und Administrationsbaracken, Exerzier- und Sportplatz, Stacheldrahtumzäunung und Wachturmanlagen mit Scheinwerfern. Nach mehreren gewalttätigen Zusammenstößen zwischen jüdischen Flüchtlingen und Nationalsozialisten wurden jüdische Inhaftierte spätestens 1942 von den Nationalsozialisten getrennt untergebracht. Auch die italienischen Internierten wurden fortan in einem eigenen „Wing“ einquartiert. Priester bekamen eine eigene Baracke, ihnen wurden auch die Ausübung ihrer religiösen Pflichten und die Aus- und Weiterbildung gestattet.[37]

---

[36] Wenn nicht anders erwähnt, stützen sich die Informationen auf zahlreiche Interviews mit Alfred Würfel und em. Univ.-Prof. Dr. Dr. h. c. Josef Neuner SJ, auf Interpretation von Fotografien und Karten bzw. der Besichtigung und Erhebung des ehemaligen Lagerareals durch die Autorin im März 2003 und August 2005. Zudem: Vgl. Alfred Würfel, India: My Karma, New Delhi 2004, S. 46–60; Josef Neuner, Memories of My Life, Pune 2003, S. 10–17. (Nunmehr auch in deutscher Übersetzung: Josef Neuner, Der indische Joseph. Erinnerungen aus meinem Leben, Feldkirch 2005).

[37] Vgl. Interview, Pater Dr. Josef Neuner SJ, Pune. Vgl. Walther Eidlitz, Bahkta. Eine indische Odyssee, Hamburg 1951.

Die Behandlung der Gefangenen folgte den Genfer Konventionen, der Tagesablauf den Vorgaben für internationale Gefangenenlager.

Das Lager war mit zahlreichen Annehmlichkeiten ausgestattet, die Offiziere behandelten die Lagerinsassen menschlich, Schneiderei, Bügelei, Wäscherei und Schuhmacherwerkstatt standen zur Verfügung. Ein Orchester spielte auf, Theaterstücke wurden aufgeführt und Filme gezeigt, auch die verschiedensten Sportarten wie Fußball oder Hockey waren möglich.

Eine selbst organisierte Bierbrauerei versorgte das gesamte Lager mit Alkohol. Jede Baracke hatte einen eigenen Vorgarten, der von den Internierten selbst bestellt wurde, mit Gemüse und Papayabäumen, die innerhalb von zwei Jahren Früchte trugen.

Im Lager leiteten deutsche Tropenärzte ein Hospital und ein Zahnlabor; der Südtiroler Medizinstudent Lutz Chicken sammelte hier Daten für seine medizinische Dissertation.[38] Auch den österreichischen Geographielehrern Fritz Kolb und Ludwig Krenek war es erlaubt, geographisch-geologische Untersuchungen in der Umgebung des Lagers durchzuführen.[39] Die Gefangenen durften auch auf so genannte „Paroleausflüge" gehen, wenn sie sich zuvor verpflichtet hatten, mit niemandem außerhalb des Lagers zu sprechen, keine Verkehrsmittel zu verwenden und keine Fluchtversuche zu unternehmen.

> „Wir durften zweimal in der Woche Spaziergänge außerhalb des Lagers machen, hatten Unterhaltung und Sport. Zweimal wöchentlich spielte ein für uns gebautes und eingerichtetes Kino. Es gab eine große Bibliothek, die Bücher in fast allen Sprachen der Welt umfasste. Eine Schule, Vorträge aller Art, Theater, Arbeitsräume für jeden nur erdenklichen Handwerksberuf – kurzum, wir hatten alles, was ein zivilisierter Europäer zu seiner Zufriedenheit braucht."[40]

Zusätzlich zu den Zivilinternierungslagern (ausschließlich für Männer) existierten seit 1940 „Parole Settlements" in Britisch-Indien, in der auch Frauen und Kinder untergebracht wurden. Der Begriff taucht erstmals

[38] Vgl. Ludwig Chicken, Die Krankheitsindizien im Internierungslager Premnagar/Britisch-Indien (Beobachtungen über die im Internierungslager Premnagar, Britisch-Indien, vorkommenden Krankheiten mit Berücksichtigung des Alters, der Landart und des Klimas), Diss., München 1947.

[39] Vgl. Kolb, Es kam ganz anders, S. 62–65; Ludwig Krenek, Indien heute, Wien 1953.

[40] Hans Kopp, Sechsmal über den Himalaya. Fluchterlebnisse eines Deutschen in Indien und Tibet, Freiburg/Breisgau 1955, S. 37.

1648 bei einem britischen Soldaten auf, der sein Ehrenwort – „word of honor“ oder „parole d’honneur“ – gab, weder selbst zu fliehen noch diesbezügliche Versuche zu unterstützen, bis er nach kriegsrechtlichen Bestimmungen auf freien Fuß gesetzt würde. Dafür durfte er sich in einem bestimmten Umkreis frei bewegen, einer Beschäftigung nachgehen und eine eigene Unterkunft suchen. Im 20. Jahrhundert wurden solche Parole-Regelungen vermehrt angewandt. Die Vorteile für die Siegermacht liegen im kostengünstigen „geistigen“ Gewahrsam der Gefangenen, die wiederum in Freiheit (außerhalb von Stacheldraht) an einem bestimmten Ort eine freie Berufs- und Unterkunftswahl haben. Artikel 10 bis 12 der Haager Konvention aus dem Jahre 1907 beschreiben die genauen Rechte solcher Gefangener, „‚be set at liberty on parole if the laws of their country allow‘, but they also noted that governments were not obliged to offer parole, that prisoners were not to be compelled to take it and that parolees who broke their word ‚forfeited their right to be treated as prisoneers of war, and can be brought before the courts‘.“[41]

Im September 1940 existierten sieben solcher „Parole Settlements“ auf dem Territorium von Britisch-Indien – alle in Hill-Stations oder klimatisch begünstigten, hochgelegenen Orten: Kodaikanal (Tamil Nadu), Katapahar (Bezirk von Darjelling, im Nordosten von West Bengal an der Grenze zu Sikkim und Bhutan), Naini Tal (früher United Provinces, heute Uttranchal), Purandhar (Bezirk von Pune, Maharasthra), Satara (Bezirk von Pune, Maharasthra), Shillong (früher die Hauptstadt von Assam, heute Meghalaya), Yercaud (im Bezirk von Salem, Tamil Nadu).

> „Accommodation in all centres has been provided in pre-existing houses or, in the case of Satara and Purandhar, in old military barracks or bungalows to which necessary additions and alternations have been made. As far as possible married couples, single males and females have been accommodated in separate houses or barracks. All are supplied with quarters, furniture and lightening, free of rent, and are in addition granted suitable monthly allowances for maintenance. Conditions of restriction and living in these settlements are generally much easier than those in internment camps and approximate living conditions in hill stations.“[42]

---

41 Zit. nach: George Sheppard, Parole, in: Jonathan F. Vance (Ed.), Encyclopedia of Prisoners of War and Internment, Santa Fe 2000, S. 215–217, hier S. 216.

42 IOR/L/PJ/8/70, Coll.101/14A.

Der überwiegende Teil der in „Parole Settlements“ internierten ÖsterreicherInnen war in Satara und Purandhar untergebracht,[43] wo Schulen, Kindergärten und Weiterbildungsmöglichkeiten errichtet wurden. Frauen brachten hier Kinder zur Welt und versuchten in der Abgeschiedenheit der Siedlung ein „normales“ Familienleben zu führen, nachdem es vor allem nach 1943 zu Familienzusammenführungen gekommen ist.

Zeitlich lassen sich zwei Internierungswellen feststellen. Die erste im September 1939 verebbte zu Beginn des Jahres 1940. Nach dem Angriff Nazideutschlands auf Belgien und Frankreich wurden im Frühsommer 1940 die Rufe nach Separierung von deutschstämmigen und österreichischen Flüchtlingen in der Bevölkerung des Subkontinents wieder lauter. Die Regierung reagierte darauf mit einer zweiten Internierungswelle, der auch Frauen und Jugendliche unterworfen waren. Freiheit konnte nur durch Beweislegung der Loyalität mit Britisch-Indien und eine fixe Anstellung erlangt werden, was wiederum bedeutete, dass Flüchtlinge, die im Zuge der Kriegswirren ihre Anstellung verloren, nicht selten mit ihrer ganzen Familie in „Parole Settlements“ geschickt wurden, wo sie meist bis 1946 verblieben.

Ab Mai 1941 waren Zivilinternierte in Indien den „Prisoners of War“ (POW) gleichgestellt, „they are permitted to receive money and parcels under the same conditions as prisoners of war“[44].

Über die Internierten versuchten die britischen Stellen von der deutschen Regierung Informationen zu erhalten, wobei es über neutrale Drittstaaten zu einem Informationsaustausch kam. Einige der Internierten verwehrten sich gegen die Übermittlung ihrer Daten an Nazideutschland. So schreibt Leopold Weiss alias Mohammed Asad am 24. April 1940:

> „I herewith declare that I do not wish any particulars about me to be sent to the German government. I was Austrian till 1938, and I do not recognize the Nazi government nor, by the way, any German government whatever. I will have nothing to do with Germany now or in future.“ [45]

Auch Carl Petras (früher Karl Petrasch), österreichischer Journalist und Sprachenlehrer, reagierte auf die Intention der britischen Regierung, seine

---

43 IOR/L/PJ/8/34. Coll. 101/10AB.

44 IOR/L/PJ/8/70. Coll.101/14A.

45 IOR, L/P/JP/32, Dok. 536.

Daten an Nazideutschland und somit eine mögliche Überstellung einzuleiten, vehement:

> „the undersigned CARL PETRAS, 1417, request you not to communicate to the German government neither his name nor details, as I do not consider myself a German and do not intend to appeal to this government nor its representatives. I do not intend nor desire to be exchanged or to return to Germany. I prefer rather to stay interned for the duration of war if I cannot be released.
> I beg you to accept this request of mine.“ [46]

Exkurs: „Unfreiwilliges Exil“

Unter dem Begriff „unfreiwilliges Exil“ wird das Exil und die Internierung jener Personen verstanden, die sich zu Kriegsbeginn in Indien aufhielten bzw. später von anderen Internierungslagern aus Ceylon, Niederländisch-Ostindien oder dem Raum Irak und Persien nach Indien transferiert wurden und die Zeit des Zweiten Weltkrieges „unfreiwillig“ in Indien verbrachten.

Unter der ersten Gruppe findet man vor allem Bergsteiger, Geschäftsleute und „Spirituell-Suchende“, die vom Kriegsausbruch – mehr oder weniger – in Indien überrascht wurden.

Listen dieser Personen waren bereits im Sommer 1939 von den Briten angelegt worden; Bewegungen jener „Verdächtigen“ wurden schon zu diesem Zeitpunkt observiert. Alle „feindlichen Ausländer“ wurden dadurch auch in den ersten Kriegstagen verhaftet. Die britische Kolonialregierung war so sorgfältig, dass dem österreichischen Bergsteiger-Duo Fritz Kolb und Ludwig Krenek, zwei sozialdemokratisch geprägten Lehrern aus Wien, die Ende August 1939 mit vier BritInnen eine Tour in den Himalaya angetreten hatten, eine diesbezügliche Weisung in die Berge zugestellt wurde. Am 10. September 1939 sandte ihnen ein Polizeioffizier folgende Nachricht:

> „Meine Herren, ich muss Sie bitten, ohne Verzögerung nach Manali zurückzukehren, um sich dort beim Polizeiinspektor zu melden. Ich ermahne Sie in Ihrem eigenen Interesse, dieser Bitte nachzukommen. Sie beugen damit der Notwendigkeit vor, Ihre Anwesenheit durch

[46] IOR, L/P/JP/32, Dok. 544.

drastischere Mittel zu sichern. Sie müssen sich klar darüber sein, dass das Britische Weltreich sich im Kriege mit dem Deutschen Reich befindet, Sie daher Angehörige eines feindlichen Staates sind."[47]

Für kurze Zeit landeten beide im Militärgefängnis von Lahore, kamen dann ins Internierungslager Ahmednagar, später ins Zentralinternierungslager Dehra Dun, wo sie auf die Teilnehmer einer anderen österreichisch-deutsch besetzten Expedition stießen, die im Auftrag des Deutschen Reiches den Nanga Parbat erkundet hatten. Mitglieder dieser nationalsozialistischen Expedition waren es dann auch, denen wohl die „berühmteste Flucht des 20. Jahrhunderts"[48] aus dem Zentralinterniertenlager Dehra Dun gelang. Trotz guter Behandlung und Versorgung kam es neben dieser Flucht von Heinrich Harrer und anderen zu zahlreichen Fluchtversuchen von Nationalsozialisten.

Rückkehr?

Im Jahre 1947 kam es endgültig zur Entkolonisierung der britischen Kronkolonie Indien. In zähen Verhandlungen hatte man sich auf die Schaffung der zwei unabhängigen Nationalstaaten Indien (mit einer Hindu-Mehrheit) und Pakistan (mit einer muslimischen Mehrheit) geeinigt. Diese „partition" (Teilung) des riesigen Subkontinents führte zu gewaltvollen Religionskonflikten zwischen Hindus und Muslimen, welche Hunderttausende Tote und Vertriebene zur Folge hatten. Hungersnöte, Flüchtlingselend und der Aufbau einer unabhängigen Ökonomie und eines Staatsapparates prägten die ersten Jahre der unabhängigen jungen Nationalstaaten. Verunsicherung machte sich nicht nur in britisch-nahen Bevölkerungsschichten breit, zumal alle wichtigen Positionen in Wirtschaft, Staat und Verwaltung von britischen in indische bzw. pakistanische Hände übergingen.

Karl Petrasch, der während des ganzen Krieges interniert war und erst 1946 entlassen wurde, ist einer der wenigen, der sich ohne direkten Familienanhang entschloss, im jungen unabhängigen indischen Nationalstaat Indien zu bleiben. In Bombay gründete er das „Institute of Foreign Languages", das auch bemüht war, einem indischen Allgemeinpublikum

[47] Fritz Kolb, Einzelgänger im Himalaya, München 1957, S. 67.

[48] Vgl. Wie sie entkamen. Abenteuerliche und denkwürdige Fluchten, Hamburg 1957.

westliche Kultur näher zu bringen. Aufgrund des großen Erfolges wurde eine Zweigstelle seines Institutes in Delhi eröffnet. Petrasch arbeitete nach seiner Freilassung auch als Manager der österreichischen Tänzerin Hilde Holger, mit der er seit ihren gemeinsamen Wiener Tagen befreundet war und die ohne Erfolg beim Erzbischof von Bombay für seine Freilassung interveniert hatte. Petrasch verstarb 1952 in Bombay an einem Hitzeschlag.[49]

Wenn ExilantInnen im Land bleiben wollten, mussten sie strenge Auflagen der britisch-indischen Regierung erfüllen sowie eine sichere Versorgung finanzieller und beruflicher Art vorweisen.

Die meisten entschlossen sich, den indischen Subkontinent in Richtung Großbritannien zu verlassen, was vorerst gar nicht so einfach war, weshalb ein Großteil in Internierung oder „Parole Settlement“ zurückgehalten wurde, bis eine Rückreise ins Heimatland bzw. eine Weiterreise möglich war. Alle Transport- und Personenschiffe waren ausgelastet, da britische Truppen nach Großbritannien verlegt wurden bzw. die britische Verwaltung ihren sukzessiven Abzug aus Indien schon kurz nach dem Krieg begann. Der Großteil der Schiffe war bis Ende 1947 ausgebucht.

Am 8. August 1946 wurde in vielen Tageszeitungen Britisch-Indiens ein Aufruf für österreichische Flüchtlinge geschaltet, sich mit dem Alliiertenkontrollrat im wiedererstandenen Österreich wegen möglicher Rückkehrabsichten in Verbindung zu setzen. In Indien selbst wurde 1946 begonnen, über systematische Rücksendungsprogramme nachzudenken. Der Zeitpunkt der Abreise wurde von der britischen Regierung bestimmt, die HeimkehrerInnen wurden in ihre Heimatbezirke, die sie selbst angegeben hatten, geschickt. Die britische Regierung hatte vorerst auch vor, jüdische Flüchtlinge nach Deutschland zu schicken, wogegen es aber massiven Protest von Seiten der „Jewish Relief Association“ gab.

Viele jüdische Flüchtlinge schlossen eine Rückkehr nach Österreich kategorisch aus, ihre angestrebten Emigrationsziele waren die USA, Palästina, Großbritannien bzw. westliche Commonwealth-Länder.

Im Land blieben Leute mit Familienanschluss wie Emmanuel Schlesinger, der sein Hausmädchen geheiratet und zwei Töchter hatte, aber auch Personen, die über eine gut bezahlte und sozial abgesicherte Anstellung verfügten, wie es die Beispiele des österreichischen Künstlers Walter Langhammer oder des Kinderarztes Alexander Ronald, früher Rosenblüth, der 1970 in

---

[49] Vgl. diverse Briefe und Kritiken in Zeitung und Zeitschriften. Nachlass Hilde Holger, Primavera Boman-Behram, London.

Calcutta verstarb, zeigen. Die wenigen in Indien verbliebenen ExilantInnen verbrachten aber oft nach einer aktiven Berufslaufbahn ihren Lebensabend in einem Land mit angenehmerem Klima und einfacheren Lebensbedingungen. So re-emigrierte Dr. Robert Heilig nach einem Herzinfarkt im Jahre 1973 nach Österreich, nachdem die Republik Österreich ihm eine Pensionszahlung zuerkannt hatte. Walter und Käthe Langhammer verließen Indien in den späten 50er Jahren nach schweren gesundheitlichen Beschwerden Richtung Großbritannien.

Heute sind nur noch wenige Familienmitglieder österreichischer ExilantInnen in Indien selbst zu finden. Als einziger Überlebender dieser Zeit aus Österreich ist der Jesuitenpater Dr. Josef Neuner zu nennen, der nach seiner Ausbildung im Vatikan wieder nach Indien zurückkehrte und in Pune arbeitete, wo er auch heute – 98-jährig – seinen Lebensabend verbringt. 2001 starb Dr. Stephan Fuchs, Internierter der Jahre 1939–46, der sich besonders als Ethnologe in Indien und Gründer eines anthropologischen Institutes in Bombay einen Namen gemacht hatte.

Mehrere hundert ÖsterreicherInnen fanden Zuflucht in der britischen Kronkolonie; zusammen mit ihren deutschen, tschechischen, ungarischen und polnischen LeidensgenossInnen kann die Exilgemeinde auf mehrere tausend Personen hochgerechnet werden. Ihr Schicksal ist bisher weitgehend undokumentiert, Lebensbedingungen und Überlebensstrategien großteils unbekannt, Britisch-Indien als Exilland nicht weitläufig bekannt. Dieser Artikel soll ein kleiner Beitrag gegen das Vergessen dieser Menschen und ihrer HelferInnen im Aufnahmeland Britisch-Indien sein.

DOKUMENTATIONSARCHIV DES ÖSTERREICHISCHEN WIDERSTANDES

TÄTIGKEITSBERICHT 2006

Wissenschaft und ihre Vermittlung in Schule, Erwachsenenbildung und in den Medien waren für das DÖW immer schon integrale Bestandteile seiner Tätigkeit. Das Jahr 2006 stand daher für uns vor allem im Zeichen der verstärkten Kommunikation nach außen, der wir uns in unserer Funktion als **Schnittstelle zu Wissenschaft, Opferorganisationen und einer interessierten Öffentlichkeit** verpflichtet fühlen. Ein wichtiger Schritt in Richtung Präsentation unserer Forschungs- und Arbeitsschwerpunkte war im Sommer 2006 die Installierung der Internetplattform zur permanenten Ausstellung des DÖW: **www.doew.at/ausstellung**. Die Ausstellungswebsite bietet eine Fülle an Informationen in deutscher und englischer Sprache zu den einzelnen Themen der DÖW-Ausstellung von der Vorgeschichte des „Anschlusses" über Widerstand und Verfolgung in der NS-Zeit bis zur Aufarbeitung der NS-Vergangenheit nach 1945. Texte, Bilder, Dokumente, Datenbanken etc. ermöglichen einen ersten virtuellen Einstieg in die Ausstellung – sei es zur punktuellen Vorbereitung eines Besuchs, sei es als virtuelle Besichtigungsmöglichkeit für alle jene, die aus räumlichen Gründen sonst nicht dazu in der Lage wären – ebenso wie weiterführende Recherchen. Mit dem verwendeten flexiblen Recherche- und Informationssystem wurde die Voraussetzung geschaffen, neue Forschungsergebnisse bzw. ergänzende Dokumente und Bilder laufend neu einzubauen.

Mit der Publikation der beiden reich bebilderten **Kataloge** (deutsch/englisch) zur permanenten Ausstellung – beide wurden im November 2006 der Öffentlichkeit vorgestellt – wurden schließlich alle drei geplanten Ebenen der Ausstellung („traditionelle" Wandtafeln und Ausstellungsstücke, erweiterbare digitale Version, Katalog) fertig gestellt.

Basis der Arbeiten des DÖW, das sich immer schon nicht nur als Archiv, sondern auch als Forschungsstätte verstanden hat, ist nach wie vor die **Vernetzung der Arbeitsbereiche Archiv/Bibliothek – Forschung,** durch die wir unsere Bestände als Grundlage eigener Forschungsvorhaben ebenso nützen können, wie unsere Projekte zum ständigen Anwachsen der verschiedenen Sammlungen beitragen.

Näheres zu den abgeschlossenen und laufenden DÖW-Projekten sowie zu unseren Beständen siehe im Folgenden.

Vorstand/Kuratorium

Die Kuratoriumssitzung des DÖW fand am 13. März 2006 statt.

Vorstand 2006

Ehrenpräsident: Landtagspräs. a. D. Hubert Pfoch. *Präsident:* BM a. D. Rudolf Edlinger. *Vizepräsidenten:* KR Dr. Gerhard Kastelic, Prof. Hugo Pepper, Staatssekretär a. D. Dr. Ludwig Steiner, Abg. a. D. Prof. Alfred Ströer, Oskar Wiesflecker. *Kassier:* Prof. Dr. Jonny Moser. *Kassier-Stv.:* Othmar Burian. *Weitere Mitglieder:* Sr. Dr. Edith Beinhauer, Obersenatsrat Univ.-Prof. Dr. Hubert Christian Ehalt, Prof. Rudolf Gelbard, Sekt. Chef i. R. Dr. Wilhelm Grimburg, Präs. d. VwGH Univ.-Prof. Dr. Clemens Jabloner, RA Dr. Heinrich Keller, Präs. d. IKG Dr. Ariel Muzicant, Abg. a. D. Ing. Ernst Nedwed, Hon.-Prof. Dr. Wolfgang Neugebauer, Univ.-Doz. Dr. Bertrand Perz, Prof. Rudolf Sarközi, HR Univ.-Doz. Dr. Georg Schmitz, OSR Dr. Kurt Scholz, Abg. z. NR Mag. Terezija Stoisits, Univ.-Prof. Dr. Erika Weinzierl, MR Mag. Manfred Wirtitsch, Dr. Helmut Wohnout. *Wissenschaftliche Leitung:* HR Univ.-Doz. Mag. Dr. Brigitte Bailer-Galanda. *Kontrolle:* OSR Dr. Josefa Breuer, Friederike Krenn, Mag. Peter Soswinski.

Aus dem Kreis unserer ehemaligen Vorstandsmitglieder verstarben im Jahr 2006 HR Dr. Felix Czeike und Wirkl. HR i. R. Dr. Alois Kermer. Ebenso betrauern wir das Ableben unserer Kuratoriumsmitglieder Mag. Dr. Hermann Lein und Kurt Horak sowie unserer langjährigen ehrenamtlichen Mitarbeiter Dr. Hans Friedmann und Antonia Bruha.

Wie in den letzten Jahren erfolgte die Tätigkeit des Vereins Dokumentationsarchiv in engster Zusammenarbeit und in bestem Einvernehmen mit der Stiftung Dokumentationsarchiv. Deren Leitungsgremium, dem Stiftungsrat, gehören VertreterInnen der drei Stifter – Republik Österreich, Stadt Wien und Verein Dokumentationsarchiv – an.

Der Vorstand dankt allen Kuratoriumsmitgliedern und Mitarbeiterinnen/Mitarbeitern des DÖW für die geleistete Arbeit sowie den FreundInnen und Förderinnen/Förderern des DÖW für ihre ideelle und finanzielle Unterstützung.

Publikationen/abgeschlossene Projekte 2006

- *Dokumentationsarchiv des österreichischen Widerstandes. Katalog zur permanenten Ausstellung*

Die Beiträge des Katalogs zur 2005 neu gestalteten Dauerausstellung des DÖW spiegeln einerseits zentrale Forschungsschwerpunkte des DÖW und seiner MitarbeiterInnen wider und geben andererseits einen Überblick über den Stand der zeitgeschichtlichen Forschung zu NS-Verbrechen sowie Verfolgung und Widerstand auf österreichischem Gebiet 1938–1945. Österreichische NS-Täter und die Beteiligung aus der Bevölkerung werden dabei ebenso angesprochen wie der oft fragwürdige Umgang der Republik mit der Aufarbeitung der NS-Vergangenheit nach 1945 in Entnazifizierung und justizieller Ahndung von NS-Verbrechen sowie Rückstellung und Entschädigung für die NS-Opfer. Damit stellt der Katalog einen umfassenden Sammelband zu Widerstand und Verfolgung 1938–1945 sowie zur Vorgeschichte des „Anschlusses" und zur Aufarbeitung der NS-Zeit nach 1945 dar.

207 Seiten, 160 Abb.

Redaktion: Brigitte Bailer-Galanda, Christa Mehany-Mitterrutzner, Christine Schindler.

Mit Beiträgen von: Brigitte Bailer-Galanda, Gerhard Baumgartner, Herwig Czech, Florian Freund, Winfried R. Garscha, Eva Holpfer, Elisabeth Klamper, Claudia Kuretsidis-Haider, Wilhelm Lasek, Sabine Loitfellner, Wolfgang Neugebauer, Heribert Schiedel, Peter Schwarz, Heidemarie Uhl, Susanne Uslu-Pauer, Helena Verdel, Niko Wahl.

- *Documentation Center of Austrian Resistance, Catalog to the Permanent Exhibition*

Der schmalere, aber ebenfalls reich bebilderte Band enthält die Ausstellungstexte in englischer Sprache und bietet damit auch nicht-deutschsprachigen Interessierten die Möglichkeit des Nachlesens nach dem Besuch der Ausstellung.

95 Seiten, über 100 Abb.

Redaktion: Brigitte Bailer-Galanda, Christa Mehany-Mitterrutzner, Christine Schindler.

Mit Beiträgen von: Heinz Arnberger, Brigitte Bailer-Galanda, Gerhard Baumgartner, Herwig Czech, Florian Freund, Winfried R. Garscha, Eva Holpfer, Elisabeth Klamper, Claudia Kuretsidis-Haider, Wilhelm Lasek, Sabine Loitfellner, Wolfgang Neugebauer, Heribert Schiedel, Peter Schwarz, Heidemarie Uhl, Gerhard Ungar, Susanne Uslu-Pauer, Helena Verdel, Niko Wahl.

Übersetzung: Lilian Dombrowski, Barry McLoughlin.

- *Hochverrat, Landesverrat, Wehrkraftzersetzung – politische NS-Strafjustiz in Österreich und Deutschland*

Die Opfer der NS-Strafjustiz sind für die Beurteilung der Rolle Österreichs in der Zeit des Nationalsozialismus und für das Selbstverständnis der ÖsterreicherInnen bis in die Gegenwart von Bedeutung. Bereits seit 1998 besteht zwischen dem DÖW und der Philipps-Universität Marburg eine enge Zusammenarbeit auf dem Gebiet der Aufarbeitung der NS-Justiz in Österreich, die schon in mehrere Publikationen mündete. 2006 wurde auch das gegenständliche Projekt, das von der VW-Stiftung gefördert wurde und bei dem das DÖW als Kooperationspartner fungierte, mit einer rund 800 Seiten starken Publikation abgeschlossen.

Im Mittelpunkt des Forschungsinteresses stand die Spruchpraxis des Volksgerichtshofs und des Oberlandesgerichts Wien. Rund 2700 politische Strafsachen des Volksgerichtshofs und der beiden Oberlandesgerichte Wien und Graz mit insgesamt 6300 Angeklagten wurden sowohl nach formalen (Daten, Sanktionen, Richter, Staatsanwälte, Orte, ZeugInnen) als auch qualitativen Kriterien (Normen, Handlungen, Gruppenzugehörigkeiten, Verfahrenstypisierung) ausgewertet.

Als erste Ergebnisse wurden 2004 die Publikation *NS-Justiz in Österreich. Lage- und Reiseberichte 1938–1945* (hrsg. von Wolfgang Form und Oliver Uthe) sowie die Mikrofiche-Edition *Widerstand und Verfolgung in Österreich 1938–1945. Die Verfahren vor dem Volksgerichtshof und den Oberlandesgerichten Wien und Graz* (hrsg. von Wolfgang Form, Wolfgang Neugebauer und Theo Schiller) publiziert. Ende 2006 folgte als Abschluss des Projekts der Band *NS-Justiz und politische Verfolgung in Österreich*

1938–1945: Analysen zu den Verfahren vor dem Volksgerichtshof und dem Oberlandesgericht Wien (hrsg. von Wolfgang Form, Wolfgang Neugebauer und Theo Schiller). Für die Publikation wurden alle Verfahren wegen Hochverrats, Landesverrats und Wehrkraftzersetzung vor dem Volksgerichtshof und den Oberlandesgerichten Wien und Graz systematisch ausgewertet. Dadurch werden sowohl Einblicke in den österreichischen Widerstand und in die nonkonformen Handlungen der Bevölkerung als auch in die Vorgehensweise des NS-Regimes bei der Instrumentalisierung des Strafrechts gegen politisch Andersdenkende möglich gemacht.

Die ergiebige Zusammenarbeit auf diesem Gebiet soll weitergeführt werden: Geplant sind Online-Ausgaben historischer Quellen (gemeinsam mit dem K. G. Saur-Verlag). Die auf Mikrofiche vorliegenden Urteile des Volksgerichtshofs bzw. der Oberlandesgerichte Wien und Graz sollen dafür ebenso digitalisiert werden wie die Tagesberichte der Gestapo Wien.

(Zu den Kooperationsprojekten der Philipps-Universität Marburg und des DÖW siehe den Beitrag von Wolfgang Form, Wolfgang Neugebauer und Ursula Schwarz im vorliegenden Band.)

- *Erinnerungskultur und Vergangenheitspolitik im Burgenland. Eine Dokumentation und Analyse der zeitgeschichtlichen Erinnerungszeichen, errichtet im Gedenken an die Opfer des Faschismus und Nationalsozialismus*

Das Projekt zielte auf die Dokumentation, Auswertung und Analyse jener zeitgeschichtlichen Erinnerungszeichen im Burgenland ab, die im Gedenken an die Opfer des Nationalsozialismus und Faschismus seit 1945 errichtet wurden. Die historischen Bezugspunkte dabei bildeten Widerstand, Verfolgung, Exil und Befreiung in den Jahren von 1934 bis 1945. Angeknüpft wurde an Fragestellungen bzw. Strukturen von bereits publizierten bzw. noch in Publikation befindlichen Dokumentationen der Erinnerungszeichen (Reihe *Gedenken und Mahnen in den österreichischen Bundesländern*; bisher erschienen Publikationen zu Wien, an Bänden zu Niederösterreich und zur Steiermark wird gearbeitet).

Das Kooperationsprojekt mit dem „Verein zur Erforschung nationalsozialistischer Gewaltverbrechen und ihrer Aufarbeitung“, der Karl-Franzens-Universität Graz/Abteilung Zeitgeschichte und der Österreichischen Akademie der Wissenschaften (Forschungsprogramm *Orte des Gedächtnisses*) wurde Ende August 2006 abgeschlossen.

- *Anstaltspsychiatrie und Massenmord. Die Vernichtung von PatientInnen aus Wiener psychiatrischen Anstalten im Rahmen der „Aktion T4"*

Ziel des im Herbst 2006 abgeschlossenen Projekts war die systematische Darstellung der nationalsozialistischen Patientenmordaktion „T4" im Wiener Raum unter Berücksichtigung sozial-, medizin- und verwaltungsgeschichtlicher Perspektiven. Den Schwerpunkt der Arbeit bildete die Auswertung eines Bestandes von Krankengeschichten getöteter PatientInnen, die im Deutschen Bundesarchiv in Berlin aufbewahrt werden. Durch die zusätzliche Heranziehung von Beständen im Dokumentationsarchiv des österreichischen Widerstandes, die in den vergangenen Jahren in verschiedenen Archiven gesammelt wurden, im Wiener Stadt- und Landesarchiv, im Österreichischen Staatsarchiv und in diversen Krankenanstalten war eine umfassende Untersuchung der Geschichte der „Euthanasie"-Aktion möglich. Im Mittelpunkt des Interesses stand dabei nicht nur die administrative Durchführung in den Jahren 1940/41 auf lokaler Wiener Ebene, die beteiligten Akteure und die betroffenen Anstalten, sondern auch und vor allem die Perspektive der Opfer.

- *Biographisches Handbuch der österreichischen Opfer des Stalinismus (bis 1945)*

Im Rahmen des Gedenkbuchs für die österreichischen Opfer des stalinistischen Terrors in der UdSSR (bis 1945) wurden seit Herbst 2004 sowohl biographische Daten und Fotografien der Opfer erfasst als auch die Hintergründe der Verfolgung wissenschaftlich aufgearbeitet. Das Projekt wurde im Berichtsjahr in einer ersten Phase abgeschlossen, derzeit wird an der Erstellung einer Publikation gearbeitet. Teile des Gedenkbuchs, insbesondere die Opferbiographien, sind – ähnlich wie die Datensätze aus der Erkennungsdienstlichen Kartei der Gestapo Wien (*Nicht mehr anonym*) – für die Veröffentlichung auf der Website des DÖW vorgesehen.

- *Söldner für den Anschluss. Die österreichische Legion im Deutschen Reich 1933–1938*

Das Forschungsvorhaben behandelt politische, organisations- und sozialgeschichtliche sowie biographische Aspekte der Entwicklung einer im Juni 1933 entstandenen Söldnertruppe, die (zeitweilig) aus annähernd 10.000 österreichischen NS-Aktivisten (hauptsächlich SA-Mitgliedern) bestand, denen das Deutsche Reich nach dem Verbot der NSDAP in Österreich Asyl gewährt hatte. Die Existenz dieser Formation und ihre von deutscher Seite tolerierten bzw. geförderten Aktivitäten (logistische Unterstützung der illegalen NS-Bewegung in Österreich; gewaltsame Grenzzwischenfälle; Fememorde; Schmuggel von NS-Propagandamaterial, Waffen, Sprengstoff usw.) verschärften das gespannte Verhältnis zwischen NS-Deutschland und Österreich nach 1933.

Zu einem Teilbereich des Projekts, dem NS-Putsch 1934, ist 2006 eine Publikation (Hans Schafranek, *Sommerfest mit Preisschießen. Die unbekannte Geschichte des NS-Putsches im Juli 1934*) erschienen. (Siehe auch den Beitrag von Hans Schafranek im vorliegenden Band.)

Periodika

- *Jahrbuch 2006*. Schwerpunkt: Erinnerungskultur. Redaktion: Christine Schindler. Mit Beiträgen von Ludwig Steiner, Brigitte Bailer-Galanda, Karin Stögner, Claudia Kuretsidis-Haider, Lisa Rettl, Peter Gstettner, Elke Renner und Grete Anzengruber, Wolfgang Neugebauer und Peter Schwarz, Wolfgang Form, Wilhelm Lasek. 234 Seiten.
- *Mitteilungen*. Erscheinungsweise: fünfmal jährlich. Auflage: 5300 Stück. Redaktion: Christa Mehany-Mitterutzner.
  Inhalt: Informationen über Projekte, Publikationen und andere Aktivitäten des DÖW; Serviceleistungen wie Veranstaltungshinweise, Rezensionen etc.; im PDF-Format auf der Website des DÖW.

Website: www.doew.at

Neu:

- *Internetplattform zur permanenten Ausstellung des DÖW: www.doew.at/ausstellung*

Die Ausstellungwebsite enthält Texte und Bilder sowie weiterführende Beiträge zu den inhaltlichen Schwerpunkten: *Der Aufstieg der NSDAP – Der Weg zum „Anschluss" – Der „Anschluss" – NS-Terror – Die Verfolgung der österreichischen Jüdinnen und Juden – Die Deportation der österreichischen Jüdinnen und Juden – Widerstand – Die Kärntner SlowenInnen – Roma und Sinti. „Zigeuner" im Nationalsozialismus – Die Verfolgung von homosexuellen Männern und Frauen – Ideologie und Verbrechen: Zur Rolle der Medizin im Nationalsozialismus – Zwangsarbeit – Das Konzentrationslager Mauthausen – Exil – Österreich und die Opfer des Nationalsozialismus – Entnazifizierung und Ahndung von NS-Verbrechen in Österreich – Erinnerungskultur – Rechtsextremismus.*

Ebenfalls integriert sind die Zugänge zu den Datenbanken *Österreichische Holocaust-Opfer* (über 62.000 Datensätze) und *Nicht mehr anonym.*

Fotos aus der Erkennungsdienstlichen Kartei der Gestapo Wien (rund 3900 Fotos und Kurzbiographien).

Laufend:
Aktuelles (Veranstaltungskalender, thematische Schwerpunkte etc.) – *Projekte* (Kurzinfo, Projektberichte, Chronik *Neues von ganz rechts* etc.) – *Thema* (Referate, Essays, Artikel etc.) – *Service* (Informationen zu Archiv, Bibliothek und Ausstellung; Zusammenstellungen aus dem Fotoarchiv und der Flugblattsammlung; Ausstellung *1938. NS-Terror in Österreich*; elektronischer Bibliothekskatalog etc.) – *Information* – *Publikationen* (Auszüge, Bestellmöglichkeit etc.) – *Links* – Grundinformationen auch in Englisch.

Laufende Projekte

Schwerpunkt Holocaust

● *Namentliche Erfassung der österreichischen Holocaustopfer*
Auch nach dem vorläufigen Abschluss des Projekts (2001) wurden neue Opfernamen in die Datenbank aufgenommen bzw. erhielten wir zahlreiche Anfragen von Angehörigen von Holocaustopfern aus dem In- und Ausland.

Schwerpunkt Widerstand und Verfolgung

● *Namentliche Erfassung der Opfer politischer Verfolgung 1938–1945*
Trotz zahlreicher Publikationen zur Thematik fehlt bislang eine empirisch gesicherte Basis für realistische Aussagen über die Zahl der österreichischen Opfer politischer Verfolgung während der NS-Zeit. Ziel des Projekts ist daher zum einen die quantitative Feststellung dieser Opferzahlen, um damit einen sachlich fundierten und faktenorientierten Opferdiskurs zu ermöglichen. Zum anderen – und nicht zuletzt – stellt die namentliche Erfassung einen notwendigen Akt des Gedenkens dar, der die Opfer vor dem Versinken in die Anonymität bewahren soll.

Auf den Erfahrungen des Projekts *Namentliche Erfassung der österreichischen Holocaustopfer* aufbauend werden in Kooperation mit dem Karl von Vogelsang-Institut die Namen und verfolgungsrelevanten Daten von ÖsterreicherInnen erfasst, die im Zeitraum vom 11. März 1938 bis zum 8. Mai 1945 aus politischen Gründen durch das NS-Regime umkamen bzw. ermordet wurden. Konkret handelt es sich dabei um Opfer des SS- und Polizeiapparates, Opfer der NS-Justiz (sowohl Hingerichtete als auch während des Strafvollzuges Umgekommene), Todesopfer der Konzentrationslager und Tote von Massakern. Mit berücksichtigt werden auch Personen, die im Zuge der Verfolgung Selbstmord verübt haben. Als ÖsterreicherInnen gelten nicht nur jene Personen, die 1938 das „Heimatrecht" bzw. die österreichische Staatsbürgerschaft besaßen, sondern – analog zum Opferfürsorgegesetz (OFG) – auch alle jene, die 1938 mindestens zehn Jahre in Österreich ihren Wohnsitz hatten.

Im Mittelpunkt der Arbeiten, die u. a. vom Österreichischen Versöhnungsfonds unterstützt werden, stehen die systematische Erfassung und der datenbankgestützte Abgleich von großen Quellenbeständen, wobei sich als Ausgangsbasis Quellenbestände aus dem Bereich der Politischen Polizei, der Justiz, des Strafvollzugs sowie der Konzentrationslager anboten. Dank guter Kontakte zu Gedenkstätten im In- und Ausland konnten zahlreiche neue Quellen für das Projekt erschlossen werden.

Nach der EDV-gestützten Aufarbeitung der entsprechenden Quellenbestände im In- und Ausland sollen die Daten in geeigneter Form (Buch, CD-ROM, Internet) öffentlich zugänglich gemacht werden.

(Näheres zum Projekt siehe im Beitrag *Namentliche Erfassung der Opfer politischer Verfolgung in Österreich von 11. März 1938 – 8. Mai 1945* im vorliegenden Band.)

- *Gedenken und Mahnen in Niederösterreich und der Steiermark. Erinnerungszeichen zu Widerstand, Verfolgung, Exil und Befreiung 1934–1945*

Ähnlich wie beim Pilotprojekt *Gedenken und Mahnen in Wien* werden – in Zusammenarbeit mit dem Verein zur Erforschung nationalsozialistischer Gewaltverbrechen und ihrer Aufarbeitung, der Karl-Franzens-Universität Graz/Abteilung Zeitgeschichte und der Österreichischen Akademie der Wissenschaften (Forschungsprogramm *Orte des Gedächtnisses*) – Erinnerungszeichen in Niederösterreich und der Steiermark erfasst. Eine erste Analyse zeigt, dass sich die Erinnerung an die NS-Herrschaft und an die Befreiung davon vor allem in drei sehr unterschiedlichen Gedächtnislandschaften manifestiert: 1) Erinnerungszeichen im Gedenken an die verschiedenen – politisch, militärisch und religiös begründeten – Formen widerständigen Verhaltens. 2) Zeichensetzungen im Gedenken an die Opfer des Holocaust bzw. an ausgelöschte jüdische Gemeinden sowie an zerstörte Synagogen oder Friedhöfe. 3) Monumentale Zeichensetzungen der sowjetischen Besatzungsmacht im Gedenken an die erfolgreiche Befreiung Österreichs.

2006 konnte auf Basis der Bestände der Kriegsgräberfürsorge beim Amt der NÖ Landesregierung die Erfassung, das Fotografieren und die redaktionelle Arbeit zur Dokumentation der sowjetischen Kriegsgräberanlagen in Niederösterreich abgeschlossen werden.

Projektziel ist es aber auch und vor allem, neben der Erfassung von Personen und Orten, auf die sich die gesellschaftliche Erinnerung an Widerstand, Verfolgung, Exil und Befreiung bezieht, durch die Recherche von Alter, Beruf, politischen Aktivitäten und erlittenen Verfolgungsmaßnahmen eine Verknüpfung mit konkreten Einzelschicksalen herzustellen. Die Dokumentation versteht sich somit selbst als „Denkmal", wobei neben den zentralen Gedenkstätten sowie namhaften Personen das Schicksal und der Leidensweg unzähliger, nunmehr bereits in Vergessenheit geratener Menschen in das Zentrum gerückt werden.

● *Widerstand und Verfolgung in der Steiermark 1938–1945*
Projektziel ist die Erstellung einer dreibändigen kommentierten Quellenedition, mit der die Aktenlage zu Widerstand und Verfolgung in der Steiermark überblicksmäßig erfasst und damit eine Basis für weitere Lokalstudien geschaffen wird. Die Verwendung eines breiten Widerstandsbegriffs ermöglicht es, das ganze Spektrum von Widerstand, Opposition und Unzufriedenheit, von Diskriminierung und Verfolgung, also jede nonkonformistische Reaktion auf die Diktaturherrschaft – zumindest exemplarisch – zu dokumentieren. Gleichrangig dargestellt wird die nationalsozialistische Verfolgung aus rassistischen, religiösen und nationalen Gründen. Auch die Mitwirkung von Österreichern bei den nationalsozialistischen Terrormaßnahmen wird mit einbezogen (Volksgerichtsprozesse u. a.). Die Gliederung geht einerseits von den politischen Organisationen (v. a. Parteien), andererseits von übergeordneten politisch-sozialen Begriffen – wie Arbeiterbewegung oder katholisch-konservatives Lager – aus, wodurch ein ganzes Spektrum von Widerstand und Opposition zusammenhängend präsentiert werden kann, etwa für die Arbeiterbewegung: Arbeitsverweigerung, Streik, Arbeitsvertragsbrüche, Unmutsäußerungen, Sabotage, politische Organisationen. Als Quellen werden Justizdokumente, Materialien des Polizei- und Sicherheitsapparats, Gesetze, amtliche Erlässe, Materialien der WiderstandskämpferInnen und der Widerstandsgruppen ebenso wie Aussagen, Berichte und Interviews aus der Zeit nach 1945 herangezogen und auszugsweise wiedergegeben.

Aus organisatorischen Gründen mussten dic Arbeiten einige Jahre ausgesetzt werden; 2006 wurde in Kooperation mit dem Institut für Geschichte der Universität Graz mit der Fertigstellung der Dokumentation begonnen.

Im Rahmen dieser Reihe sind bisher insgesamt 13 Bände erschienen (Wien, Burgenland, Oberösterreich, Tirol, Niederösterreich, Salzburg). Die Arbeiten an einer entsprechenden Dokumentation über Widerstand und Verfolgung in Kärnten sind ebenfalls angelaufen.

- *Biographisches Handbuch der österreichischen Diplomaten 1918–1955*

Kooperationsprojekt mit der Österreichischen Gesellschaft für historische Quellenstudien (HR Dr. Gertrude Enderle-Burcel) über österreichische Diplomaten 1918–1955 – darunter zahlreiche Widerstandskämpfer und Verfolgte – analog zu früheren Gemeinschaftspublikationen (*Diener vieler Herren. Biographisches Handbuch der Sektionschefs der Ersten Republik und des Jahres 1945*, Wien 1997; *Christlich – Ständisch – Autoritär. Mandatare im Ständestaat*, Wien 1991).

Schwerpunkt NS-Medizinverbrechen

Von 1940 bis 1945 existierte auf dem Gelände der Heil- und Pflegeanstalt „Am Steinhof" (des heutigen Otto Wagner-Spitals) unter der Bezeichnung „Am Spiegelgrund" eine so genannte „Kinderfachabteilung", in der rund 800 kranke oder behinderte Kinder und Jugendliche umkamen.
Die Hintergründe der Verbrechen und den Umgang damit dokumentieren die vom DÖW erstellte virtuelle Ausstellung *Der Krieg gegen die „Minderwertigen": Zur Geschichte der NS-Medizinverbrechen in Wien* (www.gedenkstaettesteinhof.at) bzw. eine vom DÖW in Kooperation mit dem Otto-Wagner-Spital betreute Ausstellung im Pavillon V-Gebäude des Otto Wagner-Spitals, in der Führungen, Workshops und Gespräche mit ZeitzeugInnen angeboten werden.
Öffnungszeiten: Mittwoch bis Freitag, 10.00 bis 12.00 und 13.00 bis 16.00 Uhr sowie nach Vereinbarung,
Information/Anmeldung für Führungen: Tel. 22 89 469/319 oder über das Internet: www.gedenkstaettesteinhof.at.

Schwerpunkt Exil

Derzeit sind Arbeiten für die Publikation der Ergebnisse der abgeschlossenen Projekte *Biographisches Handbuch der österreichischen Opfer des*

Stalinismus (bis 1945) und *ÖsterreicherInnen im Exil. Die La-Plata-Staaten Argentinien, Uruguay, Paraguay 1934–1945* im Gange.

Schwerpunkt Volksgerichtsbarkeit nach 1945

2006 wurde ein mehrjähriges gesamtösterreichisches Forschungsprojekt über *Justiz und NS-Gewaltverbrechen* abgeschlossen. Die drei Projektleiter – Thomas Albrich (Innsbruck), Martin F. Polaschek (Graz) und Winfried R. Garscha (Wien) – brachten einen Sammelband heraus (*Holocaust und Kriegsverbrechen vor Gericht: Der Fall Österreich*), in dem die am Projekt beteiligten WissenschaftlerInnen ihre Forschungsergebnisse publizierten. Die am DÖW tätige *Forschungsstelle Nachkriegsjustiz* hat im Rahmen dieses vom FWF geförderten Projekts in erster Linie Prozesse in den OLG-Sprengeln Wien und Linz untersucht und Zwischenergebnisse auf der Website www.nachkriegsjustiz.at veröffentlicht. Als Ergebnis des Projekts wurde eine große Anzahl von Aktenkopien – darunter fast 20.000 Blatt Anklageschriften und Urteile des Volksgerichts Wien (1945–1955) in Prozessen wegen NS-Gewaltverbrechen – den Beständen des DÖW eingegliedert.

Schwerpunkt Restitution / Entschädigung für NS-Opfer

Das DÖW und insbesondere dessen wissenschaftliche Leiterin Brigitte Bailer-Galanda setzen sich schon seit Anfang der 1990er Jahre mit den historischen Entstehungsbedingungen der Opferfürsorgegesetzgebung und deren Auswirkungen auf die verschiedenen Opfergruppen auseinander. Im Auftrag der Historikerkommission, der sie 1998–2003 als Mitglied und stellvertretende Vorsitzende angehörte, untersuchte Bailer-Galanda auch die Entstehung der Rückstellungs- und Entschädigungsgesetzgebung anhand österreichischer und internationaler Quellen und legte eine erste umfassende Darstellung der Nachkriegspolitik gegenüber den NS-Opfern im Spannungsfeld zwischen Innen- und Außenpolitik vor. Seither folgten mehrere selbstständige Publikationen und Beiträge in Sammelbänden und Zeitschriften, die sich sowohl mit der Restitutionsgesetzgebung befassen als auch auf die Perspektive der Opfer abzielen.

Das DÖW leistet neben der theoretisch-wissenschaftlichen Arbeit auf diesem Gebiet durch Beratung, Zurverfügungstellung von Dokumenten etc. auch konkrete Hilfestellung für AntragstellerInnen insbesondere nach dem Opferfürsorgegesetz.

Schwerpunkt Rechtsextremismus/„Revisionismus"

Eine laufend aktualisierte Auswahl von rechtsextremen Organisationen, Vereinen und Medien auf Basis des Rechtsextremismus-Handbuchs ist – ebenso wie die laufend aktualisierte Chronik *Neues von ganz rechts* (elektronisch archiviert ab 1998) – auf der DÖW-Homepage (www.doew.at) abrufbar.

Archiv- und Bibliotheksbestände

Beratungs- und Betreuungstätigkeit

Die Sammlung, Aufarbeitung und schließlich Archivierung aller Materialien zählen zu den wichtigsten und aufwendigsten Arbeiten unserer MitarbeiterInnen.

2006 besuchten das DÖW rund 900 Interessierte, die pro Person im Schnitt viermal beraten und betreut wurden. Zusätzlich wurden zahlreiche schriftliche und telefonische Anfragen beantwortet. Auffallend ist seit einigen Jahren das stetige Anwachsen der Anfragen via E-Mail. Wir waren hierbei Ansprechpartner für StudentInnen (Seminar- und Diplomarbeiten sowie Dissertationen), SchülerInnen (zeitgeschichtliche Referate, Fachbereichs- und Projektarbeiten), WissenschafterInnen (Recherchen für Forschungsprojekte, Publikationen und Ausstellungen), ExpertInnen aus den Bereichen Medien, Kultur, Erwachsenenbildung, Schule, gewerkschaftliche Bildungsarbeit sowie interessierte Einzelpersonen.

Arbeitsbereich Archiv

Die Erfassung und Auswertung des DÖW-Aktenbestands konnte auch 2006 dank der Mithilfe ehrenamtlicher MitarbeiterInnen weiter komplettiert werden. Rund sechs lfm. Akten wurden ausgewertet und damit abfragbar gemacht. Fortgesetzt wurde auch die Anfertigung von Kopien der wertvollsten Originalbestände (dazu zählen beispielsweise illegale Flugblätter oder aus Haftanstalten geschmuggelte Kassiber), die an BenützerInnen nicht im Original ausgegeben werden. Für die so genannten Alt-Akten, d. h. die vor der Umstellung auf elektronische Findhilfsmittel 1987 an das DÖW gelangten Akten, ist weiterhin der Zettelkatalog (Namenskartei) zu konsultieren, die übrigen Bestände sind inzwischen – von wenigen Ausnahmen abgesehen – elektronisch abfragbar, allerdings von unterschiedlicher Erschließungstiefe. Durch die unentgeltliche Mitwirkung von Spezialisten wurde das elektronische Findhilfsmittel Archidoc neu programmiert und an die Änderungen im Bereich der EDV-Betriebssysteme angepasst. Die Handhabung der Abfrage orientiert sich nunmehr an jener von Internet-Suchmaschinen.

Archiv/**Spezialsammlungen**

- *Erzählte Geschichte* (Lebensgeschichtliche Interviews mit mehr als 800 Personen, die während des NS-Regimes Widerstand leisteten bzw. Verfolgungen ausgesetzt waren; rund 70 Interviews mit Teilnehmern an den Februarkämpfen 1934. Archivierung als Abschrift bzw. als Tonbandkassette). Die Tonbandkassetten der Interviewsammlung wurden 2004 digitalisiert und damit auch für die Zukunft gesichert.
- *Filme, Videos, Tonbänder*
- *Fotosammlung* (knapp 10.800 Katalognummern mit über 42.000 Bildern, zum Großteil EDV-gestützt erfasst; der Bestand der Erkennungsdienstlichen Kartei der Gestapo Wien ist digital erfasst.)
- *Frauen-KZ Ravensbrück* (Unterlagen über die Lager Ravensbrück und Uckermark; Akten über den Prozess gegen die Wachmannschaft und die SS-Ärzte des KZ Ravensbrück, Hamburg 1946–1948)
- *Mikrofilme* (Akten von NS-Behörden aus amerikanischen und britischen Archiven; Quellenmaterial des *Biographischen Handbuchs der deutschsprachigen Emigration nach 1933*: zumeist Fragebögen, Zeitungs- und Zeitschriftenausschnitte über rund 25.000 EmigrantInnen; Akten der österreichischen Volksgerichte nach 1945: vorläufig nur Akten des Volksgerichts beim Landesgericht Wien, Benützung an besondere Auflagen gebunden)
- *Plakate* (rund 3000 Plakate, beginnend mit der Zeit des Ersten Weltkriegs bis in die Gegenwart; im Berichtsjahr wurde mit der Neukatalogisierung des Bestands begonnen, mittelfristig ist eine virtuell zugängliche digitale Sammlung geplant)
- *Rechtsextremismus-Sammlung* (Material zu mehr als 150 – existierenden und nicht mehr existierenden – österreichischen sowie rund 100 deutschen Organisationen, Parteien, Medien u. Ä., insbesondere Zeitungsausschnitte, rechtsextreme Periodika, Flugblätter, Bücher)
- *Spanien-Dokumentation* (Unterlagen über die Beteiligung von mehr als 1000 ÖsterreicherInnen am Spanischen Bürgerkrieg; rund 400 weitere Personen sind nur über Hinweise erfasst)

- *Museumsgegenstände* (KZ-Kleider, Uniformen, Kappen, Handarbeiten aus KZ, Gefängnissen und Internierungslagern, diverse Fahnen, Embleme, Abzeichen, Orden, Armbinden, Erinnerungsalben, Lagergeld, Ausweise, Pässe, Formulare, Stempel u. a. In Kooperation mit der Universität für angewandte Kunst wurde 2006 ein Konservierungsbericht im Hinblick auf Restaurierung und Aufbewahrung der Textilsammlung erstellt, in dessen Rahmen eine umfassende digitale Bestandsaufnahme und – so notwendig – Restaurierung der textilen Objekte durchgeführt wurde.)

Arbeitsbereich Bibliothek

Im Bereich der Bibliothek, deren Bestände zu rund 80 Prozent EDV-mäßig erfasst sind, konnten 2006 wieder beträchtliche Zuwächse verzeichnet werden. Die Bibliothek wuchs auf rund 38.600 Titel an, wobei die einzigartige Sammlung der FIR über internationalen Widerstand, in einem gesonderten Katalog erfasst, nicht mitgezählt ist.

Der elektronische Katalog der DÖW-Bibliothek, der rund 41.000 Einträge) umfasst, ist sowohl im Intranet als auch im Internet und über W@P (http://doew.at/wap) abrufbar und wird laufend erweitert.

Bibliothek/**Spezialsammlungen**

- *Flugblätter, Broschüren, Zeitungen österreichischer Widerstandsgruppen* 1934–1945 (ca. 10.000 Exemplare; *Periodika:* Österreich 1934–1938, 1938–1945, Deutschland 1933–1945; Untergliederung nach politischen Gruppierungen und deren Unterorganisationen. *Flugblätter, Streuzettel, Broschüren:* 1934–1938, 1938–1945, alliierte Kriegspropaganda; Untergliederung nach Staaten und Serien)
- *Exil* (rund 5000 Bände; Publikationen und Periodika österreichischer Exilorganisationen; Exilliteratur; deutsche Exilliteratur; Sekundärliteratur zur Exilforschung)
- *Bibliothek der FIR* (5000 Bände; thematischer Schwerpunkt: europäischer Widerstand)
- *Spanischer Bürgerkrieg* (über 1000 Bände)
- *Judaica* (2500 Bände)
- *Zeitungsausschnittearchiv* (nach Personen bzw. nach Sachgebieten geordnet; Österreich-Sammlung aus englischen, amerikanischen und kanadischen Publikationen; fortlaufende Ergänzung)

Auseinandersetzung mit rechtsextremen Tendenzen

Das DÖW hat seit seinen Anfängen der Auseinandersetzung mit dem organisierten Rechtsextremismus und Neonazismus große Bedeutung zugemessen. Das Erstarken rechtsextremer und rechtspopulistischer Parteien in Europa ebenso wie die Entstehung neuer Feindbilder seit dem Ende des Ost-West-Konflikts haben zu neuen Herausforderungen in der Auseinandersetzung mit gegenwärtigen rassistischen Tendenzen und Vorurteilen geführt. Insbesondere in den letzten Jahren machen sich der internationale Schulterschluss zwischen Holocaust-Leugnern und islamistischen Gruppierungen, neue antisemitisch konnotierte Allianzen zwischen der äußersten Linken und der äußersten Rechten bemerkbar, wobei gerade den Holocaust-Leugnern der wachsende Abstand von den historischen Ereignissen und der Wegfall der überlebenden ZeugInnen zu Hilfe kommen. Einen jüngsten „Höhepunkt" stellte etwa die so genannte „Holocaust-Konferenz" in Teheran (Dezember 2006) dar, ein Zusammentreffen von Holocaust-Leugnern, an dem auch Österreicher teilnahmen. Nationalratspräsidentin Mag. Barbara Prammer äußerte sich in diesem Zusammenhang, dass die „Arbeit des Dokumentationsarchivs des österreichischen Widerstandes [...] nicht hoch genug einzuschätzen" sei.

Wie in den Jahren zuvor unterstützte das DÖW auch 2006 zahlreiche Initiativen, vor allem von Publizisten und Einzelpersonen, bei Auseinandersetzungen mit rechtsextremen Tendenzen. Darüber hinaus referierten DÖW-MitarbeiterInnen vor Schulklassen, im Bereich der Erwachsenenbildung, bei Podiumsdiskussionen und sonstigen Veranstaltungen in ganz Österreich zur Thematik *Rechtsextremismus/„Revisionismus"* (Verharmlosung bzw. Leugnung der NS-Verbrechen).

Mit Hilfe der Rechtsextremismus-Sammlung des DÖW werden Öffentlichkeit und Behörden immer wieder auf rechtsextreme, antisemitische Aktivitäten und Veröffentlichungen aufmerksam gemacht.

Geschichtsvermittlung/Veranstaltungen 2006

Eines unserer wichtigsten Anliegen, die Vermittlung unserer Forschungsergebnisse und -vorhaben nach „außen", beinhaltet die Durchführung eigener Veranstaltungen (siehe Veranstaltungskalender weiter unten) ebenso wie Vorträge, die Teilnahme an Diskussionen und Gedenkveranstaltungen, an wissenschaftlichen Tagungen und Konferenzen im In- und Ausland sowie Beiträge für in- und ausländische Publikationen seitens unserer MitarbeiterInnen. Ein nicht unwesentliches Element dieser Vermittlungstätigkeit sind Lehrveranstaltungen im universitären und außeruniversitären Bereich: MitarbeiterInnen wirkten bei Seminaren für GeschichtslehrerInnen und an LehrerInnenfortbildungsveranstaltungen mit; Lehrveranstaltungen hielten im Sommersemester 2006 und/oder Wintersemester 2006/2007 Mag. Dr. Brigitte Bailer-Galanda (wissenschaftliche Leiterin des DÖW) und Dr. Wolfgang Neugebauer (ehemaliger wissenschaftlicher Leiter).

Einige der älteren, ehrenamtlichen MitarbeiterInnen des DÖW waren 2006 als ZeitzeugInnen in Schulen, wo sie über ihre Erlebnisse während der Zeit des Nationalsozialismus berichteten und im Anschluss daran oft lange diskutierten.

Das DÖW unterstützte mehrere Veranstaltungen befreundeter Institute und Forschungseinrichtungen wie beispielsweise die Veranstaltungsreihe *Wiener Akademie des Exils*, die von der Österreichischen Gesellschaft für Exilforschung (öge) und den Wiener Vorlesungen durchgeführt wurde, oder eine Reihe des Jüdischen Instituts für Erwachsenenbildung.

Auf Anregung des Verlags Jugend und Volk haben MitarbeiterInnen des DÖW Texte für ein Schulbuch zur Zeitgeschichte für die 8. Schulstufe verfasst. Geplant ist in diesem Zusammenhang die Durchführung von Workshops mit interessierten LehrerInnen. Im Auftrag der Pfadfinder wurde seitens des DÖW eine kleine Studie zur NS-Zeit und zur Zeit danach erstellt.

Zeitungen, Fernsehen und Rundfunk berichteten des Öfteren ausführlich über Projekte und Publikationen des DÖW. MitarbeiterInnen wurden mehrfach als Fachleute für Interviews in den Medien herangezogen.

Jänner

Als Rahmenprogramm zur Ausstellung *das sichtbare unfassbare. Fotografien vom Konzentrationslager Mauthausen* führte das Bundesministerium für Inneres/KZ-Gedenkstätte Mauthausen vom 17.–23. Jänner 2006 im Veranstaltungszentrum des DÖW eine Vortragsreihe durch.

Februar

Am 22. Februar 2006 organisierten die Österreichische Gesellschaft für Exilforschung und die Theodor Kramer Gesellschaft im Veranstaltungszentrum des DÖW das Kolloquium *Exil in Italien*.

März

Am 13. März 2006 fand im Festsaal des Alten Rathauses die traditionelle Jahresversammlung des DÖW statt. Univ.-Prof. Dr. Anton Pelinka sprach zum Thema *Der österreichische Widerstand im Widerspruch der verschiedenen Narrative*. Der Schriftsteller Erich Hackl beschäftigte sich in seinem Beitrag mit der Aufarbeitung des Spanischen Bürgerkriegs (1936–1939).

Ebenfalls am 13. März präsentierte der Archiv-Verlag im Rahmen einer Pressekonferenz im Veranstaltungszentrum des DÖW die Dokumentenedition *Österreich 1938–1945* (hrsg. von Lorenz Mikoletzky, Roman Sandgruber und Brigitte Bailer-Galanda).

Die von Heinz-Eberhard Gabriel und Wolfgang Neugebauer herausgegebene Publikation *Vorreiter der Vernichtung? Eugenik, Rassenhygiene und Euthanasie in der österreichischen Diskussion vor 1938* wurde am 17. März im Veranstaltungszentrum des DÖW vorgestellt.

Die Österreichische Lagergemeinschaft Ravensbrück und FreundInnen zeigte am 21. März im Veranstaltungszentrum des DÖW den Film *Eine lästige Gesellschaft* von Claudia Fischer und Marika Schmiedt.

Robert Schindel wurde am 23. März im Rahmen einer Festveranstaltung mit dem Willy und Helga Verkauf-Verlon Preis des DÖW für antifaschistische Publizistik 2005 ausgezeichnet.

April

Im Rahmen der Aktionstage Politische Bildung lud das DÖW am 24. April 2006 zu einer speziellen Führung für LehrerInnen und andere MultiplikatorInnen durch die Dauerausstellung.

Mai

Das DÖW fungierte als Kooperationspartner des Intendanzprojekts *Verborgene Geschichte/n – remapping Mozart* von WIENER MOZARTJAHR 2006, in dessen Rahmen vom 5.–8. Mai 2006 die Veranstaltungsreihe *Intervention II: Nationalsozialismus / Exil / Republik – Heile Welten* durchgeführt wurde.

Vom 9.–12. Mai bot das Bundesministerium für Inneres/KZ-Gedenkstätte Mauthausen im Veranstaltungszentrum des DÖW eine Vortragsreihe zur

Ausstellung *das sichtbare unfassbare. Fotografien vom Konzentrationslager Mauthausen* an.

Am 16. Mai wurden im Veranstaltungszentrum des DÖW zwei Publikationen von Erwin Rennert – *Der Welt in die Quere* sowie *Fast schon Amerikaner* – sowie der Film *Eine verschwundene Welt* von Emil Rennert vorgestellt.

August

Im Rahmen eines Mediengesprächs wurde am 29. August 2006 das Recherche- und Informationssystem der ständigen DÖW-Ausstellung (erstellt von Braintrust GmbH) präsentiert.

September

Die Historikerin und ehemalige Forschungskoordinatorin der Historikerkommission der Republik Österreich Eva Blimlinger erhielt am 28. September 2006 den Willy und Helga Verkauf-Verlon Preis des DÖW für antifaschistische Publizistik 2006.

Oktober/November

In Kooperation mit dem Jüdischen Institut für Erwachsenenbildung organisierte das DÖW eine Veranstaltungsreihe zum Thema *Widerstand und Verfolgung 1938–1945* (Führung durch die Dauerausstellung, vertiefende Vorträge zu Themen der Ausstellung).

November

In Kooperation mit dem DÖW veranstalteten die Wiener Vorlesungen und die Medizinische Universität Wien am 6. und 7. November 2006 einen Workshop zum Thema *Julius Wagner-Jauregg im Spannungsfeld politischer Ideen und Interessen.*

Am 10. November wurden im Veranstaltungsraum der DÖW-Ausstellung die beiden Kataloge (deutsch/englisch) zur permanenten Ausstellung des DÖW der Öffentlichkeit präsentiert.

Gemeinsam mit der Theodor Kramer Gesellschaft lud das DÖW zu einer Veranstaltung am 23. November, in deren Rahmen Horst Eisfelder, Autor des Buches *Chinese Exile*, mit dem Filmemacher Paul Rosdy sprach.

November/Dezember

Am 30. November und 1. Dezember 2006 bot das DÖW im Rahmen eines Bücherflohmarks eine reichhaltige Auswahl an Publikationen an.

Dezember

Am 5. Dezember 2006 lud die Aktion gegen den Antisemitismus zu einem Vortrag von Elisabeth Kübler zum Thema *Pluralismus oder Philosemitismus – Antisemitismusbekämpfung in Europa* in das Veranstaltungszentrum des DÖW ein.

Ausstellungen

Aufgrund des angestiegenen Publikumsinteresses an der 2005 neu gestalteten **permanenten Ausstellung** des DÖW wurden die Öffnungszeiten im Jahr 2006 erweitert: Die kostenlos zugängliche Ausstellung ist nun Montag bis Mittwoch sowie Freitag von 9.00 bis 17.00 Uhr geöffnet, am Donnerstag bieten wir Interessierten bis 19.00 Uhr die Möglichkeit zur Besichtigung.

Die Dauerausstellung dokumentiert die Vorgeschichte des Nationalsozialismus ebenso wie Widerstand und Verfolgung in der NS-Zeit und die Aufarbeitung der NS-Vergangenheit nach 1945. Texte und Bilder sowie zahlreiche Originalobjekte dokumentieren im Einzelnen die thematischen Bereiche: *Der Aufstieg der NSDAP und ihr Weg zur Macht 1919–1933 – Der Weg zum „Anschluss": Österreich 1918–1938 – Der „Anschluss" – NS-Terror – Judenverfolgung – Die Deportation der österreichischen Jüdinnen und Juden – Widerstand (von politischem, organisiertem Widerstand über Widerstand in der Wehrmacht bis zum Resistenzverhalten Einzelner) – Die Kärntner SlowenInnen – Roma und Sinti. „Zigeuner" im Nationalsozialismus – Die Verfolgung von homosexuellen Männern und Frauen – Zwangsarbeit ziviler AusländerInnen – KZ Mauthausen – NS-Medizin – Exil – Erinnerungskultur – Entnazifizierung und Ahndung von NS-Verbrechen in Österreich – Österreich und die Opfer des Nationalsozialismus – Rechtsextremismus.*

Auf großen Zuspruch stieß im Berichtsjahr unser Angebot an Führungen, die auf Anfrage auch außerhalb der normalen Öffnungszeiten durchgeführt werden (Anmeldung: Tel. 22 89 469/319). Geplant ist eine Erweiterung auf einen kleinen Stadtrundgang unter Einbeziehung des Gedenkkomplexes Judenplatz und der Gedenkstätte Salztorgasse.

Die Ausstellung beherbergt auch das neue Veranstaltungszentrum des DÖW, das für DÖW-interne Veranstaltungen ebenso wie für Vorträge, Filmvorführungen etc. befreundeter Institute und Forschungseinrichtungen sowie Lagergemeinschaften genützt wird.

Für die architektonische Gestaltung der Ausstellung wurde das DÖW von der Jury des Bauherrenpreises der Zentralvereinigung der Architekten Österreichs belobigt.

Die **Wanderausstellungen** *Der österreichische Freiheitskampf* und *Österreicher im Exil* können kostenlos durch Schulen, Institutionen und Organisationen im DÖW entlehnt werden; für den Transport muss der Veranstalter selbst sorgen.

Am Morzinplatz in Wien befand sich 1938–1945 im ehemaligen „Hotel Metropol" das Hauptquartier der Gestapo. In dem an dieser Stelle neu errichteten Haus, benannt nach dem Widerstandskämpfer und späteren Bundeskanzler Ing. Leopold Figl, erinnert eine vom DÖW betreute **Gedenkstätte an die Opfer des Nationalsozialismus**. Der Gedenkraum in der Salztorgasse 6, 1010 Wien, ist Montag 14.00–17.00 Uhr, Donnerstag und Freitag 9.00–12.00 Uhr und 14.00–17.00 Uhr sowie anlässlich besonderer Gedenk- und Feiertage geöffnet.

Förderverein

Dem 1994 gegründeten *Verein zur Förderung des Dokumentationsarchivs des österreichischen Widerstandes* sind inzwischen rund 600 FreundInnen und SympathisantInnen des Archivs beigetreten, die damit das DÖW und seine diversen Projekte ideell und finanziell unterstützten. Es gibt drei mit dem begünstigten Bezug von DÖW-Publikationen verbundene Kategorien von Mitgliedsbeiträgen, und zwar zu EUR 7,20, EUR 22,– und ab EUR 72,–.

Kooperationpartner

Im Zuge der diversen Projekte ergaben sich u. a. Kooperationen mit folgenden Institutionen:

Akademie der Wissenschaften – Anti-Defamation League, New York bzw. Wien – Bundesministerium für Bildung, Wissenschaft und Kultur, Abteilung Politische Bildung – Bundesministeriumg für Inneres/Verfassungsschutz – Centre de Documentation Juive Contemporaine, Paris – Europäische

Stelle zur Beobachtung von Rassismus und Fremdenfeindlichkeit, Wien – European Center for Research and Action on Racism and Antisemitism/ C. E. R. A., Paris – FFDJF (Les Fils et Filles des Déportés Juifs de France), Paris – Fachhochschule Eisenstadt/Diplomstudiengang Informationsberufe – Forschungsstelle Nachkriegsjustiz – Forschungsstelle Widerstandsgeschichte von FU Berlin und Gedenkstätte Deutscher Widerstand – Gesellschaft für politische Aufklärung – Historisches Museum der Stadt Wien – Institute for Jewish Policy Research, London – Institut für Geschichte der Medizin der Universität Wien – Institut für Konfliktforschung, Wien – Institut für Zeitgeschichte der Universität Wien – Internationale Tagung der Historikerinnen und Historiker der Arbeiter- und anderer sozialer Bewegungen (ITH) – Israelitische Kultusgemeinde Wien – Jüdisches Museum der Stadt Wien – Jura-Soyfer-Gesellschaft – Karl-Franzens-Universität Graz, Abteilung Zeitgeschichte – Karl-Franzens-Universität Graz, Institut für Geschichte – Karl von Vogelsang-Institut/Institut zur Erforschung der Geschichte der christlichen Demokratie in Österreich – KZ-Gedenkstätte Buchenwald – KZ-Gedenkstätte Dachau – KZ-Gedenkstätte Mauthausen – Österreichische Gesellschaft für Exilforschung – Österreichische Gesellschaft für historische Quellenstudien – Philipps-Universität Marburg – Stadtschulrat für Wien – Terezinska Iniciativa (Institut Theresienstädter Initiative) – Theodor Kramer Gesellschaft – United States Holocaust Memorial Museum, Washington – Universitätsbibliothek Wien – Verein Gedenkdienst – Yad Vashem, Jerusalem

Der Verein DÖW gehört zu den Gründungsorganisationen des geplanten Wiener Wiesenthal Instituts für Holocaust Studien und wird dort im Vorstand von der wissenschaftlichen Leiterin des DÖW HR Univ.-Doz. Mag. Dr. Brigitte Bailer-Galanda vertreten. Brigitte Bailer-Galanda ist in die österreichische Delegation zur ITF (Task Force for International Cooperation on Holocaust Education) eingebunden und gemeinsam mit DÖW-Vorstandsmitglied Univ.-Doz. Dr. Bertrand Perz im Vorbereitungskomitee zur Neugestaltung der Österreich-Ausstellung in Auschwitz; als Mitglied der Historikerexpertengruppe, als deren Stellvertretende Sprecherin sie fungiert, war Brigitte Bailer-Galanda an der Erstellung eines inhaltlichen Konzeptes zum Haus der Geschichte beteiligt.

Immer wieder hat das DÖW Initiativen für das Gedenken an WiderstandskämpferInnen und Verfolgte gesetzt: In diesem Sinne unterstützte das DÖW eine Gedenkveranstaltung des Vereins Gedenkstätte Hadersdorf am Kamp, die am 7. April 2006 zur Erinnerung an die 61 Opfer des SS-Massakers (7. April 1945) stattfand. Am 20. Juni 2006 wurde im zehnten Wiener Gemeindebezirk eine kommunale Wohnhausanlage nach der ehemaligen Favoritner Bezirksrätin Margarethe Hilferding (im Juni 1942 nach Theresienstadt deportiert, im September 1942 im KZ Treblinka ermordet) benannt, für deren Ehrung sich das DÖW eingesetzt hatte.

Das DÖW war auch 2006 in die Arbeiten des Internationalen Forums Mauthausen eingebunden sowie an der Konzeption einer Gedenktafel für die weiblichen Mauthausen-Häftlinge beteiligt.

Am DÖW angesiedelt ist die Aktion gegen den Antisemitismus in Österreich, eine unabhängige, überparteiliche Vereinigung, die seit 1955 durch Veranstaltungen, Presseaussendungen und Publikationen auf antisemitische Äußerungen und Publikationen reagiert.

Gemeinsam mit der Internationalen Tagung der Historikerinnen und Historiker der Arbeiter- und anderer sozialer Bewegungen (ITH) wurde 2006 der nach dem Gründer und langjährigen Leiter des DÖW benannte Herbert-Steiner-Preis verliehen. Der Preis wird für unveröffentlichte Arbeiten zu den Themen *Widerstand / Verfolgung / Exil in der Zeit des Faschismus und Nationalsozialismus* und *Umgang mit dieser Vergangenheit* sowie *Geschichte der Arbeiterbewegung* vergeben.

Christa Mehany-Mitterrutzner

AutorInnen

Helga Amesberger, Mag.^{a} Dr.^{in}, Ethnologin und Soziologin, wissenschaftliche Mitarbeiterin am Institut für Konfliktforschung in Wien

Brigitte Bailer, Univ.-Doz.^{in} Dr.^{in}, wissenschaftliche Leiterin des Dokumentationsarchivs des österreichischen Widerstandes (DÖW)

Christian Dürr, Dr., Mitarbeiter des Archivs der KZ-Gedenkstätte Mauthausen im Bundesministerium für Inneres und gemeinsam mit Ralf Lechner Verantwortlicher des Projekts zur Erfassung ehemaliger Häftlinge des KZ-Mauthausen

Wolfgang Form, Dr., Leiter des Internationalen Forschungs- und Dokumentationszentrums Kriegsverbrecherprozesse an der Philipps-Universität Marburg

Margit Franz, Mag.^{a} Dr.^{in}, wissenschaftliche Projektmitarbeiterin der Karl-Franzens-Universität Graz, Abteilung Zeitgeschichte

Heide Gsell, Mag.^{a}, Geschichtsarchiv der Zeugen Jehovas

Brigitte Halbmayr, Mag.^{a} Dr.^{in}, Soziologin und Politologin, wissenschaftliche Mitarbeiterin am Institut für Konfliktforschung in Wien

Oliver Kühschelm, Dr., Studium der Geschichte, Philosophie, Romanistik, Slawistik in Wien, Gedenkdienst in Buenos Aires 2000/01, Forschungsaufenthalt in Montevideo 2003, derzeit Provenienzforscher am Technischen Museum Wien

Jonny Moser, Prof. Dr., Historiker und Publizist, Vorstandsmitglied des DÖW, Wien

Wolfgang Neugebauer, Hon.-Prof. Dr., ehemaliger wissenschaftlicher Leiter des Dokumentationsarchivs des österreichischen Widerstandes

Anton Pelinka, Univ.-Prof. Dr., Professor für „Political Science and Nationalism Studies" an der Central European University Budapest, Leiter des Instituts für Konfliktforschung Wien

Hans Schafranek, Dr., Studium der Neueren Geschichte und Zeitgeschichte an der Universität Wien, freier Mitarbeiter des Dokumentationsarchivs des österreichischen Widerstandes

Florian Schwanninger, Mag., Studium der Geschichte an der Universität Salzburg, seit 2005 in der Dokumentationsstelle Hartheim des Oberösterreichischen Landesarchivs tätig

Ursula Schwarz, Dr.in, wissenschaftliche Mitarbeiterin des Dokumentationsarchivs des österreichischen Widerstandes

Gerhard Ungar, Dr., wissenschaftlicher Mitarbeiter des Dokumentationsarchivs des österreichischen Widerstandes

WIENER VORLESUNGEN. Das Dialogforum der Stadt Wien wird 20

Aufklärung statt Vernebelung
Tiefenschärfe statt Oberflächenpolitur
Differenzierung statt Vereinfachung
Widerspruch statt Anpassung
Analyse statt Infotainment
Auseinandersetzung statt Belehrung

Schnittstelle zwischen Wissenschaft und Öffentlichkeit im Rathaus: Bei über 1000 Veranstaltungen waren 3000 Vortragende aus allen Kontinenten der Welt im Wiener Rathaus, um ihren Befund und ihre Analyse vorzutragen. Über 500.000 Hörerinnen und Hörer haben mit den berühmtesten Denkerinnen und Denkern diskutiert. Die Liste der Namen reicht von Marie Albu-Jahoda über Michail Gorbatschow, Marion Dönhoff, Niklas Luhmann, Pierre Bourdieu bis Jeremy Rifkin und Richard Sennett.

Über 200 Bücher in 8 Buchreihen dokumentieren die Ergebnisse dieser Vortragsreihe und bilden ein weit sichtbares Sonnensystem in der Gutenberg-Galaxis, das kontinuierlich Impulse in ein intellektuelles Netz sendet, das von Wien aus die Welt umspannt.

Anlässlich des Jubiläums veranstalten die Wiener Vorlesungen in den Monaten ab April eine Reihe von Vorträgen, die aus der Perspektive der Natur- und Kulturwissenschaften zeigen, wie die Ergebnisse aktueller Wissenschaft Menschenbild und Weltbild heute prägen und gestalten.

Ab 16. April 2007:

> **„Quanten, Gene, Bytes, Konstruktionen, Diskurse:**
> **… erkenne, was die Welt im Innersten zusammenhält!**
> **Wissenschaft, Menschenbild und Weltbild 2007“**
>
> Vorträge u.a. von Rudolf Taschner, Anton Zeilinger, Renée Schröder, Konrad Paul Liessmann, Eric Kandel

Informationen: Kulturabteilung der Stadt Wien, Wissenschafts- und Forschungsförderung, Tel.: 4000-88741, E-Mail: w@m07.magwien.gv.at, www.wien.at/kultur/abteilung/vorlesungen

Schriftenreihe des Dokumentationsarchivs des österreichischen Widerstandes zu Widerstand, NS-Verfolgung und Nachkriegsaspekten

Karl Glaubauf; Stefanie Lahousen
Generalmajor Erwin Lahousen
Edler von Vivremont
Ein Linzer Abwehroffizier im militärischen Widerstand

Erwin Lahousens dienstliche Aufzeichnungen und seine Aussagen vor dem Internationalen Militärgerichtshof in Nürnberg gehören zu den wichtigsten österreichischen Quellen über die Aktivitäten des militärischen Widerstands. Ein „Insider", der die „revisionistische" Legende vom Präventivkrieg Hitlerdeutschlands gegen die Sowjetunion widerlegt und die unmenschliche Behandlung der russischen Kriegsgefangenen schildert.

Bd. 2, 2003, 72 S., 9,90 €, br., ISBN 3-8258-7259-9

LIT Verlag Berlin – Hamburg – London – Münster – Wien – Zürich
Fresnostr. 2 48159 Münster
Tel.: 0251 – 62 032 22 – Fax: 0251 – 23 19 72
e-Mail: vertrieb@lit-verlag.de – http://www.lit-verlag.de

Schriftenreihe des Dokumentationsarchivs des österreichischen Widerstandes zu Widerstand, NS-Verfolgung und Nachkriegsaspekten

Wolfgang Form; Oliver Uthe (Hg.)

NS-Justiz in Österreich

Lage- und Reiseberichte 1938 – 1945

Kurz nach dem „Anschluss“ Österreichs 1938 beauftragte das Reichsjustizministerium die leitenden Justizbeamten in der „Ostmark“ – die Präsidenten der Oberlandesgerichte bzw. die Generalstaatsanwälte in Innsbruck, Graz, Linz und Wien –, künftig regelmäßig über die Lage in ihrem Amtsbereich zu berichten. Diese in der vorliegenden Edition nun erstmals zugänglichen Lageberichte, ergänzt durch Lageberichte des Oberreichsanwalts beim Volksgerichtshof und Reiseberichte von Berliner Justizbeamten zu Österreich, gehören zu den wichtigsten zeitgenössischen Quellen zur Justiz- und Landesgeschichte 1938 – 1945.

Bd. 3, 2004, 568 S., 49,90 €, br., ISBN 3-8258-7549-0

LIT Verlag Berlin – Hamburg – London – Münster – Wien – Zürich

Fresnostr. 2 48159 Münster

Tel.: 0251 – 62 032 22 – Fax: 0251 – 23 19 72

e-Mail: vertrieb@lit-verlag.de – http://www.lit-verlag.de

Friedrich Stadler (Hg.)
Kontinuität und Bruch
1938 – 1945 – 1955
Beiträge zur österreichischen Kultur- und Wissenschaftsgeschichte
LIT